LACERDA
A *Virtude* da
Polêmica

LUCAS BERLANZA
LACERDA
A *Virtude* da
Polêmica

Prefácio de *Antonio Paim*

LVM
EDITORA

São Paulo | 2019

Impresso no Brasil, 2019

Copyright © 2019 by Lucas Berlanza

Os direitos desta edição pertencem à
LVM Editora
Rua Leopoldo Couto de Magalhães Júnior, 1098, Cj. 46
04.542-001. São Paulo, SP, Brasil
Telefax: 55 (11) 3704-3782
contato@lvmeditora.com.br · www.lvmeditora.com.br

Editor Responsável | Alex Catharino
Revisão ortográfica e gramatical | Márcio Scansani e Moacyr Francisco / Armada
Preparação dos originais | Alex Catharino
Revisão final | Márcio Scansani / Armada
Produção editorial | Alex Catharino
Capa | Mariangela Ghizellini / LVM
Projeto gráfico, diagramação e editoração | Ricardo Bogéa / Artífices
Elaboração do Índice Remissivo e Onomástico | Márcio Scansani / Armada
Pré-impressão e impressão | Plena Print

Dados Internacionais de Catalogação na Publicação (CIP)
Angélica Ilacqua CRB-8/7057

B44L Berlanza, Lucas
Lacerda : a Virtude da Polêmica / Lucas Berlanza ; prefácio de Antonio Paim. — São Paulo : LVM Editora, 2019.
336 p.

Bibliografia
ISBN: 978-85-93751-89-9

1. Ciências sociais 2. Política e governo 3. Brasil - História 4. Democracia 5. Liberalismo 6. Lacerda, Carlos (1914-1977) - Biografia I. Título II. Paim, Antonio

19-1416 CDD 300

Reservados todos os direitos desta obra.
Proibida toda e qualquer reprodução integral desta edição por qualquer meio ou forma, seja eletrônica ou mecânica, fotocópia, gravação ou qualquer outro meio de reprodução sem permissão expressa do editor.
A reprodução parcial é permitida, desde que citada a fonte.

Esta editora empenhou-se em contatar os responsáveis pelos direitos autorais de todas as imagens e de outros materiais utilizados neste livro.
Se porventura for constatada a omissão involuntária na identificação de algum deles, dispomo-nos a efetuar, futuramente, os possíveis acertos.

Sumário

Prefácio   11
Antonio Paim

Introdução   15

CAPÍTULO I

Quem foi Carlos Lacerda: O homem e o político   23

    I.1 - O contexto em que Carlos Lacerda existiu   23

    I.2 - Síntese de sua vida pública   34

CAPÍTULO II

II - A doutrina lacerdista para a UDN e o "ruibarbosianismo"   43

    II.1 - O lacerdismo e a herança de Rui Barbosa   43

    II.2 - O programa lacerdista para a UDN   51

CAPÍTULO III

III - A Missão da Imprensa   65

    III.1 - A razão de ser do Jornalismo   65

    III.2 - A opinião pública e o ideário da *Tribuna*   68

CAPÍTULO IV

IV - Getúlio Vargas e o populismo latino-americano   **73**

    IV.1 - O caudilho de São Borja e sua incompatibilidade com a democracia liberal   **73**

    IV.2 - Justicialismo e populismo latino-americano   **78**

CAPÍTULO V

V - Concepção econômica, lei trabalhista e o embate com Roberto Campos   **85**

    V.1 - A economia social de mercado, a estabilidade monetária e a crítica à CEPAL   **85**

    V.2 - Concessões de serviços públicos, o problema do petróleo e as leis trabalhistas   **92**

    V.3 - O duelo contra Roberto Campos e o PAEG   **98**

CAPÍTULO VI

A influência de Fulton Sheen e o anticomunismo   **107**

    VI.1 - O liberalismo e a moral   **107**

    VI.2 - Natureza e ameaça do comunismo   **109**

CAPÍTULO VII

Relações Internacionais   **115**

    VII.1 - Diretrizes gerais para a Guerra Fria e a América Latina   **115**

    VII.2 - A fragilidade institucional das nações latino-americanas e a tarefa dos Estados Unidos   **121**

VII.3 - 7.3. Os falsos dogmas das Relações Internacionais   **128**

VII.4 - Considerações sobre posicionamentos polêmicos   **135**

CAPÍTULO VIII

Proposições Parlamentares e Educação   **141**

VIII.1 - Atuação parlamentar e projetos apresentados   **141**

VIII.2. A importância da educação e a Lei de Diretrizes e Bases   **148**

CAPÍTULO IX

O Governo da Guanabara   **155**

IX.1 - Realizações gerais   **155**

IX.2 - Descentralização, concepção administrativa e prioridades   **159**

IX.3 - O problema da remoção das favelas   **166**

CAPÍTULO X

A necessidade de "desvarguização"   **171**

X.1 - A tese da ditadura incompletamente interrompida   **171**

X.2 - "Devemos recorrer à revolução para impedi-lo de governar"   **178**

CAPÍTULO XI

A luta contra Vargas   **189**

XI.1 - Diagnóstico da similaridade com o peronismo
e primeiros enfrentamentos   **189**

XI.2 - A máquina varguista, o Banco do Brasil e a *Última Hora*   **192**

XI.3 - A Aliança Popular contra o Roubo e o Golpe,
o combate ao dirigismo e a defesa do municipalismo **200**

CAPÍTULO XII

A Crise de Agosto **205**

XII.1 - O atentado de Toneleros e a República do Galeão **205**

XII.2 - Consequências do suicídio de Vargas e defesa do
"regime de exceção" **209**

CAPÍTULO XIII

O "regime de emergência" e a reforma eleitoral **221**

XIII.1 - Descrição do "regime de emergência" **221**

XIII.2 - Considerações lacerdistas sobre a legalidade e
as instituições brasileiras **228**

XIII.3 - A reforma eleitoral **234**

CAPÍTULO XIV

Oposição a JK e Jânio **243**

XIV.1 - A Caravana da Liberdade e a luta contra o
desenvolvimentismo e a censura **243**

XIV.2 - Por que apoiar Jânio Quadros? **250**

XIV.3 - O fracasso da "revolução pelo voto" e o país
que andou em círculos **253**

CAPÍTULO XV

A batalha contra João Goulart — 257

XV.1 - O problema do pós-Jânio e o parlamentarismo — 257

XV.2 - Perseguição a Lacerda e aliança do governo com a extrema esquerda — 264

XV.3 - A Marcha da Família, o rompimento da hierarquia militar e o golpe de 1964 — 272

CAPÍTULO XVI

O regime militar e a Frente Ampla — 279

XVI.1 - O apoio inicial, a defesa da "Revolução" e as primeiras tensões — 279

XVI.2 - A ruptura com o regime militar e o Manifesto da Frente Ampla — 285

XVI.3 - O AI-5 e o fim de Carlos Lacerda — 293

CAPÍTULO XVII

O legado de Ícaro — 297

Livros para saber mais sobre Carlos Lacerda — 303

A - Obras de Carlos Lacerda ou Coletâneas de Textos Publicadas Postumamente — 303

B - Livros sobre Carlos Lacerda — 305

Biografia do Autor — 307

Índice Remissivo e Onomástico — 309

Prefácio

O período denominado de "Interregno democrático" para abranger do fim do Estado Novo ao regime militar reveste-se de particular importância – entre outras coisas, naturalmente – porque antes do governo militar funcionavam três partidos políticos principais – a UDN (União Democrática Nacional), o PSD (Partido Social Democrático) e o PTB (Partido Trabalhista Brasileiro) – o que não mais ocorreu no país. Livres das restrições impostas pelos militares – que limitou a representação ao bipartidarismo da ARENA (Aliança Renovadora Nacional) e do MDB (Movimento Democrático Brasileiro) –, regredindo-se à anterior legislação o número de partidos com representação no Congresso Nacional anda à volta de trinta.

Se levada ao pé da letra, a proposta de Lucas Berlanza seria atribuir àquele evento – três partidos – a qualidade das lideranças. É conhecido o seu *"lacerdismo"*, sem embargo do qual consegue, neste livro, dar uma ideia das grandes qualidades do caracterizado: Carlos Lacerda (1914-1977). Um traço desta personalidade que logo chama a atenção: além do grande tribuno revelou-se um administrador de talento e competência. Há outras figuras com esse traço tanto na UDN como no PSD. Seria por aí que desvendaríamos o "mistério" dos três partidos?

Depois de haver expressado o que me preocupava talvez devesse ter enfatizado que Lucas Berlanza conseguiu abordar com a devida amplitude o posicionamento de Carlos Lacerda como expressão da compreensão do liberalismo desse estadista. Subsidiariamente temos uma visão completa da problemática com que se defrontou e que se tornaria marcante em todo aquele período de nossa história.

Considera-se que o historiador deve cultivar um certo "distanciamento" da temática com a qual pretenda defrontar-se. Numa certa medida o autor mostra que a franca adesão às ideias do personagem estudado, na circunstância de que se trata, requeria postura diversa. Carlos Lacerda, no exercício de sua liderança requeria "tempo integral".

Tomo aqui um exemplo marcante: o ambiente contrário ao presidente João Goulart (1918-1976) que se instaurou no país e que precedeu o golpe militar de1964. Esse golpe contou com o amplo respaldo da população. Como diz Berlanza no subtítulo de que se trata: "A marcha da família, o rompimento da hierarquia militar e o golpe de 1964". O que não se esperava era que os militares, após uma semana da derrubada de Goulart, tivessem promulgado o chamado Ato Institucional número 1 (AI-1) que autorizava a mudança da Constituição para permitir o que se seguiu.

Entre o final da década de 1970 e início da década de 1980 havia um conjunto musical de grande sucesso, integrado por cinco moças que se intitulava "Frenéticas", que em uma de suas canções, aludia à escolha do super-herói. Parodiando-as diria: Lucas Berlanza, escolheste bem o teu super-herói: Carlos Lacerda.

São Paulo, 27 de maio de 2019

Antonio Paim

LACERDA
A *Virtude* da Polêmica

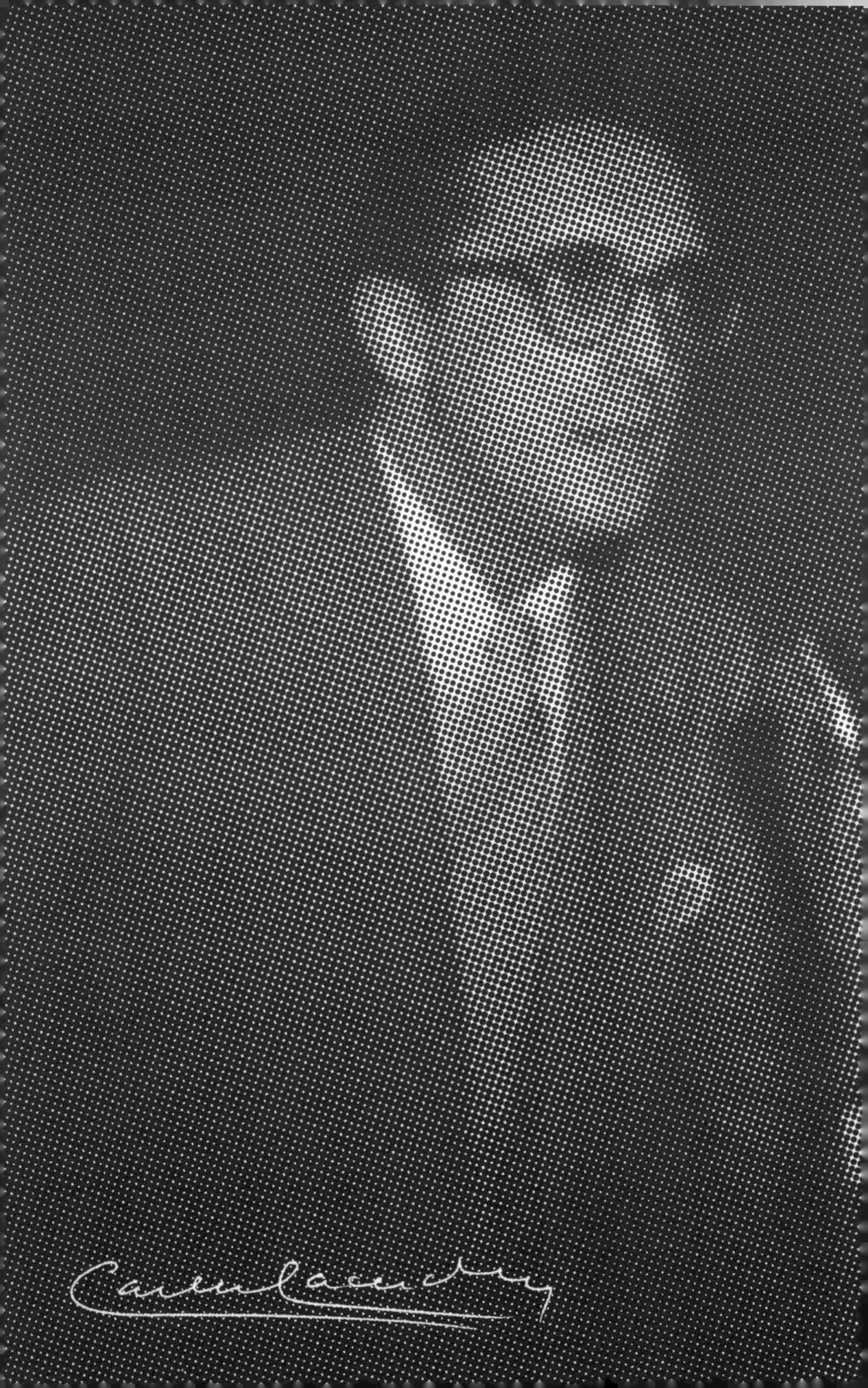

Introdução

Não é de hoje. Não é de véspera. Não é de uma ou duas semanas, não é de cinco ou dez anos atrás. O Brasil já há muito convive com demagogos, populistas, falsários, vendedores de sonhos, que seduzem com seu palavrório eivado de jargões venenosamente simpáticos, direcionam a devoção e a ingenuidade do público em favor de seus projetos de poder.

Na metade do século XX, ergueu-se, no meio político e no meio jornalístico, em terras fluminenses, um personagem precioso de nossa história, incompreendido e injustiçado até os dias que correm por contrariar os interesses desses demagogos, que lograram ocupar os principais postos de poder e construir a lógica que regeu os rumos da nossa combalida República Federativa em direção ao patrimonialismo desavergonhado e ao benefício despudorado aos "amigos do rei". Disse ele, com bravura e intrepidez, que esses agentes da mentira *"atuam como ventríloquos de si mesmos, obrigam-se a emprestar ideias e até gramática aos aventureiros e desonestos para os quais o comunismo, hoje, como ontem o fascismo, é um pretexto para tomar a carteira do público, enquanto o público, de nariz para cima, contempla, cintilante, a Ideologia"*[1].

Contra tamanha manipulação, contra essa ilusão forjada para destruir as esperanças de futuro e condenar os destinos da Pátria, o expoente parlamentar, egresso das hostes trevosas que se pôs a combater, usou as únicas armas cabíveis: as da Verdade, as dos princípios robustos da civilização ocidental, dos valores atemporais e dos fundamentos de liberdade e Estado de Direito que forjaram as nossas conquistas. Sabia ele que esses princípios e essas liberdades, por mais belos que sejam, não são fáceis. Construímos todos eles, erguemos, sofisticamos, mas não

---

[1] LACERDA, Carlos. *O Poder das Ideias*. Rio de Janeiro: Record, 1963. p. 46.

consolidamos. "O preço da liberdade é a eterna vigilância" era o lema da legenda a que se filiou e na qual travou todas as suas batalhas para dar ao Brasil um futuro, para oferecer a ele o cumprimento de uma nobre vocação, para emancipar suas potências e fazê-lo refulgir perante o mundo e em nome da dignidade do seu povo. A batalha nunca termina. É preciso estar sempre vigilante. A sociedade precisa de sentinelas mobilizadas pelo espírito da persistência. Vigias que documentem, acompanhem e confrontem as imoralidades do poder estabelecido.

Ele foi uma dessas sentinelas. Onde sua eloquência e sua oratória genial se faziam presentes, os interesses mesquinhos dos falsários estremeciam de pavor, o castelo de cartas das suas traquinagens se expunha, desnudo, aos olhos conscientes da crítica mais arguta. Eles o temiam. Eles o odiavam.

Infelizmente, ele se foi sem ver seu sonho, esse sim genuíno e ancorado nas melhores bases, se realizar. O país, sob muitos aspectos, fez as piores opções, trilhou sendas que o diminuíram e eclipsaram, mas seu exemplo de dedicação e confiança permaneceu. Quieto, restrito, domesticado, mas permaneceu, pronto a despertar quando a ameaça fosse grande o suficiente para o brado se fazer ouvir uma vez mais.

Cientes da sua força e da sua representatividade, eles passaram a escarnecer de seu nome, torná-lo ímprobo, repulsivo, pejorativo. Transformaram-no em insulto. Para qualquer um que ousasse discordar, que ousasse contestar os messianismos de toda sorte, as insanidades de toda sorte, que ousasse apresentar um discurso alternativo, eles diziam "Lacerdista! Golpista udenista!" E pronto. Bastaria isso. Ou o alvo se defendia timidamente, ou procurava demonstrar que não aceitava os apelidos, que tinha asco daquele a quem era associado, ou simplesmente se silenciava, e entregava, de presente, a vitória ao inimigo – inimigo porque não apenas discorda, como é normal entre adversários, mas rejeita a própria existência do outro.

Pois bem! Estamos aqui para dizer: não o negamos e não o rejeitamos. Lacerdista, sim! E daí? Não porque Carlos Lacerda (1914-1977) seja mais um dos messias políticos a quem ele tanto combatia;

não porque sejamos exatamente iguais a ele em todas as suas opiniões e posicionamentos. Sim, porque não ruborizamos por confessar nossa admiração pela sua figura e pelo símbolo que ele representa. Inspirando-nos no seu exemplo, dentro da pequenez das nossas possibilidades, achamos por bem prestar uma colaboração ao cultivo de sua memória e seu exemplo, o de uma combatividade que não apenas se voltava a diagnosticar o erro, desafiar a doença, tratar implacavelmente seus agentes patógenos, mas que também acreditava na força da vítima de se reinventar. Que não perdia a fé em um futuro para o Brasil. Por tolo que seja, não aceitamos perdê-la. Não acreditamos muito na eficácia de um combatente que não tem amor e fé incondicional no futuro da causa pela qual luta.

Udenismo, lacerdismo, eles nos atribuem? Sim! Podem nos chamar assim! Queremos que nos chamem! Nada mais sentimos diante dessa identificação além de orgulho. Orgulho da maior liderança política do Brasil República pós-Vargas, um homem que deixou extravasar sua sensibilidade patriótica e seu apreço aos ideais da melhor estirpe do liberalismo e do conservadorismo entendedor dos alicerces de uma civilização e de uma sociedade; que não tinha medo de dar nome aos bois, não se constrangia com as palavras estúpidas dos arrogantes da "justiça social" e do socialismo.

Desde que nos familiarizamos mais com a figura de Lacerda, com cuja presença real, por óbvio, jamais convivemos, nossa admiração só se aprofundou, bem como nosso interesse por suas ideias e sua biografia intensa, vicejante, repleta de reviravoltas cinematográficas e que assumiu protagonismo em todos os lances fundamentais do período republicano iniciado em 1946. Sua trama dramática e as polêmicas em que se envolveu, bem como o triunfo, a partir do regime militar e da Nova República, de forças políticas com concepções de Brasil alheias às suas, permitiram que se obscurecesse entre as novas gerações a ciência de suas reflexões e de seu legado.

Diante da oportunidade despertada pelo advento de uma nova onda liberal-conservadora no Brasil, alcunhada com a expressão "Nova

Direita" que empregamos em nosso livro de estreia, o *Guia Bibliográfico da Nova Direita: 39 livros para compreender o fenômeno brasileiro*, dedicamo-nos a um esforço ainda tímido e inicial por divulgar a importância que ele teria como inspiração para esse novo momento de transformação de consciências, sob alguns aspectos fundamentais: do ponto de vista da possibilidade que oferece de incrementar as mobilizações intelectuais e políticas em bases nacionais, capazes de falar à sensibilidade patriótica; e do ponto de vista do exemplar que representou de um político anticomunista que soube cativar um público e construir uma carreira sólida e emblemática na República brasileira.

Esse desejo de resgatar Lacerda para o público atual passaria por algumas etapas, depois dos meios virtuais e da redação de alguns textos e trabalhos a respeito de seus pensamentos. Uma delas é esta obra, escrita em momento particular em que o ressoar de seu nome transparece mais urgente e serve como uma apresentação sintética de suas principais teses, dos paradigmas que o moviam e do que eles podem oferecer de atualidade para os liberais e conservadores de hoje, que quiserem se assentar sobre a melhor cepa do velho udenismo, revigorado em suas novas conformações.

* * *

Há muitos entre os atores e lideranças desse novo fenômeno sócio-político brasileiro que produzem, com extraordinária competência, manifestos demolidores contra o que alguns sabiamente designaram "consenso social democrata" da República de 1988 –, reverberando o desejo por algo diferente. Nota-se, porém, certo excesso de iconoclastia, algumas deficiências em patriotismo e, às vezes, um sentimento "vira-lata" e derrotista que, se não é menos saudável que o ufanismo boboca, é insuficiente para consolidar uma direita bem-sucedida em qualquer lugar do mundo. Tudo que temos escrito visa trabalhar para, nesse jogo de quebra-cabeças, adicionar esses ingredientes em falta, que julgamos necessários, e, diante da demolição imperiosa, fortalecer o propósito da reconstrução. Este projeto se insere nesse contexto.

Carlos Lacerda é, para a história política nacional, a imagem arquetípica de tudo que é avesso ao modelo e às ideologias e atitudes culturais reinantes. É sempre pintado como o monstro golpista, o reacionário pavoroso, o símbolo de uma corrente política obtusa e defasada incapaz de construir e articular ideias, existindo apenas para destruir e agredir aqueles que tentam fazer alguma coisa (como se seus anos como governador da Guanabara nada significassem). Sua posição de vilão para os intérpretes de esquerda sempre o tornou, aos nossos olhos, o personagem mais espetacular de nossa acidentada trajetória republicana. É um ícone do conservadorismo e do liberalismo no Brasil, em sua luta contra o comunismo e o populismo autoritário; porém, mesclado, com alguns excessos e incongruências, ao regime de 64, é apagado, defenestrado e diminuído, e muitos porta-vozes da direita moderna parecem ter extremo pudor em assumir qualquer inspiração nele, em fazer qualquer referência a ele.

Queremos mostrar que, como patriota, Carlos Lacerda conseguiu criar um movimento conservador popular, de penetração social, apresentando para a UDN um sistema ordenado de pensar político capaz de orientar doutrinariamente o partido, ainda que sem o apego excessivo e rígido à abstração ideológica, e que as ideias que ele expôs têm totais condições de ensejar reflexões para a direita de hoje, para os brasileiros de hoje. Por isso, esta breve obra introdutória (ou melhor seria dizer "re-introdutória" do personagem), apesar de começar com a exposição de uma sucinta biografia enquadrada em uma contextualização histórica e política do Brasil republicano, não é uma biografia de Carlos Lacerda – no máximo, poderia ser considerada uma breve "biografia intelectual"; é uma exposição pincelada do lacerdismo como pensar político, defendendo a tese de que ele pode ser um começo para a direita brasileira se encontrar com seu país e, assim, galgar degraus para se enriquecer com o domínio estético-conceitual do seu passado. É uma exposição livre das ideias sócio-políticas de Carlos Lacerda, a partir dos olhos interpretativos de alguém apaixonado pelo personagem. É um protesto contra o silêncio e a exposição de um ponto de vista alternativo ao dominante sobre as ideias do célebre udenista da Guanabara, com vistas a combater as desfigurações.

Os principais capítulos no corpo do livro se fundamentam em trechos de livros e artigos escritos pelo próprio Lacerda, em especial clássicos como *Depoimento* e *O Poder das Ideias*, elencando temas levantados por ele, quer em detalhes, quer em pequenas declarações – sendo então ligeiramente desenvolvidos a partir das nossas interpretações e dos nossos termos, mas preservando amplo destaque à essência do pensamento original. A proposta é elencar, de maneira organizada e distribuída em tópicos de fácil orientação para o interessado, os principais aspectos de sua visão social e política, bem como de sua narrativa sobre a história brasileira, com vasto emprego de citações diretas de seu material original.

Passeamos, por exemplo, pela noção de patriotismo, por oposição à doença do nacionalismo – dialogando com as conceituações sensatas de Gustavo Corção (1896-1978) e travando a discussão que pretendemos lançar ao começo no seio dos nossos novos parceiros de cosmovisão política; pela crítica ao sindicalismo getulista e ao regime ditatorial do Estado Novo como uma contestação a um estado de coisas viciado que necessitava de uma reforma, algo que pode em alguma medida ser comparado aos ranços nocivos do estado de coisas atual e da Constituição em vigência, ainda que os remédios não possam ser mais os mesmos; a interpretação de Lacerda, sabidamente polêmica, acerca do que seriam, diante do domínio do que ele chamava de "oligarquia de 1930", os tão falados "golpes" e o tão falado "regime de emergência" que ele propunha, apreciando sua analogia pouco conhecida entre o Brasil pós-Getúlio e a Alemanha pós-Hitler; sua visão sobre moral e competência em oposição ao moralismo, questionando se sustentar valores é mesmo algo fora de moda; os conceitos de esquerda e direita para Carlos Lacerda, suas avaliações do comunismo (que ele defendeu na juventude) e da democracia cristã; seu ataque ao economicismo; a ideia de uma civilização judaico-cristã a ser preservada; sua opinião acerca da América Latina, da Rússia, de Cuba e do mundo; o famoso debate com

Roberto Campos no governo Castelo Branco e o que se pode extrair de interessante desse duelo de gigantes; a concepção de Lacerda acerca da missão da imprensa; as razões de ser de sua oposição implacável aos presidentes que enfrentou; em suma, a doutrina udenista-lacerdista aplicada ao seu tempo e ao mundo atual.

Em relação às influências teóricas, queremos ressaltar a admiração de Lacerda por Winston Churchill (1874-1965); sua inspiração em autores católicos como Fulton Sheen (1895-1979), o próprio Corção e Alceu Amoroso Lima (1893-1983); na economia social de mercado e na democracia cristã alemã de Wilhelm Röpke (1899-1966) e Konrad Adenauer (1876-1967); e, naturalmente, Rui Barbosa (1849-1923), do qual Lacerda considerava o lacerdismo uma projeção – aquele lutando pelo civilismo liberal-democrático contra o militarismo de Hermes da Fonseca (1855-1923) e o sistema do café-com-leite, este lutando contra a oligarquia de 1930.

A meta, em suma, é esta: mostrar que o lacerdismo não é nem de longe esse bicho feio e obscuro que pintam e que a direita nacional pode colecionar referências no passado do próprio Brasil – sem o que será um esforço de transposição de teses estrangeiras pairando ineficazes sobre o mundo real. É oferecer um primeiro antídoto contra a mentira e a tirania do silêncio imposto à sua memória, bem como ao espaço a ser merecidamente cultivado por seus admiradores.

CAPÍTULO I

Quem foi Carlos Lacerda: O homem e o político

I.1 - O contexto em que Carlos Lacerda existiu

Quando se pensa na figura do célebre político, orador e jornalista Carlos Lacerda, a regra costuma ser dar enfoque às suas ideias conservadoras em matéria de política – raramente evidenciadas com inteira justiça – ou descrever sua atuação histórica direta em quase todos os eventos importantes da conturbada história brasileira entre os anos 50 e 70. Quando sua figura tipicamente representada com um ar de seriedade impassível, uma intrepidez inequívoca e óculos bastante peculiares se apresentava diante das tribunas ou transmitia suas contundentes mensagens nas páginas de um jornal, as mais diversas reações se manifestavam por todos os cantos daquele Brasil de metade do século passado. Políticos e atores sociais das mais variadas estirpes reconheciam seu aturdimento diante de um poder demolidor como poucos vistos no país. Alguns partidários de convicções opostas se preparavam para reagir com vaias e insultos enfurecidos; mulheres da classe média do Rio de Janeiro, sobretudo no então existente estado da Guanabara, suspiravam por sua imagem idolatrada, e entusiastas vibravam com sua talentosa oratória.

O historiador John Dulles (1913-2008), seu maior e melhor biógrafo, elencou depoimentos de personalidades brasileiras que tentaram defini-lo, sempre a partir de sua habilidade com a fala e a retórica, de seus predicados intelectuais ou de sua capacidade de ser central nos acontecimentos fundamentais da vida do país. Uma dessas personalidades foi o historiador José Honório Rodrigues (1913-1987), que entendia não ter havido outro que, sozinho, *"influiu tanto no processo histórico brasileiro"*[2] entre 1945 e 1968. Um advogado ilustre, Dario de Almeida Magalhães (1908-2007), diria que ele era *"o adversário mais temido e implacável conhecido pelo país, pelo menos nos últimos 50 anos"*[3]. O deputado Paulo Pinheiro Chagas (1906-1983) o apresentaria como *"o maior tribuno que passou pela Câmara dos Deputados"*[4].

O "fenômeno" Carlos Frederico Werneck de Lacerda, às vezes identificado como o "Demolidor de Presidentes", em outras como o "Corvo" – por conta da famosa *charge* do cartunista Lan que o representava, em tom pejorativo, assemelhado à ave homônima –, apresentava tantas facetas e tantas funções em seu tempo de atuação na cena nacional que é impossível esgotar, no espaço de qualquer trabalho, todas as possibilidades. A complexidade de sua biografia impediria abordagens mais amplas em espaços restritos. O leitor que trava contato com nosso personagem pela primeira vez, entretanto, merece algumas palavras iniciais sobre ela.

Nascido em 30 de abril de 1914, ele era filho do tribuno e escritor Maurício Paiva de Lacerda (1888-1959) e de Olga Caminhoá Werneck (1892-1979). Foi registrado em Vassouras, embora tenha nascido no Rio de Janeiro. Seu avô, Sebastião Eurico Gonçalves de Lacerda (1864-1925), fora ministro do Supremo Tribunal Federal e

---

[2] DULLES, John. *Carlos Lacerda: A Vida de um Lutador*. Rio de Janeiro: Nova Fronteira, 1992. p. 1.
[3] Idem. *Ibidem.*, p. 1.
[4] Idem. *Ibidem.*, p. 1.

atuara em defesa de ideias republicanas e abolicionistas. Descendia de uma família, portanto, por natureza envolvida nas peripécias políticas daquele Brasil extremamente rural e que assistia ao nascimento de contradições intensas e ineditamente fervilhantes.

Essa trajetória de imbricações se estende, em tons de profundo vermelho, com seus tios Paulo de Lacerda (1893-1967) e Fernando Paiva de Lacerda (1891-1957). Ambos foram comunistas militantes, ligados ao Partido Comunista Brasileiro (PCB), e chegaram mesmo a ocupar cargos dirigentes. Segundo o biógrafo Dulles, Maurício deu ao ilustre filho seus nomes (Carlos e Frederico) em homenagem aos filósofos do chamado Socialismo Científico, Karl Marx (1818-1883) e Friedrich Engels (1820-1895). Muitos amigos de Maurício eram anarquistas e socialistas que escreviam em *A Barricada* (1915) e *O Debate* (1917), bem como líderes trabalhistas que desafiaram o presidente Wenceslau Brás (1868-1966) e a polícia durante as grandes greves em meados de 1917. A vida do pai de Lacerda foi também especialmente intensa, tendo agido como ardente defensor de ideias socialistas como alternativas políticas válidas para o país, conquanto na maior parte do tempo se mantivesse em posição de independência com relação aos comunistas.

Ainda que isso possa surpreender aqueles que o conhecem por sua fase mais notória e impactante, foi na esquerda que tanto combateria que Carlos Lacerda começou sua atuação tanto na política quanto na imprensa. Aos 16 anos, em fins de 1930, ele se apresentou para trabalhar no *Diário de Notícias*. Continuou seu trabalho em uma revista da Casa do Estudante do Brasil, que Lacerda, encarregado do projeto, chamou de *Rumo*. Em junho de 1934, foi nessa revista que Carlos Lacerda escreveu um artigo dirigindo fortes críticas ao que considerava como feições fascistas de Plínio Salgado (1895-1975) e sua Ação Integralista Brasileira. Ali ainda não o moviam as teses que o consagrariam em seu apogeu, mas sim as prevenções socialistas, próprias de uma rebeldia juvenil – aliadas, em seu caso particular, ao seu extraordinário e precoce talento como orador e escritor.

Lacerda em seguida integrou a equipe da *Revista Acadêmica*, em que fez sua estreia em 1934 com uma análise de *São Bernardo*, de Graciliano Ramos (1892-1953), na qual, já cursando a faculdade de Direito, evidenciava sua adesão a ideias marxistas, argumentando que "quando a Revolução vier, encontrará um sistema para destruir. Não encontrará homens, porque esses, os da classe dominante, já se dissolveram na lama de si mesmos"[5]. Atuando em organizações estudantis com forte ideário esquerdista, pichou "Abaixo o imperialismo, a Guerra e o Fascismo" em uma estátua de Pedro Álvares Cabral (1467-1520). Também chegou a escrever em 1933 no *Jornal do Povo*, veículo que Aparício Torelli (1895-1971), humorista, jornalista e político pelo Partido Comunista Brasileiro, disseminou por apenas duas semanas.

Ao contrário do que comumente se prega, Lacerda jamais se inscreveu oficialmente no PCB que lhe capturava tanto as atenções e aspirações. Em 1935, porém, com a fundação da Aliança Nacional Libertadora (ANL), organização de movimentos de esquerda formada para combater frentes populares de tendências vistas como fascistas, ele foi orador da diretoria local. Escrevendo de vez em quando para *A Manhã* e, mais assiduamente, para a *Revista Acadêmica*, Lacerda aproveitava a oportunidade para defender o programa marxista que abraçava. Com o pseudônimo de Marcos, contou em um livreto a história do quilombo de Manuel Congo – líder da maior rebelião de escravos ocorrida na região do vale do Paraíba do Sul, especificamente em Paty do Alferes, no Rio de Janeiro –, trabalho que foi empregado, como as esquerdas se acostumaram a fazer, para ensejar uma propaganda comunista velada, enaltecendo conceitos típicos da verborragia marxista, como o de "classe dominante".

Em novembro de 1935, aconteceu a Intentona Comunista, uma tentativa do PCB de aplicar um golpe contra Getúlio Vargas (1882-1954), então governante do Brasil em um período que se pretendia provisório, depois da Revolução de 30. Lacerda, ainda muito jovem, como seu pai, assistiu com alguma empolgação ao destronamento das elites políticas do "café-com-leite", que sustentaram um sistema político desde o desfecho da República da Espada de Deodoro da Fonseca (1827-1892) e Floriano Peixoto (1839-1895). Para situar essa empolgação em

---

[5] Idem. *Ibidem.*, p. 35.

seu momento histórico, cabe fazer uma ligeira retrospectiva do que era o Brasil naqueles tempos de princípio da República, que o Lacerda ainda adolescente viu morrer e que serviria de gestação para o movimento socialista e comunista brasileiro que abraçou.

É largamente sabido, embora o caráter de festividade do 15 de novembro intente disfarçá-lo, que a República no Brasil despontou através de um golpe contra o Segundo Império de Dom Pedro II (1825-1891), com decisivo componente militar. Para além dos positivistas, com sua teoria do autoritarismo científico suplantando o Parlamento e o debate político nas estruturas representativas, esse componente militar também tinha radicais nacionalistas, defensores demagogos da democracia direta, grupos que se intitulavam "jacobinos" – tais como os feitores do Terror da Revolução Francesa. A gravidade disso fica patente com uma citação de Floriano Peixoto, que chegou a ser nosso segundo presidente, reproduzida por Oliveira Viana (1883-1951) em seu *O Ocaso do Império*, sustentando que a podridão que grassava no país – uma impressão experimentada pelo seu descontentamento com a chamada Questão Militar, um conflito entre as Forças Armadas e o governo imperial que incrementava o declínio do regime monárquico – precisava de uma "ditadura militar" para ser expurgada.

A República da Espada havia sido marcada por investidas contra o Congresso e repressões violentas. Os principais atores sociais do golpe republicano se digladiaram no interesse de verem sua concepção prevalecer, conflito que esteve no auge até a ascensão do primeiro civil, Prudente de Morais (1841-1902) – que teve a virtude de, resistindo até a uma tentativa de atentado dos radicais chamados de "jacobinos", saber conduzir o mandato a ponto de passar o posto a outro civil.

Foi com Campos Salles (1841-1913), entretanto, que se consolidou o sistema da República Oligárquica. Conhecendo-lhe um pouco mais os pensamentos, podemos compreender melhor também todo o sistema da fase predominante da República Velha. Triunfam, a partir de Morais e dele próprio, os republicanos chamados "liberais" ou "constitucionalistas", cuja ênfase retórica, a do chamado "bacharelismo liberal", era na existência do sistema representativo e a divisão institucional de poderes, suplantando as "arcaicas" esferas institucionais e simbólicas do Império e do Poder Moderador de Dom Pedro II, um "museu de atraso e absolutismo", como eles certamente o enxergavam. O Brasil precisava reproduzir o modelo dos Estados Unidos, romper de forma mais significativa com as antigas instituições europeias, estabelecer o presidencialismo e o federalismo completo, eles julgavam.

A realidade por detrás dessa ficção era um sistema político eminentemente "clânico", em que famílias com poderio regionalista, as oligarquias e "coronéis" locais, controlavam os rumos políticos e arquitetavam as tramas do poder. Campos Salles é um personagem decisivo nesse contexto. Defensor contumaz da responsabilidade fiscal e da contenção dos gastos públicos, tendo herdado os descaminhos da Crise do Encilhamento, Salles – e seu ministro, Joaquim Murtinho (1848-1911) – queriam levar a efeito sua política de saneamento das finanças, a despeito da sua impopularidade. Foi uma rara figura política brasileira a encarar o alto preço de uma tal orientação para conseguir implementar esse programa, certa ousadia que, aliás, nalguns momentos, em sua fase de maturidade, o próprio Lacerda criticou algo injustamente. Salles conseguiu; contudo, o preço a pagar para tal propósito era encontrar uma maneira de substituir as intervenções do Poder Moderador de Dom Pedro II e a anomia simbólica do país, desprovido de sua Coroa, a fim de que a insatisfação não provocasse a revolta e o fracionamento, bem como não colocasse o poder de volta nas mãos militares.

Para garantir que conseguiria apoio político para seu intento, consolida o sistema da "política dos governadores" e a Comissão Verificadora, apetrechos que perduram por toda a República Oligárquica e demonstram a ilusão liberal e federalista da sua realidade. O presidente da República garante a proteção aos interesses das elites que governam as regiões, estabelecendo inclusive um órgão responsável por podar candidaturas oposicionistas, mesmo quando elas "milagrosamente" conseguem vencer; o voto de cabresto grassa e o poder dessas oligarquias torna o resultado de uma eleição perfeitamente previsível antes de os votos serem calculados. Os eleitores, em um país cuja população, embora reduzida comparativamente, já chegava à casa do milhão, não ultrapassavam o número dos milhares. Tal arranjo, que fazia das eleições, com resultados acachapantes, uma absoluta fantasia, fazia com que, sem para isso os candidatos precisarem efetivamente ser desonestos, o Brasil, a despeito dos protestos dos estudiosos que apontam as complexidades da época, fizesse muito jus à imagem de um autêntico clube de fazendeiros e bacharéis.

O "federalismo" tão decantado em prosa e verso pelos republicanos, portanto, era profundamente dependente do conchavo com o poder central e da fraude. Um sem-número de processos que incomodavam as oligarquias eram entravados no Poder Judiciário e a oposição estava automaticamente fadada ao fracasso. A "República" como um conceito digno de participação na "coisa pública" nunca foi efetivamente implantada.

Provavelmente Campos Salles não tinha outros recursos de que lançar mão; cumpriu seu programa e deixou as finanças saneadas para o sucessor, Rodrigues Alves (1848-1919), fazer um prestigiado governo, nomeando notáveis e realizando importantes obras. Era Salles um "herói" ou um "grande homem"? Foi um realizador, do ponto de vista de seu programa econômico, mas tratar por herói alguém que foi o típico personagem civil do golpe que destronou o imperador oferece certas dificuldades morais.

O maior mérito de Rodrigues Alves – tal como Salles, egresso da política imperial, mas ao contrário deste, uma figura sem ligações passadas com o Partido Republicano – foi se recusar a aceitar a Convenção de Taubaté, um encontro de governadores (então "presidentes") de estados, representando os cafeicultores, com o propósito de convencer o governo federal a proteger a sua produção, comprando os excedentes e valorizando o café. Logo que, porém, Affonso Penna (1847-1909) assume, sendo sucedido por Nilo Peçanha (1867-1924) – que, como governador do Rio, participou da Convenção –, o poder federal se curva a essa vontade dos cafeicultores.

O que se seguiu foi um ciclo de aumento nos gastos, contrariando a diretriz de Salles, e de proteção aos interesses do café e, minoritariamente, a outros setores do mercado. Tal marasmo protecionista se fez acompanhar de todo tipo de conflitos sociais – a República Velha como um todo contou com a Greve Geral de 1917, a Guerra de Canudos, a Revolta da Armada, a Revolta da Chibata, a "Revolta da Vacina", a Guerra do Contestado, as Revoltas Tenentistas, a Coluna Prestes e as duas Revoluções Federalistas do Rio Grande do Sul, estas últimas provocadas pelo conflito com a doutrina centralizadora do Castilhismo, teoria autoritária que influenciaria a determinação dos rumos do país com a ascensão nacional da elite do estado através de Getúlio Vargas.

A maioria desses conflitos se relacionava de algum modo às fragilidades e à crescente insatisfação social com o sistema fraudulento e instável, bem como a uma elevada alienação das camadas populares do processo decisório. A ideia de que a "Política dos Governadores" e a chamada "Política do Café-com-Leite" – designando o fato de que as oligarquias paulista e mineira eram as mais poderosas no cenário – permaneceram incólumes e tranquilas durante o período é um engodo. Uma das figuras mais importantes da época, o senador Pinheiro Machado (1851-1915), usando de sua influência, conseguiu eleger o militar Hermes da Fonseca (1855-1923), depois de Nilo Peçanha, que aplicou então intervenções militares para controlar as oligarquias com que estava incompatibilizado, na denominada "Política das Salvações" – que, de "política", tinha muito pouco.

Houve necessidade de vigência de estado de sítio em quase todos os demais governos. Depois de Wenceslau Brás, que atravessa a Primeira Guerra Mundial, e Epitácio Pessoa (1865-1942), que governa o Brasil no centenário da Independência – e encara a Revolta dos 18 do Forte –, Arthur Bernardes (1875-1955) assume para um governo quase completamente autoritário, com estado de sítio constante. O canto do cisne seria Washington Luís (1869-1957), quando este aponta Júlio Prestes (1882-1946) como sucessor, contrariando o acordo estabelecido entre Minas e São Paulo e provocando a insurreição de Minas Gerais,

Rio Grande do Sul e Paraíba, a Revolução de 1930, pondo fim à República Velha.

Alguns liberais, socialistas como Maurício de Lacerda e adolescentes como Carlos, assistindo àquilo com entusiasmo, acreditaram que 1930 marcava uma profunda ruptura, pronta a inserir toda a sociedade nos rumos da vida pública, a aniquilar as estruturas carcomidas e as máquinas políticas viciadas. A triste realidade foi que se trocou a "autoridade dos clãs e da fraude" pelo autoritarismo centralizador e tirânico de Getúlio Vargas, que usou a plataforma do grupo que o apoiou – oligarquias descontentes, tenentes insatisfeitos com o regime da República Velha (artífices do movimento conhecido como tenentismo) e outros agentes políticos – para, depois de estabelecer algumas reformas como o voto secreto e o voto feminino, alçar-se a ditador completo.

Foi dessa confluência entre os homens que, pelas armas, derrubaram o sistema vigente, aqueles realmente interessados no florescimento da consciência cidadã em terras brasileiras e aqueles que se deixavam seduzir por perigosos devaneios centralizadores que despontou a administração federal atacada pela frustrada Intentona Comunista. A emergência das ideologias impactou o Brasil pelo intranquilo enfrentamento entre comunistas e integralistas e, quando se aguardavam, em 37, as eleições a serem disputadas por José Américo de Almeida (1887-1980), representante do regime provisório, o liberal paulista Armando de Salles Oliveira (1887-1945) e o líder integralista Plínio Salgado, ele, Vargas, o gaúcho de São Borja, desde 30 no comando do que hoje rimos em ver chamado de Governo Provisório, já arquitetava a subtração cretina das esperanças democráticas. Usando da artimanha falsária do Plano Cohen, implantou-se no país o espúrio estado de guerra e, em novembro, o fim da efêmera Constituição de 1934 e o fechamento do Congresso.

O então presidente do Brasil alegou a necessidade de instalar um governo de exceção, iniciando a ditadura do Estado Novo. Como nunca antes e nunca depois, a liberdade e o ritual parlamentar e partidário foram demonizados e contidos. Sob a alegação da inimizade e da divisão nacional, Vargas não teve pudores em incinerar as bandeiras estaduais, desprezando as tradições cívicas de cada unidade da federação em prol de seu centralismo agressivo e autoritário, e, com a hipocrisia estridente em sua voz melosa, ecoando nisso de alguma sorte a impaciência do Positivismo e do Castilhismo, sustentou o ocaso dos partidos políticos – que, na configuração com que transparecem em sistemas republicanos mais maduros, mal existiam no Brasil.

Concebeu e implantou um regime que deveria "estar em contato direto com o povo, sobreposto às lutas partidárias de qualquer ordem, independendo da consulta de agrupamentos, partidos ou organizações, ostensiva ou disfarçadamente destinados à conquista do poder público", como diz aquele documento infame, a Constituição de 37. Criou um Departamento de Imprensa e Propaganda (DIP), associado a um poderoso aparelho repressor. Mais do que qualquer relato de prisão, tortura e censura, sobre o valor que dava aos direitos individuais, nada mais claro que as próprias palavras de Getúlio a respeito:

> O Estado Novo não reconhece direitos de indivíduos contra a coletividade. Os indivíduos não têm direitos, têm deveres! Os direitos pertencem *à* coletividade! O Estado, sobrepondo-se *à* luta de interesses, garante os direitos da coletividade e faz cumprir os deveres para com ela[6].

Além de tudo, o varguismo estadonovista flertava com o Eixo, quando o mundo se dividia entre aqueles que perfilariam com Hitler (1889-1945) e aqueles que desafiariam o fascismo europeu. Felizmente, e aqui fica um recado para aqueles que somente espezinham nosso país, o espírito brasileiro não abraçou de bom grado tamanho absurdo e, de par com a persuasão econômica dos Estados Unidos, o clamor do povo nos colocou no confronto ao lado dos Aliados. O simbolismo da Força Expedicionária Brasileira tornou insustentável a pura e simples perpetuação do arbítrio em nossos próprios domínios e o Estado Novo

---

[6] VIANNA, Luiz Werneck. *Liberalismo e sindicato no Brasil*. São Paulo: Paz e Terra, 1976. p. 213.

sucumbiu em 1945, junto com o regime nacional-socialista alemão; lamentavelmente, o ditador não foi de maneira alguma responsabilizado à altura pelo seu crime contra o desenvolvimento da sociedade brasileira. Afastado, permaneceu cultivando suas teias populistas e a máquina político-partidária que irrompeu e continuou sob suas rédeas e/ou de seus próximos, facultando-lhe o retorno ao poder em 1950.

Antes disso, entretanto, voltando a 37, na clandestinidade diante da imposição da ditadura que não pouparia um jovem comunista, Lacerda se refugiou na velha chácara da família em Vassouras, onde foi protegido pelos parentes influentes. Nessa época, se casou com Letícia Abruzzini (1919-1990), sua paciente e dedicada companheira.

Em meados de 1938, a trajetória do jornalista seguiu um caminho natural para quem precisava de uma fonte de renda mais segura e ele foi trabalhar no *Observador Econômico e Financeiro*. Curiosamente, Samuel Wainer (1910-1980), futuramente um grande inimigo de Lacerda, como dono do jornal getulista *A Última Hora*, o admirava nessa época e permitiu a publicação de alguns de seus artigos de cunho esquerdista em seu veículo *Diretrizes*.

A virada que fez Carlos Lacerda assumir o papel que o notabilizou historicamente se deu a partir de sua rejeição pelo próprio Partido Comunista. Tudo começou quando o governo do Estado Novo decidiu comemorar seu aniversário com uma exposição das realizações de seus ministérios e uma parte dela abordava o combate do Ministério da Justiça ao comunismo. O *Observador*, ajudado financeiramente pelo DIP, deveria colaborar. Lacerda ficou reticente em escrever devido à sua ligação com os comunistas, mas alegou ter sido orientado por eles mesmos a publicar um artigo, tentando convencer o público de que a ideologia do partido não representava um perigo, e também *"para evitar que um outro denunciasse pessoas ainda soltas ou comprometesse ainda outros"*[7]. O texto publicado, porém, não agradou aos seus mentores, que acusaram Lacerda, na *Revista Proletária*, de ser *"reles aventureiro a serviço do fascismo que, por algum tempo, conseguiu ludibriar a boa-fé*

---

[7] LACERDA, Carlos. *Depoimento*. Rio de Janeiro: Nova Fronteira, 1977. p. 413.

dos meios revolucionários e democráticos"⁸. Afirmaram que ele se tornara autor de *"um apelo indisfarçável à polícia para infiltrar-se no seio do PCB"*⁹ e de manifestar *"o despudor de afirmar que a direção do PCB havia supervisionado o seu provocativo trabalho"*¹⁰.

    O percurso posterior de Lacerda demonstra que a transformação foi radical. O inflamado jovem comunista, aturdido pela orfandade ideológica, expurgado da fé marxista que, como para todos os seus pares, se havia tornado o significado da existência, se converteu ao Catolicismo por influência de Alceu de Amoroso Lima (1893-1983) e Gustavo Corção (1896-1978). Se a opção religiosa já o fazia divergir do marxismo ortodoxo, sua transformação na esfera política apenas a acompanhou. Lacerda assumiu uma faceta radicalmente anticomunista, afirmando que nessa doutrina há elementos incompatíveis com a nossa civilização, tais como o mergulho na estatização das estruturas e sua subordinação irrestrita ao Estado como protagonista e dirigente de toda a sociedade. Passou a enxergar na doutrina comunista o perigo de uma ditadura pior do que as outras, muito mais organizada, e, portanto, muito mais difícil de derrubar.

1.2. Síntese de sua vida pública

Lacerda se tornou algo muito próximo do que hoje comumente, em um emprego vulgar do espectro político, se chamaria de "direitista" ou "liberal conservador" – apesar de ele próprio rejeitar o uso desses termos, uma vez que receava a multiplicidade de aplicações que são dadas aos termos "direita" e "esquerda", preferindo ser conhecido apenas como um homem da democracia e eventualmente reservando o rótulo "conservador" para seus adversários do Partido Social Democrático (PSD), egressos da elite das hostes varguistas. Não foi

---

[8] DULLES, John. *Carlos Lacerda: A Vida de um Lutador. Op. cit.*, p. 65.
[9] Idem. *Ibidem.*, p. 65.
[10] Idem. *Ibidem.*, p. 65.

o único representante da direita política, do conservadorismo ou do liberalismo no Brasil que abandonou um passado de envolvimento com a esquerda, antecedendo, nesse particular, nomes como Paulo Mercadante (1923-2013), Paulo Francis (1930-1997), Antonio Paim, Ricardo Vélez Rodríguez, Olavo de Carvalho e tantos outros. Sobre tais qualificações, dizia ele que *"o submundo tosco de ideias e refinadamente intuitivo dos caudilhos não conhece direita nem esquerda, senão como rótulos"*[11]. Sintetizava sua concepção política defendendo a necessidade de *"preservar a ordem como único meio de salvar a liberdade"*[12]. Lacerda acreditava que *"o mundo não anda numa nem noutra direção, à esquerda ou à direita; o mundo apenas anda, muito menos segundo as ideologias do que conforme soluções objetivas, fundadas no conhecimento dos problemas que os povos pedem ou inspiram a seus líderes"*[13].

Lacerda se tornou muito popular entre uma considerável parcela da classe média, especialmente no Rio de Janeiro. Gerou-se, em torno dele, um fenômeno de predileção e idolatria, chamado por simpatizantes e detratores de *lacerdismo*. Juntou-se ao partido que reunia lideranças mais voltadas aos pensamentos conservadores e liberais no Brasil, a União Democrática Nacional (UDN). Antes de fazê-lo como político, representou as vozes anticomunistas e antivarguistas, ainda em um processo de transição de suas opiniões políticas, como jornalista e colunista.

Sua vida pode, então, ser melhor compreendida se a dividirmos em fases. Há este primeiro Lacerda jovem, ativo particularmente nos anos 30, que defende o comunismo e sofre um traumático rompimento com a extrema esquerda; esse Lacerda, ideologicamente avesso a tudo que ele seria depois, foi, no entanto, o primeiro ensaio de sua prodigiosa habilidade. Houve adiante um Lacerda nos anos 40, que enfatizava uma identificação com ideias que iam vagamente de um socialismo trabalhista ao estilo britânico ao "liberalismo moderno" dos EUA, mas que já voltava seus torpedos contra o comunismo e o varguismo; em seguida, um Lacerda entre os anos 50 e 60, que cada vez mais sustentou

---

[11] LACERDA, Carlos. *O Poder das Ideias. Op. cit.*, p. 17.
[12] Idem. *Ibidem.*, p. 27.
[13] Idem. *Ibidem.*, p. 27.

ideias que hoje seriam consideradas liberais e conservadoras, com uma identificação mais declarada com a democracia cristã alemã e o ordoliberalismo; e, finalmente, um Lacerda em queda, destruído pelo regime militar, que tentou reagir a ele com a Frente Ampla e já estava com sua carreira política praticamente encerrada.

Em 1946, escrevendo no *Correio da Manhã* as suas célebres crônicas sobre a Constituinte que se sucedeu ao fim do regime ditatorial de Vargas, vemo-lo citar, apesar de já admirar Winston Churchill (1874-1965), referências que estão mais na linha de um John Dewey (1859-1952) – liberal "de esquerda" que defendia a igualdade de oportunidades – e um Harold Laski (1893-1950) que na dos autores que costumamos referenciar de maneira mais entusiasmada. Parece que estava então, em termos do liberalismo brasileiro na República, mais para o social-liberal José Guilherme Merquior (1941-1991) que para um Roberto Campos (1917-2001), seu então futuro desafeto. Porém, vivenciando o alvorecer da União Democrática Nacional, que nasceu como uma grande frente contra as forças egressas da ditadura do Estado Novo de Getúlio Vargas, no campo brasileiro, esse Lacerda na casa dos trinta anos já fazia verdadeiras elegias às figuras clássicas da fundação da legenda, como Octavio Mangabeira (1886-1960), orador reconhecido e então presidente da UDN, e Armando de Salles Oliveira, que tentou enfrentar o Integralismo e o Varguismo na eleição abortada de 1937 pelo seu protótipo, a breve União Democrática Brasileira (UDB). Também já era um entusiasta de Rui Barbosa (1849-1923), que seria uma de suas maiores referências pelo resto da vida.

O relato cruento e satiricamente irresistível das linhas lacerdistas, usando e abusando de apelidos, invectivas pungentes, acusações e analogias das mais criativas, sugere ao leitor o impacto profundo que sua habilidade deve ter provocado para inspirar as forças mais liberais que existiam no Brasil àquele momento. Os artigos, geralmente demonstrando explícito desagrado, mostram que Lacerda experimentou alguma esperança no meio do caminho da Constituinte, para ao final consolidar aquilo que, já em gestação, se tornou a linha mestra da sua atuação política, ganhando corpo dentro da UDN.

Desenvolve e cristaliza seu espírito já crítico ao comunismo, manifestado em suas polêmicas com o presidenciável de seu outrora adorado PCB, Iedo Fiúza (1894-1975), por ele chamado "o Rato Fiúza", enfrentamento que só se intensificaria ao longo do ano de 46 com suas investidas contra Luiz Carlos Prestes (1898-1990) e sua bancada de extrema esquerda, muito embora tenha sido contrário à proibição da legenda, que foi estabelecida posteriormente naquela época. Já se poria a combater ferrenhamente o getulismo e a sustentar uma de suas teses nucleares: a de que a ditadura oficialmente terminara, mas havia deixado uma máquina política capaz de favorecer seus agentes e legatários. Censurava o governo do marechal Eurico Gaspar Dutra (1883-1974), antigo germanófilo e golpista de 37 e, em consequência, os setores "chapa branca" da UDN que aliviavam a oposição aos mandatários dos outros partidos. Finalmente, e isto iria com Lacerda até a morte, defendia a imperativa organização das elites e das massas em torno de um partido político capaz de dialogar com a opinião pública, para enraizar a consolidação das instituições democráticas, em vez de insistir na aposta no populismo ou no caminho tecnocrático.

Lacerda denunciou nas crônicas persistentemente a prevalência das forças do PSD e do PTB, em particular do Queremismo (isto é, dos desejosos da manutenção dos poderes de Vargas), sempre tergiversando, retardando o império da lei, procurando manter contradições e limitações que favorecessem a máquina herdada do Estado Novo, configurada na legislação eleitoral e na cultura política da qual o próprio presidente Dutra não se teria despido. O jornalista incluiu a menção alarmante, nas últimas crônicas, a documentos e artigos públicos que demonstravam uma perseguição à sua livre atividade profissional e até uma tentativa de sequestro, o que o motivou a comprar um revólver. Destemidamente, desafiava os perseguidores a atacarem-no no local de trabalho e em sua casa, e ao próprio Getúlio Vargas a fazer pessoalmente *"o que manda fazer por intermédio de terceiros"*[14]. Apenas uma entre tantas coisas que

---

[14] BRAGA, Sérgio. *Na Tribuna da Imprensa: Crônicas sobre a Constituinte de 1946*. Rio de Janeiro: Nova Fronteira, 2000. p. 449.

nunca leríamos nos jornais politicamente corretos de hoje – em tempos que, lamentamos dizer, não são nem um pouco mais pacíficos.

  Do ponto de vista propositivo, já defendia Lacerda a descentralização e que o Estado não exerça *"mais do que o estritamente necessário"*[15]. Já combatia a *"hipertrofia burocrática a que se atinge pela fórmula clássica do socialismo de Estado"*[16]; já pregava que a fonte da vida social é, continua a ser e há de ser cada vez mais o indivíduo; já dizia que não cabe sustentar *"um sistema"*, *"uma panaceia"*, *"uma fórmula miraculosa ou demoníaca como aquelas que levam a ganhar fatalmente no jogo, ou induzem à morbidez do fanatismo político"*[17], sendo a única fórmula *"a convicção de que a democracia não é um fim, mas um meio, não é um ponto de chegada e sim um de partida como um processo incessante, dia a dia renovado, aperfeiçoado, verificado na vida profunda das instituições"*[18].

  O que mais se destacava de sua pregação era, entretanto, que a única maneira de fazer frente efetiva ao autoritarismo e arcaísmo clientelista da máquina de propaganda e de organização viciada da ditadura estadonovista seria a criação de um espírito democrático genuíno, instigado por um trabalho educativo da UDN para soerguer o povo brasileiro. Seria, por outra, instigar o espírito público para que houvesse efetivamente partidos no Brasil, a começar pela própria UDN, e não simplesmente órgãos da elite varguista que revestiam de cor ideológica uma máquina sem alma. Essa linha mestra vai permanecer nos anos que se seguem, como se percebe em livros como *Discursos Parlamentares*, que já acompanha Lacerda na fase clássica de parlamentar nos anos 50.

  Com suas posições e sua filiação partidária, ele atraiu inimizades tanto de comunistas quanto de populistas e trabalhistas – os integrantes do que ele chamava de *"oligarquia da Revolução de 1930"*. A esse grupo, que Lacerda considerava dominar o Brasil, o udenista não poupava adjetivos violentos, definindo-os como *"uma casta, que hoje se disfarça*

---

[15] Idem. *Ibidem.*, p. 411.
[16] Idem. *Ibidem.*, p. 411.
[17] Idem. *Ibidem.*, p. 411.
[18] Idem. *Ibidem.*, p. 411.

de socialisteira, como ontem de fascista, mas na realidade é uma casta de incapazes e desonestos profissionais da demagogia"[19]. Consequentemente, se tornou o maior inimigo público do governo de Getúlio Vargas e do jornal *Última Hora*, do outrora amigo Samuel Wainer, que defendia o presidente, contra quem Lacerda alimentou uma incendiária Comissão Parlamentar de Inquérito. Quando, anos após o Estado Novo, Getúlio novamente se candidatou em 1950 à presidência, Lacerda já se destacava como opositor à sua campanha. Combateu também os presidentes Juscelino Kubitschek de Oliveira (1902-1976) e João Belchior Marques Goulart (1918-1976), além de Jânio da Silva Quadros (1917-1992) – este último a quem inicialmente apoiou –, mas foi mesmo a polêmica com Vargas que deixou mais marcas, tanto do ponto de vista político, quanto do ponto de vista jornalístico. Em 5 de agosto de 1954, ele sofreu um atentado na rua Toneleros, próximo à sua residência, em um evento que culminou com a morte do major Rubens Florentino Vaz (1922-1954), um dos que se voluntariaram a protegê-lo, admirando a sua coragem, e acirrou a crise que conduziu ao suicídio de Getúlio.

Um tiro no peito, em seu quarto, no Palácio do Catete, silenciou o maior líder de nossa República: Getúlio Dornelles Vargas. Maior, apressamo-nos em dizer, quanto à abrangência de suas ações e o impacto exercido, não quanto a seus méritos ou valores.

Disse Nelson Rodrigues (1912-1980), em seu *A Menina sem estrelas*, que o clima político, hostil ao então presidente eleito (que, por 15 anos, havia sido um ditador que rasgou mais de uma Constituição para se perpetuar no poder), se transformara completamente. Canalizando a oposição, Lacerda, de tribuno aclamado, passava, aos olhos de muitos, a "assassino de um suicida". Uma inflexão tão drástica se explica pelo peso inegável da figura do gaúcho de São Borja no curso da história verde e amarela. Se vivemos em uma pátria gestada pelos portugueses, tendo tido seu alvorecer no projeto avançado de estadistas como José Bonifácio de Andrada e Silva (1763-1868), com razão podemos ver em Vargas o pai do Brasil moderno – leia-se: o símbolo histórico mais pleno das opções equivocadas que fizemos como nação. Lacerda seria,

---
[19] LACERDAa, Carlos. *O Poder das Ideias. Op. cit.*, p. 19.

para nós, o símbolo de todo o projeto que se lhe opunha e, dado seu impacto no imaginário e nas estruturas atuais, ainda se opõe.

Durante esse mesmo governo constitucional de Vargas, Lacerda popularizou seu jornal, *Tribuna da Imprensa*. Originalmente, *Na Tribuna da Imprensa* era o nome da coluna que ele publicava no jornal *Correio da Manhã*, inspirando o periódico fundado em 27 de dezembro de 1949, repleto de matérias e editoriais famosos, exalando sua vocação para a polêmica. Carlos Lacerda ainda foi vereador (1947), deputado federal (1955-1960), governador do estado da Guanabara (1960-1965) e dono da editora *Nova Fronteira*.

Um dos aspectos mais atacados pelos adversários, que merecerá análise mais apurada adiante neste livro, é sua vinculação a movimentos considerados golpistas, aos quais teria apoiado abertamente. Sobre isso, dizia: *"não sou filho de uma ditadura, nem entusiasta de outra"*[20], procurando demarcar um afastamento total em relação aos autoritarismos fascistas, bem como ao totalitarismo comunista. Em 1960, eleito governador no estado da Guanabara – criado com a mudança da capital para Brasília, futuramente transformado em parte do estado do Rio de Janeiro –, iniciou uma administração que seria celebrada até por críticos pelas realizações, como a construção do túnel Rebouças, o Parque do Aterro do Flamengo, a estação de tratamento do rio Guandu, além de diversas escolas.

Em 1964, Lacerda foi, ao lado de nomes como Adhemar de Barros (1901-1969) – por quem, aliás, não manifestava a menor simpatia) – e Magalhães Pinto (1909-1996), uma das lideranças civis a defender a deposição do governo João Goulart.

Apesar do apoio inicial, ele não se satisfez com a prorrogação do mandato de Castelo Branco (1900-1967), o primeiro dos presidentes militares, e receou que o regime se transformasse definitivamente em uma ditadura e alcançasse inadmissíveis duas décadas de duração, o que de fato aconteceu. Tornando-se oposição, articulou-se com antigos rivais políticos, os próprios JK e João Goulart, para formar a Frente

---

[20] Idem. *Ibidem.*, p. 27.

Ampla, reivindicando que as eleições livres fossem restauradas. O resultado foi que teve seus direitos políticos cassados em 1968 pelo Ato Institucional Número 5 do governo de seu também desafeto Costa e Silva (1899-1969), vindo a falecer em 21 de maio de 1977, na clínica São Vicente, oficialmente por infarto no miocárdio. Na fase final de sua vida, dedicou-se às suas atividades como editor e dono da editora Nova Fronteira.

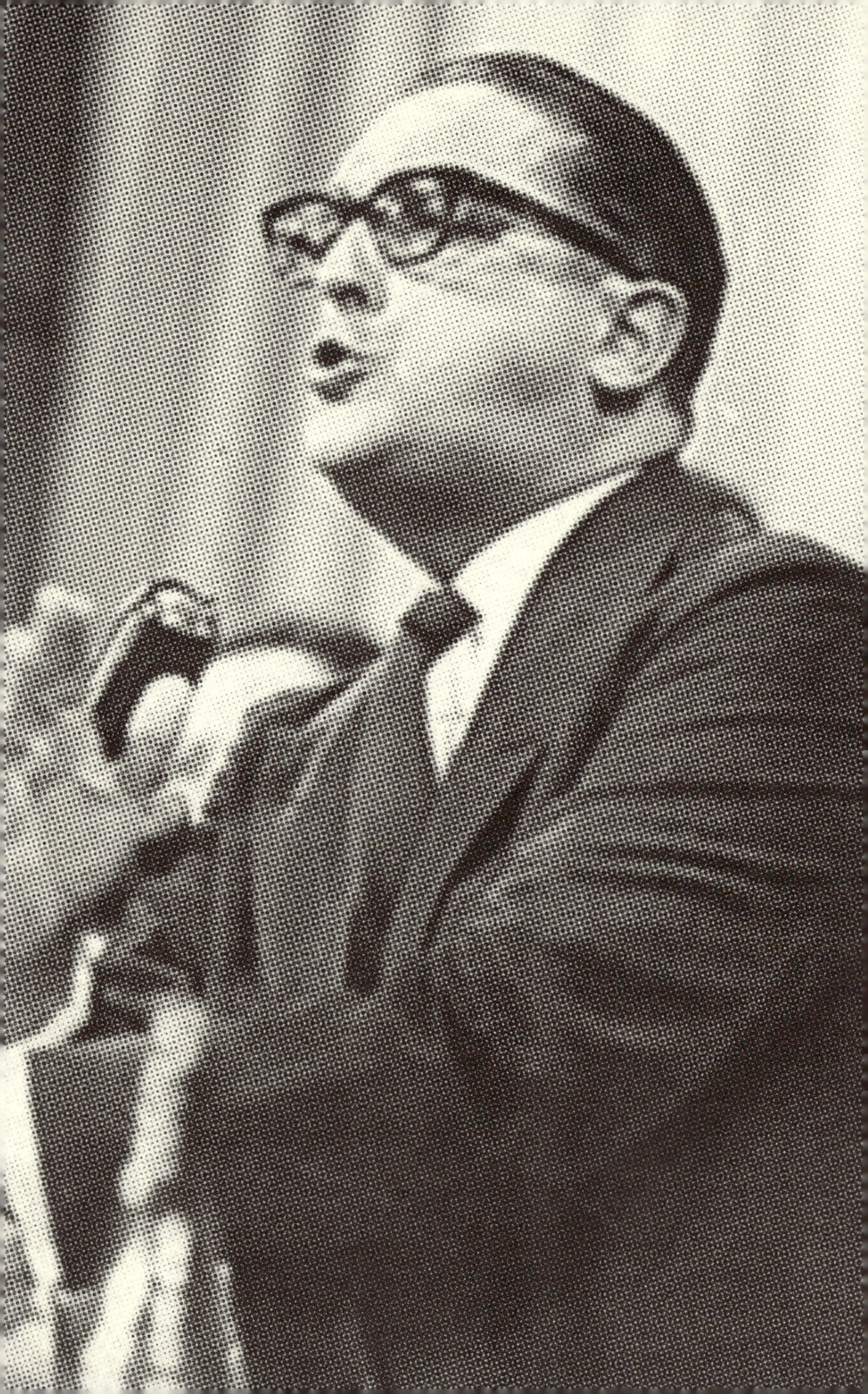

CAPÍTULO II

A doutrina lacerdista para a UDN e o "ruibarbosianismo"

II.1 - O lacerdismo e a herança de Rui Barbosa

Carlos Lacerda costuma ser mais lembrado pelo seu anticomunismo. Se de fato o comunismo era um de seus alvos prediletos e se tornou para ele uma questão quase de dever de consciência enfrentá-lo, já que sua atmosfera totalitária vitimou o próprio e depois fez a violência moral de expurgá-lo, os comunistas não eram seus adversários mais recorrentes, nem sua pauta era apenas a de um posicionamento antitético, que não tivesse qualquer agenda positiva a apresentar.

Antes mesmo que os comunistas, os principais adversários de Lacerda eram aqueles que perfaziam a elite política estadonovista, concentrados no PSD e no PTB, a quem ele chamava de "oligarquia da Revolução de 30". Os comunistas eram intrusos totalitários que se aproveitavam de uma atmosfera propícia, de um país de instituições frágeis e incipientes, para semear sua fantasia criminosa. Os responsáveis pelo seu sucesso, portanto, deveriam ser, antes de tudo, aqueles que mantinham o país no atraso que lhes servia de palco.

A duas missões Lacerda pretendia se dedicar, e pretendia, por extensão, que a UDN a elas se dedicasse: a de desobstruir os arcaísmos e subterfúgios viciosos que essa elite teria criado para o sistema político e a de fomentar o desenvolvimento de uma democracia sadia e avançada, na qual os cidadãos obtivessem efetiva representação, tivessem seus direitos individuais respeitados, vivessem sob um regime de vigência do império impessoal da lei e orientado por elevada moralidade administrativa, o que viria a partir de uma tomada responsável de consciência dos agentes formadores da opinião pública.

A UDN teria que ser, para cumprir essa missão, um partido orgânico, internamente vicejante, capaz de abraçar um programa de princípios fundamentais. Ainda que a República de 46 tenha sido um período *sui generis* em que os partidos passaram a adquirir certa consistência, a ponto de se saber, em linhas gerais, o que era a UDN, o que era o PSD, o que era o PTB e o que era o Partido Libertador gaúcho, por exemplo – algo que não se pode repetir diante de dezenas de legendas de aluguel como as que se multiplicaram na Nova República –, ela também inaugurou o voto proporcional e o sistema das coligações. Isso fazia com que, localmente, essa distinção ideológica se tornasse progressivamente difusa, a ponto de ocorrerem ligações espúrias, como alianças entre udenistas e petebistas, que deveriam ser adversários programáticos essenciais.

Lacerda sabia que, ao mesmo tempo em que existia a "banda de música" na UDN, a ala virulenta e combativa da qual ele fazia parte, existiam os "chapas brancas", dispostos a cooperar com governos como o de Dutra, e a "bossa nova", de que o então futuro presidente José Sarney chegou a fazer parte, disposta a adotar retóricas populistas mais ou menos avessas ao que, em sua percepção, o udenismo deveria significar. Ele estava perfeitamente ciente de que a UDN também abrigava em seu seio figuras cujas práticas oligárquicas representavam com precisão tudo aquilo contra que o lacerdismo se deveria voltar.

Porém, se quisesse superar isso e encontrar um programa, a UDN, para Lacerda, tinha uma raiz de inspiração histórica bem definida. Num sentido imediato, essa raiz estaria no Manifesto dos Mineiros de 1943, mobilização histórica da elite mineira que se apresentou para criticar a ditadura de Vargas e defender que o desenvolvimento socioeconômico, diante do que demonstravam as derrotas do fascismo na Europa com o suor e o sangue de guerreiros brasileiros da Força Expedicionária, não demandava um regime de força para se processar.

Muito se critica, desde esse começo, a vinculação exacerbada da UDN com os militares, o que teria comprometido seu ideário liberal e travestido o partido de golpista; Lacerda admite o destaque que foi dado a figuras como o notório tenentista brigadeiro Eduardo Gomes (1896-1981), mas explica o fato estabelecendo uma analogia com o que ele afirmou, em seu *Depoimento*, já estar vendo acontecer em decorrência do regime militar naquele final dos anos 70: *"oito anos de ditadura tinham acabado com as lideranças civis"*[21], restando apenas *"os monstros sagrados das Forças Armadas"*[22]. É por isso que o que antes eram as bandeiras liberais passou a buscar sua expressão e canalização através de candidaturas de expoentes militares e a UDN se obrigou a se desenvolver vinculada a setores das Forças Armadas. As contradições da sociedade civil em desenvolvimento e do próprio sistema político, somadas às fraquezas das instituições, levavam a que por vezes as armas fossem enxergadas como o Poder Moderador, a solução final para graves impasses institucionais; naquele início, em vez disso, elas foram consideradas a fonte de reservas morais capazes de representar as demandas urgentes e facultar a transição política.

Em sua reavaliação daqueles momentos inaugurais, Lacerda ainda se mostrou crítico, ao fim da vida, das idiossincrasias e de algumas piruetas demagógicas de seus pares para tentar vencer a barreira do varguismo, como a tentativa de introduzir na Constituição

---

[21] LACERDA, Carlos. *Depoimento. Op. cit.*, p. 65.
[22] Idem. *Ibidem.*, p. 65.

de 46 um artigo determinando a participação dos operários nos lucros das empresas – algo que *"ninguém conseguiu regulamentar"* porque *"ninguém conseguiu chegar a uma fórmula matemática capaz de garantir e de interessar o operário na participação do lucro"*[23] – e o monopólio estatal do petróleo, proposto pelo udenista Bilac Pinto (1908-1985). Curiosamente, um dos militares tenentistas, Juarez Távora (1898-1975), contrariou a associação costumeira de sua classe ao estatismo e representou a ala udenista mais francamente oposta a esse monopólio.

Lacerda explica os três principais partidos da época, e consequentemente a UDN, do seguinte modo, efetivamente consagrado nas interpretações sobre aquele tempo:

> Em 1945, quando Getúlio sentiu que os partidos iam voltar – mesmo antes de saber que ia ser deposto, quando sentiu que de uma forma ou de outra o regime democrático voltaria ao país –, criou um partido trabalhista para os operários e colocou à frente desse partido o filho Lutero Vargas (1912-1989) e, depois, o filho adotivo, vamos chamar assim, João Goulart, seu amigo das noites solitárias de São Borja; e fez também o PSD, partido conservador, partido oligárquico, partido tradicionalista, e colocou à frente desse partido seu genro, Ernani Amaral Peixoto (1905-1989). Então juntou as duas pontas de uma tenaz, no meio da qual ficou a UDN, que não era, como eu já disse, e nunca foi um partido no sentido de unidade; era uma mistura de tudo aquilo que tinha sido, ou desde o começo ou a partir de um certo momento, contra a ditadura. A UDN era notadamente um partido representativo da classe média, o que não quer dizer que lá não houvesse empresário ou operário, mas era predominantemente o partido da classe média, partido que se batia pela moralização dos costumes políticos e que era uma projeção, no tempo, do que fora o Tenentismo das antigas revoluções. Um partido, enfim, "ruibarbosiano", no que tudo isso quer dizer de retórica, de eloquência, de ideologia liberal[24].

No fim de sua explanação, o célebre tribuno estabelece o que seria a raiz de inspiração histórica mais recuada do udenismo: o

---
[23] Idem. *Ibidem.*, p. 78.
[24] Idem. *Ibidem.*, p. 153.

"ruibarbosianismo", isto é, a atuação política e as pregações combativas de Rui Barbosa. Não à-toa; Rui Barbosa, para Lacerda, servia inclusive de comparação com o seu próprio papel como líder político dentro da UDN, no que esse papel tinha por função e por estilo. Lacerda tomava o cuidado de sempre diminuir a si próprio perante o velho Rui, mas pontuava que, tal como a UDN interpretada pelas lentes lacerdistas, o "ruibarbosianismo", particularmente aquele que atinge seu apogeu durante a "campanha civilista" de 1910 contra Hermes da Fonseca e se lançando como uma espécie de "anticandidatura" contra a oligarquia da República Velha – formulando críticas que depois, ainda que de forma difusa e de consequências algo autoritárias e centralizadoras, os tenentistas levantariam e levariam para a Aliança Liberal de 1930 –, era uma força política carismática de contestação dos edifícios pervertidos do sistema em vigência.

Sobre o lacerdismo como corrente popular da classe média, que ele trata de diferenciar do udenismo em geral, Lacerda precisamente pregou que *"foi realmente um fenômeno que existiu e que teve várias conotações, umas muito nobilitantes, no sentido de que o lacerdismo seria um estado de espírito, digamos, reformador e honesto; outras mais pejorativas, como as 'mal amadas'"*, mulheres que *"não eram suficientemente amadas pelos respectivos maridos ou namorados e que se fixavam em mim, como um mito, assim, machista"*[25]. A despeito desses problemas típicos de um quase-fenômeno "de massa", de uma liderança que se torna popular, Lacerda faz uma defesa do carisma, até porque o próprio Rui Barbosa o esbanjava:

> A ideia que se criou, muito devido ao nazismo e ao fascismo, de que carisma seja sinônimo de um fenômeno de mística autoritária, é absolutamente falsa. Não conheço nenhuma liderança democrática que não tenha carisma, que não tenha também, por isso mesmo, um efeito carismático. O Churchill [primeiro-ministro britânico do Partido Conservador que Lacerda admirava extremamente e que foi um bastião na liderança de seu país e do mundo ocidental livre durante a Segunda Guerra Mundial], naquele extraordinário discurso que fez, na BBC de Londres, quando a Inglaterra estava ameaçada de ser invadida pela Alemanha, disse: *"Lutaremos nas cidades, lutaremos nas ruas, lutaremos*

---
[25] Idem. *Ibidem.*, p. 223.

nas casas, lutaremos com as armas, com pau, pedra...". Dizem que depois de terminar (chegou a ser gravado) o discurso, ele disse assim: *"Lutaremos com o quê? Com que armas, se não temos armas?"* O que é isso senão o desejo de inspirar no povo um espírito de resistência, embora ele pessoalmente estivesse convencido de que era apenas um ato heroico, um sacrifício talvez inútil? O que há de mais carismático do que isso? Vocês veem que o tal lacerdismo, no sentido do carisma – se vocês permitirem o exagero da comparação, não digo isso por modéstia, mas por uma questão elementar de senso de proporções –, teve o mesmo carisma da campanha civilista do Rui Barbosa. Ninguém se lembrou de dizer que o entusiasmo que o Rui Barbosa despertou no povo brasileiro foi um carisma autoritário, pois, como todo mundo sabe, muito pelo contrário, o Rui foi o único professor de democracia que realmente tivemos no Brasil. E liberal ainda por cima[26].

Dessa explanação, deduzem-se alguns aspectos importantes do pensamento lacerdista. O primeiro, em virtude de sua defesa do carisma e das lideranças inspiradoras como uma ferramenta legítima mesmo em um sistema democrático, que não pode ser diretamente vinculada à tirania e ao totalitarismo, é a valorização do imaginário. Seus discursos, embebidos de referências das artes, da Filosofia e da História, produtos de sua erudição ímpar, refletem essa consciência de que um líder precisa elevar os pensamentos de seus espectadores e ouvintes, sem que isso implique forçosamente a dissolução do indivíduo na massa, pensamento que não poderia ser mais alheio ao do próprio Lacerda.

Nisso se compreende a sua afinidade com Winston Churchill, tendo chegado a traduzir seu livro *Minha Mocidade*. O estadista britânico evocava com firmeza e com as fibras de seu ser a civilização cristã, a vida britânica, a continuidade da existência e das instituições, a ameaça de uma era de trevas e horror, como os símbolos e o universo estético que deveriam mover aqueles homens e toda a população que se mirava nele para compreender o momento e interagir com aquele drama extremo da humanidade.

---

[26] Idem. *Ibidem.*, p. 223.

O escritor e pensador Irving Babbitt (1865-1933) também diria em seu *Democracia e Liderança* que *"líderes genuínos, bons ou maus, sempre existirão"*[27] e *"a democracia se torna uma ameaça para a civilização quando busca livrar-se dessa verdade"*[28], bem como que muito da *"sabedoria da vida consiste numa suposição imaginativa da experiência do passado, de tal forma a levá-la a uma relação de força viva com o presente"*[29]. Ciente disso, Lacerda torceria o nariz para discursos que se ativessem ao tecnicismo e ao "economês", insossos e sem vida, sob o pretexto sem sentido de que ir além disso seria invariavelmente demagogia. Torceria também ao culto da mediocridade e da vulgaridade, ao proclamar que *"a democracia exige a formação de uma elite dirigente, porque ela é ou deve ser o governo dos melhores, escolhido pela maioria. Ela exige que a maioria seja capaz de escolher os mais capazes. Por isto é que ela é lenta para se estabelecer e aperfeiçoar, mas não cessa nunca o seu processo de melhoria"* e *"por isto, ainda, é que ela não cabe numa ideologia, transcende os quadros, por mais amplos, de uma doutrina"*[30].

O segundo aspecto é, mais uma vez, a valorização de Rui Barbosa como marco relevante para o udenismo e o lacerdismo. Em seu livro *História do Liberalismo Brasileiro*, Antonio Paim iria em direção semelhante, ressaltando a posição nuclear de Rui Barbosa para a geração posterior de liberais brasileiros. De acordo com o pensador e historiador do liberalismo nacional, Barbosa procurou, em suas campanhas presidenciais de 1910 e 1919, estruturar o liberalismo como corrente de opinião na sociedade brasileira, percorrendo o país e discursando em público combativamente para defender seu programa, em um estilo, parafraseando Lacerda, carismático de campanha que não tinha qualquer prevalência à época aristocrática da República Velha, quiçá do Império, a despeito dos grandes estadistas e oradores que poderíamos encontrar nesses períodos históricos.

Em 1910, Rui Barbosa se conflagrava diretamente com o militarismo, enfrentando Hermes da Fonseca e seu articulador político,

---

[27] BABBITT, Irving. *Democracia e Liderança*. Rio de Janeiro: Topbooks, 2003. p. 38.
[28] Idem. *Ibidem.*, p. 38.
[29] Idem. *Ibidem.*, p. 125.
[30] LACERDA, Carlos. *O Poder das Ideias. Op. cit.*, p. 25.

Pinheiro Machado (1851-1915), que representava justamente a forma doutrinária de autoritarismo político mais bem-acabada que surgiu nessa época no Rio Grande do Sul com Júlio de Castilhos (1860-1903), o Castilhismo, que posteriormente projetaria o varguismo. Assim dizia Rui Barbosa:

> Entre as instituições militares e o militarismo vai, em substância, o abismo de uma contradição radical. O militarismo, governo da nação pela espada, arruína as instituições militares, subalternidade legal da espada à nação. As instituições militares organizam juridicamente a força. O militarismo a desorganiza. O militarismo está para o Exército, como o fanatismo para a religião, como o charlatanismo para a ciência, como o industrialismo para a indústria, como o mercantilismo para o comércio, como o cesarismo para a realeza, como o demagogismo para a democracia, como o absolutismo para a ordem, como o egoísmo para o eu. Elas são a regra; ele, o desmantelo, o solapamento, a aluição dessa defesa, encarecida nos orçamentos, mas reduzida, na sua expressão real, a um simulacro[31].

Para combater o autoritarismo militarista, ameaça ao enraizamento de uma institucionalidade liberal, e ao mesmo tempo derrotar a máquina da oligarquia de uma República que havia ajudado a fundar, Rui Barbosa pregou ativamente a instrução pública, a modernização das Forças Armadas, a reforma constitucional, a reforma eleitoral e o acatamento de uma ordem legal. Contra Campos Salles, acreditava que o parlamentarismo não seria incompatível com a forma de governo republicana – embora oferecesse dificuldades ao sistema federativo; propunha mudanças que conferissem mais autonomia ao Poder Judiciário; defendia o fim absoluto da publicidade do voto, instituindo definitivamente o voto secreto; e a atribuição aos magistrados do poder de reconhecer a maioridade civil, declarando, ante o documento da idade legal e a prova da alfabetização, o direito ao voto, sem a intrusão de funcionários municipais no processo. Já em 1919, procurou trazer as bandeiras sociais, como leis trabalhistas que

---

[31] PAIM, Antonio. *História do Liberalismo Brasileiro*. São Paulo: LVM Editora, 2018. p. 170.

versassem sobre as horas de trabalho e os acidentes durante o exercício do ofício, para o campo liberal, primazia perdida na ascensão de Vargas e de seu Castilhismo adaptado ao plano nacional.

A pregação de Rui Barbosa foi um meteoro na política brasileira, mas não conseguiu impedir o avanço do autoritarismo. Na opinião de Antonio Paim, seu fracasso e o de seus contemporâneos advinha em parte do cacoete, herdado da influência do Positivismo de Auguste Comte (1798-1857) na juventude, de não enxergar a República como um sistema em que os partidos políticos se fortalecem, enraizando-se na sociedade, como correntes de interesse, insistindo em apresentá-la como o "governo de todo o povo".

Lacerda, desde a Constituinte de 46, se esforça por deixar claríssima a necessidade de um partido político, ancorado em bases programáticas e capaz de atingir organicidade social. Embora ele se compreenda como um herdeiro do simbolismo funcional de Rui Barbosa e também se entenda como representante de uma força democrática disposta a pressionar as oligarquias – tendo-se alterado apenas, da época do político baiano para a dele, a natureza dessas oligarquias –, nesse particular, entendemos que sua compreensão conversaria melhor com as demandas de seu tempo e transcenderia as pretensões de Rui Barbosa.

II.2 - O programa lacerdista para a UDN

Qual seria, entretanto, esse programa e quais seriam os princípios fundamentais que o alicerçariam? Encontramo-los, em síntese, em dois trabalhos importantes: *O Poder das Ideias*, um conjunto de discursos proferidos nos anos 60 em que Lacerda expressa seus pontos de vista sobre o mundo político, e *Discursos Parlamentares*, coletânea de manifestações de Lacerda da tribuna na década de 50, a maioria como líder da UDN na Câmara.

De um ponto de vista mais prático, podemos encontrar orientações em seu *Manifesto pela Reforma Democrática*, datado de 1962. Nesse manifesto, Lacerda resumia sua agenda imediata na construção de uma *"ordem democrática, a ordem com liberdade, a disciplina consentida, o esforço conjunto"*[32], a partir da aplicação de *"soluções honradas"*[33] aos problemas concretos, distanciadas do feitiço delirante das ideologias abstratas. Declarava seu espírito antitético ao que autores como Roberto DaMatta chamam de "jeitinho brasileiro", que, na opinião de Lacerda, seria *"outro nome do horror à responsabilidade, do temor de enfrentar a realidade e resolver, francamente, decididamente, os problemas postos perante os responsáveis pela sorte da nação"*[34].

Entre essas soluções, encontravam-se algumas que falariam de maneira mais direta aos liberais de hoje, outras que poderiam ser reavaliadas e que ecoavam a mentalidade da época. Lacerda defendia a reforma agrária, com a instituição de um Fundo de Resgate para a indenização de terras desapropriadas, por meio de pagamento em ações de empresas estatais, por exemplo, algo que liberais formalmente adeptos da Escola Austríaca de autores como Ludwig von Mises (1881-1973) provavelmente reprovariam. Sustentava uma reforma maciça na educação primária pública, mas concentrando responsabilidade nos locais e não no governo federal.

Ao mesmo tempo, e nesse caso os liberais e libertários contemporâneos aplaudiriam efusivamente, Lacerda queria a *"libertação do movimento sindical de qualquer tutela, para a formação de um movimento sindical autônomo"*[35], eliminando-se o imposto sindical completamente, excrescência herdada da ditadura corporativista de Getúlio e que a UDN enfrentou sem sucesso. Sustentava *"a universalização do concurso e do contrato no Serviço Público, com formação de especialistas e de pessoal habilitado"*[36]; a revisão da política externa brasileira, que deveria adotar sua linha tradicional e abandonar

---

[32] LACERDA, Carlos. *O Poder das Ideias*. Op. cit., p. 17.
[33] Idem. *Ibidem.*, p. 17.
[34] Idem. *Ibidem.*, p. 18.
[35] Idem. *Ibidem.*, p. 21.
[36] Idem. *Ibidem.*, p. 21.

os cortejos levianos ao mundo socialista; uma *"política enérgica de sustentação da moeda"*, com *"rigorosa amputação de todas as despesas supérfluas ou adiáveis"*[37]; a *"revisão imediata de todas as leis, regulamentos, circulares, mandamentos, mentalidades que visam a impedir o afluxo de capital para o Brasil"*[38], facilitando-se a vinda do capital estrangeiro para benefício da economia brasileira; já pregava contra a corrupção na Petrobrás, ao menos admitindo a hipótese, mesmo com relutância inicial, de, diante do não-cumprimento de metas rigorosas em prazos razoáveis, tornar a exploração do petróleo *"livre no Brasil"*[39]; a *"completa descentralização administrativa, dando tempo ao presidente, ministros etc. de governarem em vez de apenas confabularem e assinarem papeis"*[40]; *"prestígio à iniciativa privada e, ao mesmo tempo, não só por não serem incompatíveis, mas por serem complementares, planejamento nacional com prioridades bem estabelecidas para a solução dos problemas"*[41]; e acreditava naquele momento, embora seja uma ideia bastante questionável, que uma reforma do estatuto dos partidos políticos poderia diminuir seu número e validar uma experiência bipartidária, ainda que com *"a livre existência de várias correntes"*, o que se faria acompanhar de *"reforma interna do Congresso para assegurar melhor rendimento ao trabalho parlamentar e à elaboração, votação e fiscalização do orçamento"*[42]. Essa sua ideia de fato é comparável ao que foi praticado, mais adiante, ainda que dentro das restrições esperadas em um governo de exceção, pelo regime militar, quando o Ato Institucional Número 2 impôs o bipartidarismo MDB-ARENA, algo que se provou artificial e assassinou as próprias pretensões políticas de Lacerda, podendo ser talvez apontada como um dos equívocos em sua pregação. Talvez se possa dizer que tinha uma visão mais completa do assunto em 1952, pois, na edição de 28 de abril da *Tribuna* daquele ano, sustentou que, ainda que a restrição do número de partidos fosse o ideal, ela não deveria ser buscada por meio da supressão legal dos pequenos partidos, que, no Brasil, educavam os

---

[37] Idem. *Ibidem.*, p. 22.
[38] Idem. *Ibidem.*, p. 22.
[39] Idem. *Ibidem.*, p. 23.
[40] Idem. *Ibidem.*, p. 23.
[41] Idem. *Ibidem.*, p. 23.
[42] Idem. *Ibidem.*, p. 23.

grandes quanto à necessidade de representarem programas e agendas definidos, não devendo ser tão facilmente dispensados.

Todas essas medidas são agendas práticas que refletem o espírito que ele desejava ver introduzido na UDN como ortodoxia geral, mas não eram concepções gerais a embasar a orientação partidária. Na hora de tentar estabelecê-las, Lacerda costumava empregar o discurso, em certo grau de senso comum, de que os tempos mudaram e o mundo não pode ser dividido entre *"as ideias de Adam Smith, no século XVIII, e de Karl Marx, no século XIX"*, diante de uma humanidade que assistia à *"automação"* e às *"viagens pelo cosmos"*[43].

Com efeito, apesar das evidentes proximidades com o ideário liberal, temperadas por uma base moral e estética de índole conservadora, se instado, em sua época, a responder com um rótulo sobre sua posição política, Lacerda nunca responderia ser simplesmente um liberal ou um conservador, mas preferiria se apresentar como um "democrata cristão". Pouco depois do suicídio de Vargas, viajando pela Itália, alimentando certo pessimismo com os rumos desunidos da UDN, ele ponderou a criação de um grande Partido Democrata Cristão, proposta de que foi desencorajado durante conversa com o Secretário de Estado do Vaticano, o Cardeal Montini, futuro Papa Paulo VI (1897-1978), e outro secretário, o Monsenhor Tardini (1888-1961), por este último acreditar que a saída de cena do estadista democrata cristão Alcide De Gasperi (1881-1954) na Itália deixaria o partido fraco pela corrupção na Igreja que ele estaria causando, facilitando a ascensão posterior do comunismo.

Figuras como o chanceler alemão Konrad Adenauer (1876-1967), artífice da democracia cristã alemã e um dos principais responsáveis pelo reerguimento da Alemanha após a derrota do nacional-socialismo, eram as inspirações de Lacerda nessa afinidade pessoal com a democracia cristã. A democracia cristã é a designação de uma ampla corrente política que se manifesta em diversos matizes de acordo com o país, mas, de forma geral, sustenta a inspiração na moralidade cristã

---
[43] Idem. *Ibidem.*, p. 24.

para a vida pública, sem de forma alguma instituir qualquer esquema de tendência teocrática, tendo evoluído em direção à aceitação da democracia e da laicidade do Estado; aposta na importância do cultivo desses valores para preservar a ordem social, opondo-se ao comunismo; defende a liberdade individual, a descentralização e a subsidiariedade, mas se apresenta como afastada de um capitalismo liberal estrito por propor a promoção de algumas regras no setor do trabalho, sob a forma de medidas que variam de leis que favoreçam a participação dos trabalhadores nos lucros das empresas até o combate a trustes e monopólios pelo Estado. O pensamento de Lacerda, em linhas gerais, era, portanto, uma mescla de ideias liberais e conservadoras, de certo modo conectadas pela "liga" da democracia cristã.

Não poderia deixar de ser democrata, porque, para Lacerda, é a democracia o regime mais maduro, tal como para Churchill, possível apenas *"onde os homens, em sua maioria, tomam consciência da relatividade das soluções"*, sem o que *"o que domina é o sentimento, tipicamente totalitário, das soluções absolutas"*[44]. Democracia que aposta em soluções absolutas – entendendo-se aqui a "democracia" não no sentido rousseauniano e anti-individualista, mas no sentido de um regime sólido e baseado em instituições, isto é, democracia representativa, ou a "República" aristotélica – é um contrassenso em termos, como, diria Lacerda, *"a democracia de Fidel Castro"*, um *"interminável monólogo do governante que deixa ao povo apenas o direito de aplaudir"*[45]. Ao contrário, a democracia se deve nutrir *"de exemplos e de análises"*, fugindo *"ao perigo das sínteses e das generalizações teóricas"*, fazendo do *"verdadeiro idealista"*, na democracia, *"um pragmático"*, capaz de se não permitir aprisionar *"nem pelas fórmulas, nem pelas prevenções, pessoais ou doutrinárias"*[46].

O que não significa abdicar de ter um programa, de ter princípios, de ter uma agenda de concepções gerais. Voltamos, então, ao ponto do nosso dever de esclarecê-las. Lacerda as expõe magistralmente em *Materialismo, Economicismo, Nacionalismo*, discurso datado de

---

[44] Idem. *Ibidem.*, p. 50.
[45] Idem. *Ibidem.*, p. 291.
[46] Idem. *Ibidem.*, p. 25.

1961, uma mensagem endereçada diretamente à Convenção Nacional da UDN em Recife, em maio de 1961, e em discurso proferido em 26 de novembro de 1957 na tribuna, abordando a Convenção udenista daquele ano.

Por detrás da intenção de determinar linhas-mestras, vale destacar, Lacerda nunca quis criar uma absoluta unanimidade dentro da UDN, ciente de que ela não se encontra em nenhum partido normal, existente na disputa eleitoral de qualquer país democrático. Ele admitia como salutar e inevitável a coexistência de divergências mais ou menos importantes; como condição mesma de se manterem dentro de um mesmo partido em vez de ensejarem a formação de outros, porém, elas não deveriam ultrapassar algumas orientações que se definem mais por aquilo que negam que por aquilo que afirmam. A UDN deveria, em resumo, para Lacerda, se opor a três ideias-força de que o comunismo se aproveitaria para conquistar seu espaço: *"o materialismo na filosofia, o economicismo na política, o nacionalismo na psicologia social"*[47].

Quanto ao primeiro postulado, Lacerda ecoa sua inspiração na democracia cristã, ressalvando que a UDN não era nem podia ser "um partido confessional", mas definitivamente era um "partido cristão", no sentido de que fazia parte de sua missão sustentar os alicerces da cultura ocidental que trouxeram a humanidade até aqui. Sintetizou:

> A UDN visa a preservar e sustentar, levando-os à prática, certos valores e princípios que se costuma resumir chamando-os princípios da civilização cristã, como tal denominada a herança da cultura, do estilo de vida, pensamento e comportamento que recebemos da cultura judaico-greco-latina através dos nossos formadores, a religião cristã e a colonização portuguesa[48].

Para ele, a própria noção de justiça e injustiça que se arregimentou em nossa tradição moral deriva dessa origem. Trata-se do mesmo tipo de alegação que, sobretudo após a Guerra Fria e o avanço

---

[47] Idem. *Ibidem.*, p. 123.
[48] Idem. *Ibidem.*, p. 124.

de correntes de esquerda determinadas a atacar a dimensão da cultura e do imaginário, os principais partidos conservadores nas democracias mais desenvolvidas passaram a fazer.

O materialismo a que se refere Lacerda seria a negação desse pilar, o que não significava, ele se apressou a retificar, que um ateu não pudesse ser udenista, mas *"a UDN não é um partido ateu"*[49]. Desse patrimônio milenar de civilização e cultura, a UDN deveria deduzir a postura humilde de admitir a imperfeição humana e, em consequência, a impossibilidade da ação deliberada e retificadora da utopia política para eliminar completamente o mal e a injustiça do mundo. Explicou:

> O dever de um partido político não é o de desprezar a civilização cristã porque comporta a injustiça e a miséria, mas sim o de sustentá-la porque, sem ela, a injustiça e a miséria serão sempre maiores e não darão aos pobres e aos injustiçados nem consolo, nem esperança, nem oportunidades[50].

A UDN deveria sempre perseguir o enfrentamento dos problemas sociais, sem a ilusão de que teria o poder, a partir de uma fórmula miraculosa, de removê-los por completo do horizonte. Sua inspiração cristã deveria fazê-la raciocinar sempre sob a perspectiva de que a missão do homem na Terra *"não se esgota com o pão de cada dia"*[51], devendo-se *"reduzir quanto possível as diferenças que separam os homens, a fim de que eles possam sentir-se irmãos, com equivalentes oportunidades para se afirmarem e conquistarem, por seus méritos ou por suas necessidades, um lugar ao Sol"*[52]. Finalmente, o paradigma materialista histórico dialético da luta de classes, bem como a ideia da inevitabilidade de uma luta fratricida entre nações, deveriam ser combatidos e rechaçados pela UDN, *"pois as divergências e os conflitos de interesses, que existem e sempre existirão, podem e devem ser resolvidos pelo entendimento e não pela*

---

[49] Idem. *Ibidem.*, p. 125.
[50] Idem. *Ibidem.*, p. 125.
[51] Idem. *Ibidem.*, p. 125.
[52] Idem. *Ibidem.*, p. 125.

força, pela compreensão e não pela intolerância, pela valorização do sentido espiritual da vida e não pela negação desta"[53].

O segundo grande problema, o economicismo, está muito relacionado ao primeiro. Este é fundamentalmente materialista e se conceitua pela admissão da economia como base absoluta de todas as coisas, estando os fenômenos da ordem do imaginário, dos sentidos, da cultura e da inteligência eminentemente submetidos às forças econômicas ou aos modos de produção. É uma grosseira limitação do humano. Para Lacerda, o economicismo não é, lamentavelmente, uma exclusividade dos comunistas, tendo sido encampado por alguns liberais. Estes últimos, mantendo a discussão política unicamente nesse terreno, deixam-na ao gosto dos comunistas, que *"por isto chegam a prodígios como o de sustentarem que o comunismo é uma ideologia do proletariado"*[54], quando, na realidade, como bem já diagnosticava Lacerda, os dirigentes e intelectuais do comunismo são comumente recrutados nas chamadas classe média e até alta.

O agente e intelectual da política, de acordo com o pensamento lacerdista, não deve atentar para o econômico como um fator redutor de todas as questões humanas, mas considerar uma série de outros aspectos em suas avaliações e decisões, como a psicologia social. Ele argumenta:

> Dir-se-ia que fazer depender a estrutura social e sua reforma de uma base exclusiva ou predominantemente econômica é como fazer depender a saúde do corpo humano exclusivamente do estômago, ou exclusivamente das pernas, ou explicar o homem exclusivamente pelo sexo ou unicamente pela fome. Em todo caso, pode-se provisoriamente "explicar" o homem pelo estômago, e assim tratá-lo, se o que ele tem é uma úlcera duodenal. Mas não se pode reformar a sociedade unicamente por um de seus ângulos, quando os seus males são tão diversificados[55].

Lacerda oferece ainda um argumento mordaz: nem sequer os comunistas acreditam sinceramente que o universo econômico é regido por imperativos inevitáveis, simples e universais. Acreditassem

---

[53] Idem. *Ibidem.*, p. 125.
[54] Idem. *Ibidem.*, p. 126.
[55] Idem. *Ibidem.*, p. 127.

nisso efetivamente e não se mobilizariam para atingir seus intentos, entendendo que eles se consumariam por força da própria natureza.

Transportando o raciocínio para a ação, o que Lacerda desejava era um partido que valorizasse o acesso das pessoas ao atendimento de suas necessidades básicas e materiais, mas que não descuidasse da necessidade social de uma comunidade política em que o indivíduo pudesse *"realizar o seu destino, afirmar a sua personalidade, usar a sua liberdade"*[56], o que implica ter liberdade para produzir, comercializar, transitar, discordar.

Para Lacerda, como para o liberal econômico Eugênio Gudin (1886-1986), simpatizante dos austríacos, *"não existe liberdade política sem liberdade econômica, assim como não existe liberdade econômica sem liberdade de conhecer, compreender e concorrer"*[57], bem como, *"a pretexto de que é necessário dar pão aos que não o têm ainda, não se pode suprimir a liberdade dos que já ganham o seu pão e não querem perder sua liberdade"* e *"todo governo que suprime a liberdade em nome do pão acaba por não devolver a liberdade que tomou e não distribuir o pão que prometeu"*[58].

Finalmente, o terceiro e último pilar que se precisa combater é o nacionalismo, e aqui é preciso que nos entendamos com as palavras. Carlos Lacerda foi influenciado pelo escritor católico Gustavo Corção, que escreveu a obra *Patriotismo e Nacionalismo*, estabelecendo uma diferença entre os dois conceitos que seria muito sensível ao pensamento lacerdista. Isso não significa que não haja outras acepções para os termos; alguns autores empregam um e outro com acepções equivalentes, não adotando nem de longe o juízo de valor que Corção e Lacerda aplicam às duas expressões. Por essa ótica, o termo "nacionalismo" poderia ser empregado indiferentemente num e noutro caso, premissa em que, admitindo-se patriota, Lacerda seria ele próprio um nacionalista. Não obstante, trabalharemos aqui com o conceito adotado por ele e, nesse conceito, o patriotismo é necessariamente algo positivo e o nacionalismo, uma ameaça a ser enfrentada.

---

[56] Idem. *Ibidem.*, p. 127.
[57] Idem. *Ibidem.*, p. 135.
[58] Idem. *Ibidem.*, p. 144.

O raciocínio nacionalista seria aquele que, longe de se limitar ao cultivo do amor à própria cultura, à própria comunidade histórico-política, aos símbolos do civismo, o salutar "bem querer" à sociedade em que se vive, o entusiasmo que daí advêm para secundar os esforços por melhorar a pátria e transformá-la, qualificativos do patriotismo, vai além e assevera que *"quem não coloca a nação acima de tudo coloca-a abaixo de outra nação"*[59]. Tal nacionalismo seria uma concepção política antidemocrática por definição e, por isso mesmo, incongruente com os valores udenistas.

A ideologia totalitária que visa situar a nação acima de tudo em uma escala de valores é uma deformação do natural sentimento patriótico. A nação é um fenômeno produzido pelo ser humano e como tal *"destina-se a servir à sua liberdade de escolha, à sua razão, à sua vida natural e, para os crentes, à sobrenatural"*[60], nunca deve fazer do ser humano seu servo ou escravo. O nacionalismo *"é a doença do patriotismo, como a demagogia é a doença da democracia"*[61].

Assim, o patriotismo deve ser celebrado e cultivado, irmanando o povo em que se verifica, mas o nacionalismo se comporta como perversão, mobilizando-o contra a sensatez e a saúde econômica. Os comunistas mesmo manipulam o nacionalismo, em seu doentio conspiracionismo contra as *"potências capitalistas estrangeiras"*, para fazer dele uma ferramenta de combate à interação entre os mercados e à livre iniciativa, manipulando os incautos e condenando-nos a *"fazer do Estado o nosso amo e senhor e da nação o nosso ídolo"*, o que é *"confundir tudo e acabar renegando o patriotismo"*[62] em sua legítima configuração.

Por rechaçar o materialismo, o economicismo e o nacionalismo, a UDN deveria ter entre seus deveres, pontuava ainda Lacerda, o embate sem tréguas contra o comunismo. Deveria ostentar um alinhamento internacional francamente ocidental e livre, de oposição, em plena Guerra Fria, ao totalitarismo soviético. *"Somos uma nação*

---
[59] Idem. *Ibidem.*, p. 128.
[60] Idem. *Ibidem.*, p. 128.
[61] Idem. *Ibidem.*, p. 128.
[62] Idem. *Ibidem.*, p. 129.

anticomunista"[63], queria ele ver proclamado pela UDN. A UDN também deveria ser um partido municipalista e federalista, na melhor cepa do liberalismo e da democracia cristã, porque é preciso dar liberdade e vitalidade às regiões, às instituições intermediárias da sociedade, aos que melhor conhecem e melhor lidariam com os problemas e questões locais. Finalmente, teria de, no governo, favorecer planejamentos gerais administrativos sem que, por isso, suprimisse a liberdade de iniciativa, posto que *"a condição do planejamento sem liberdade é o Estado totalitário e a condição da liberdade sem planejamento é a anarquia"*[64].

Já em 1957, Lacerda divulgou e comentou os principais postulados definidos pela UDN na Convenção daquele ano. Nenhum deles fere a linha mestra que Lacerda apresentaria depois nos textos de 1961 e 1962 que acabamos de expor, mas oferecem alguns desenvolvimentos oportunos. Um dos primeiros argumentos levantados, em claro avanço em relação ao liberalismo de Rui Barbosa, era o aceno para a valorização dos partidos, mediante a consagração de seus programas. Lacerda e a UDN queriam que os partidos dialogassem com a sociedade baseados em suas agendas e identidade, não deixando a esses programas a pecha de meras formalidades, que já desde aquela época prevalece na opinião geral.

Assimilavam, em demonstração de realismo, que o objetivo de qualquer força política é assumir o poder; Lacerda foi por vezes injustamente atacado por admitir que o poder o fascinava e atraía, sem que seus precipitados contestadores se ocupassem de observar-lhe as declarações em seu todo, pois ele jamais afirmou que se comprazia no poder pelo poder em si mesmo, mas pelo que ele permitia realizar em benefício da comunidade política. Desejou e buscou o poder abertamente, sem jamais negá-lo ou tergiversar a respeito.

"Realismo político", aliás, era um termo que Lacerda realçava com satisfação no acordo de pautas firmado na Convenção da UDN, porque os udenistas não deveriam ter em mente *"um país ideal, um país de utopia, um país de teoria, um país de livros, mas um país vivo, a nação*

---

[63] Idem. *Ibidem.*, p. 133.
[64] Idem. *Ibidem.*, p. 136.

candente, a vivência dos nossos problemas, da nossa psicologia popular e da nossa acidentada e contraditória formação nacional"[65]. Desse mesmo realismo, a partir do que se observou na experiência, o raciocínio lacerdista inferia que o princípio federativo precisava – e precisa – de uma reestruturação no Brasil.

O sistema presidencialista americano teria sido "copiado" pelos fundadores da República brasileira, sofrendo deformações no ambiente alienígena aos costumes e ao histórico dos Estados Unidos. *"A longa doença que foi o Estado Novo"*, avaliava Lacerda, *"em última análise outra coisa não tem sido, na história moderna da República, senão a acentuação desfigurante, mas fiel às suas origens, daquele presidencialismo, sem freio e sem limites, que sucedeu, com a República, ao soçobro do Poder Moderador do Império e que garantira mais de 50 anos de relativa estabilidade e harmonia"*[66]. Inspirando-se simbolicamente em movimentos como a Revolução Constitucionalista de São Paulo, Lacerda evoca a pregação liberal da concessão de franquias e liberdades aos estados federativos como, ao contrário do que pensaria a mentalidade centralizadora e ditatorial do varguismo, uma garantia e uma remissão da própria unidade nacional. Nem por isso, ele ao mesmo tempo salienta, o municipalismo deveria atingir tal ponto que o Brasil se convertesse *"numa vasta cabeça central, unitária, centralizadora e absorvente, dominando parcelas infinitesimais em que se pulveriza a força econômica, política, moral e cultural do país"*[67], o que seria aplicar um remédio em doses tão intensas que ele se transformaria em veneno.

Sobre os poderes republicanos, Lacerda resgatava Rui Barbosa e proclamava que *"os três poderes da República são harmônicos, mas não independentes no sentido que se tem atribuído a esta expressão; pois eles são realmente interdependentes"*[68]. Teriam independência uns em relação aos outros, mas precisariam estar em constante interação, jamais indiferença, até para que os abusos de uns se pudessem retificar pela ação dos outros.

---

[65] LACERDA, Carlos. *Discursos Parlamentares*. Rio de Janeiro: Nova Fronteira, 1982. p. 463.
[66] Idem. *Ibidem.*, p. 463.
[67] Idem. *Ibidem.*, p. 464.
[68] Idem. *Ibidem.*, p. 464.

Lacerda aproveitou para reforçar a ideia de que, se o nacionalismo é ruim, o patriotismo é bom e necessário. Comentou:

> Cito para exemplo a afirmação aqui ontem feita por um nobre deputado de que devíamos cuidar mais dos vivos e deixar os mortos para o lado, a propósito de um monumento à fé e à liberdade no Campo Santo da FEB, em Pistoia; como se não vivessem as nações dos seus símbolos, da memória dos seus heróis, como se o conceito de nação, ele próprio um símbolo, não fosse um sinal dessa presença indispensável de umas quantas ideias, de uns quantos conceitos que, na ordem moral, fundamentam e justificam a estrutural material em que se assenta o caráter das nações[69].

Ao contrário de Rui Barbosa, Carlos Lacerda se mostrou incapaz de compreender a suposta contradição entre parlamentarismo e Federação e demonstra franca simpatia pela construção de um modelo parlamentarista, inspirado em experiências que julgava bem-sucedidas – em destaque, mais uma vez, a Alemanha de Adenauer. Repetindo, em virtude dessa mesma simpatia, as ideias que aproximam a visão lacerdista da UDN com a dos partidos democratas cristãos europeus, Lacerda aqui fez questão de ressalvar, entretanto, que considerava superada a fórmula de alguns socialistas, como Karl Kautsky (1854-1938), de tentar *"conciliar o socialismo ortodoxo com a liberdade imperecível"*, por se ter verificado que, *"à medida que se amplia a área de responsabilidade do Estado, a essa ampliação corresponde, sempre e necessariamente, uma acentuação de sua autoridade, que a liberdade desaparece em suas mãos como se se derretesse na chapa incandescente em que o Estado vai buscar a sua força"*[70].

"Não somos socialistas", destacou Lacerda, depois de alguns anos em que ainda demonstrava maior tolerância com a palavra, e com a síntese de prudência que segue podemos encerrar esta breve exposição de sua concepção geral para o projeto filosófico-político-programático da UDN:

---

[69] Idem. *Ibidem.*, p. 465.
[70] Idem. *Ibidem.*, p. 471.

Prezamos, acima de tudo, a conservação da liberdade e, porque não somos utópicos, desejamos fazer do mundo alguma coisa capaz de melhorar e não alguma coisa com cuja perfeição pereçam suas próprias possibilidades de melhoria verdadeira[71].

---

[71] Idem. *Ibidem.*, p. 471.

CAPÍTULO III

A missão da imprensa

III.1 - A razão de ser do Jornalismo

"O jornal é uma obsessão. É a obra de uma vida, a mais bela obra de uma vida, que por via dela, adquire então pleno sentido"[72], sentenciou Lacerda em seu opúsculo *A Missão da Imprensa*, de 1950, dedicando-se a falar de sua paixão pelo ofício a que se dedicou, quer como gestor do jornal *A Tribuna da Imprensa*, quer como repórter.

Tanto o Carlos Lacerda repórter, inserido no contexto da atividade jornalística de seu tempo, quanto o Carlos Lacerda gestor de jornal, fazendo parte do processo do fazer jornalístico na fase de reformas paradigmáticas da imprensa na década de 50, compõem a imagem da relação entre o político e o jornalismo, relação essa que fica patente em sua trajetória. Porém, disso não se deduza que ele era apenas um oportunista que fazia uso do jornalismo para alavancar uma carreira política. Tanto isso não é verdade que Lacerda, indo além do

---

[72] LACERDA, Carlos. *A Missão da Imprensa*. Rio de Janeiro: Agir, 1950. p. 78.

exercício dessas funções, se esforçou também por dar testemunho de uma interpretação pessoal sobre a imprensa e sua tarefa na sociedade. Poucos se dedicaram a sistematizar uma análise dessa vertente de sua representatividade no jornalismo.

Uma das primeiras grandes realizações de Lacerda se deu justamente como jornalista, entre várias outras: a entrevista com José Américo de Almeida (1887-1980) em fevereiro de 1945, publicada no *Correio da Manhã*, em que o antigo candidato presidencial do governo instalado com a Revolução de 30 criticava a traição de Vargas, dizendo que deveriam ser feitas uma nova Constituição e uma nova eleição e que ele mesmo, Getúlio e todos os que protagonizaram os episódios da eleição impedida de 1937 deveriam se abster de concorrer. A entrevista deu início a uma onda de manifestações de adversários da ditadura e foi muito relevante para furar o bloqueio da censura e iniciar a derrocada final do Estado Novo.

O jornalismo não era para Lacerda meramente uma plataforma de impulsionamento de sua carreira política, mas uma missão. Não à-toa esse é o título do livreto de 1950, na verdade uma cópia de breve discurso que realizou no auditório da Associação Brasileira de Imprensa, no Rio de Janeiro, no Conservatório de Belo Horizonte e na Faculdade de Direito de São Paulo.

Ele define o jornalismo como:

> Arte de simplificar a complexidade dos fatos e das opiniões, tornando-os acessíveis à compreensão de um número apreciável de pessoas, fixando-os num momento de sua trajetória, o que confere certa permanência à sua transitoriedade. E assim, na imobilidade de um momento, neles encontra a marca da eternidade[73].

Nessa definição, os fatos e as opiniões não se encontram separados, entendendo-se ambos como informação, o primeiro visando a colocar o público a par do que se passa, as outras fazer com que essa informação exerça influência no processo em curso. A força opinativa

---
[73] Idem. *Ibidem.*, p. 20.

da *Tribuna*, como vimos, é inequívoca, mas isso não se limitava à prática; estava estabelecido, como se vê, na própria concepção teórica de Lacerda. Essa filosofia pode ser inserida na discussão do colunismo e da presença da opinião no jornalismo, não apenas no contexto em que esse debate se inseriu nos anos 50, mas na forma como vem sendo retrabalhado no presente, quando se estabelecem avaliações do problema nos mais diversos veículos – quer impressos, quer audiovisuais.

O caráter messiânico da atividade da imprensa não é por acaso; a função do jornalista é a de um "zelador da comunidade". Isso significa que cabe ao jornalista a tarefa própria de um vigilante da sociedade, que acaba por estimular a aceleração de processos e medidas públicas, o que não poderia ser mais relevante. Explicitando essa opinião, ele aproveita para endereçar uma crítica curiosa a quem acredita que os jornalistas não exercem um papel construtivo:

> É realmente comum ouvir dizer de um jornal ou de um jornalista que ele não constrói. Fazem-se até comparações, mostrando que um governante constrói estradas, enquanto o jornalista apenas mostra que essas estradas custam o dobro do que deveriam custar. Tenho para mim que o simples bom senso mostra que, ao agir assim, o jornalista está realmente promovendo a construção de duas estradas pelo preço de uma. (...) O próprio do jornalista é ser o zelador, como de todo homem dizia Jackson de Figueiredo. Próprio do jornalista, antes de tudo, é "ver"'. E, uma vez visto, dizer que viu. Da imprensa, já dizia Rui, ao qual tantas vezes recorrerei, que era "a vista da Nação". E dizia também que pela imprensa ouve a fala a nação, temos que o jornalista é os olhos, os ouvidos, a boca e – ai de nós – algumas vezes até o nariz da nação[74].

Diante de sua atuação intrépida como opositor, exercida não apenas na política partidária propriamente dita, mas também no jornalismo, foi posta várias vezes em dúvida a capacidade "construtiva" do próprio Lacerda, até que ocupou a posição de governador da

---

[74] Idem. *Ibidem.*, p. 11.

Guanabara. Mais à frente, ele advertiu: *"Pois do jornalista não se exija que construa senão aquilo que lhe é próprio construir: uma opinião pública bem informada, atenta, vigilante, esclarecida"*[75].

No exercício dessa função de "zelador" e, como se vê, "construtor", o jornalista lida muito com a "opinião pública", conceito fundamental no estudo da imprensa, com que Lacerda não deixa de trabalhar. Seria mesmo possível dizer, apropriando-se da definição de Rui Barbosa, que o jornalista seria o "político do povo", com esse propósito já mencionado de "construir uma opinião pública" mais qualificada. Nisso Lacerda se parece com o sociólogo Max Weber (1864-1920), para quem, efetivamente, em certo sentido, os jornalistas formam uma categoria de político.

III.2 - A opinião pública e o ideário da *Tribuna*

Lacerda propunha que a opinião pública é a *"média da opinião daqueles que leem jornais"*[76] e que cada país tem a imprensa própria ao caráter de suas elites dominantes – considerando por isso tudo o que a comunidade tem de mais influente, disseminador e formador de opinião, e não usando o conceito em um sentido marxista e economicista. Sendo assim, os problemas no campo jornalístico seriam reflexo das deficiências daqueles que, ocupando posições de destaque no campo social e cultural, acabam sendo então os principais responsáveis pelo estado das diferentes instituições e práticas no âmbito nacional. Diagnosticou:

> A tenuidade das elites, a escassez, a falta de densidade delas, eis o que facilita a crise moral que grassa num país destituído de uma base material capaz de permitir o desenvolvimento numérico e qualitativo de sua gente. (...) Se a nossa imprensa está ruim, a culpa não é dos que

---

[75] Idem. *Ibidem.*, p. 13.
[76] Idem. *Ibidem.*, p. 25.

não a leem e sim, precisamente, das elites que leem, que escrevem, que pagam, que anunciam, que temem, que se ausentam, que se esquivam, que se furtam – e que furtam!⁷⁷

O ideário da *Tribuna da Imprensa* se dedicava, assumidamente, a defender instituições sociais, como a família e a escola, de uma forma engajada. Lacerda entendia que os interesses das ideologias totalitárias ameaçam derrubar a independência dessas instâncias comunitárias para produzir o totalitarismo e a padronização do "homem-massa". Esse é, sem dúvida, um pensamento que faz eco com as ideias das tradições do liberalismo e do conservadorismo.

Admitindo Lacerda o jornalista como orientador da política e mentor da opinião pública, ecoa uma imagem distanciada dos ideais jornalísticos típicos dos anos 50, mas, demonstrando-se que ele permanecia em uma espécie de posição intermediária entre duas correntes de interpretação do fazer jornalístico no tempo, há uma diferença crucial: embora o papel social do jornalista continue sendo, para Lacerda, o que acabamos de mencionar, era preciso que se cercasse de técnicas, regras, critérios éticos e normas de comportamento para exercer a sua tarefa. O jornalismo deveria ser encarado com seriedade, não como uma atividade adicional e despretensiosa no dia a dia do seu praticante, mas como uma profissão sagrada, tamanha a sua importância.

Diversas vezes Lacerda reclamou da falta dessa consciência no meio da imprensa brasileira. O texto de *A Missão da Imprensa* prossegue com ácidas críticas ao jornalismo nacional desenvolvido em sua época, visto como extremamente amador e despido de uma consciência profissional. Segundo ele, o Brasil era:

> O país mais povoado de jornais fugazes e de jornalistas amadores, muitos dos quais ainda por cima escrevem de graça, por vaidade ou por indústria, dificultando a formação de uma consciência profissional e até a simples existência de uma profissão de fazer jornal. (...) tomam

---
⁷⁷ Idem. *Ibidem.*, p. 26.

o jornalismo como quem ponga um veículo para levá-los ao gabinete em que a alta burocracia, entre lisonjeada e intimidada, lhes favorece os negócios[78].

No entanto, priorizando sua defesa das aspirações elevadas da imprensa, Lacerda não se furta de apresentar um contraponto. Segundo ele, as redações, que exalam uma atmosfera mais profissional, estabeleceriam uma contraposição a esse modo amador de operar o exercício jornalístico:

> Mas, por favor, não julguem por aí o jornalismo. Esses não são mais do que aves de luxo do jornalismo. O seu curso faz-se na sala de visitas, lugar em que se pendura o retrato de jornalistas mortos e se põe a mofar os falsos jornalistas vivos; nunca na redação, onde o jornal nasce e renasce todos os dias, com as misérias que lhe são próprias, mas não com essa que vem de fora. O jornalista, quero dizer, o homem que tem a paixão do jornal, e morre como tantos tenho visto, amarrado a um magro salário pelo pobre orgulho de renunciar a outro prazer que não seja o de dar prazer aos outros, privando-se de outro desabafo que não o do leitor, esse é o que o povo define, como por si definiu Rui Barbosa, *"ao mesmo tempo um mestre de primeiras letras e um catedrático de democracia em ação, um advogado e um censor, um familiar e um magistrado". "Maior responsabilidade, pois, não pode assumir um homem para consigo, para com o próximo, para com Deus"*, concluiu o mesmo Rui, que por sinal nunca foi, a meu ver, maior do que sendo jornalista[79].

Lacerda não ignorava a discussão quanto à simplificação inerente à prática jornalística, mas acrescentava que o jornal é a escola da opinião, a universidade portátil. Ao explicar o que queria dizer com isso, Lacerda pontuou ser inevitável que haja uma pessoa produzindo o "recorte", a linha editorial de um veículo; já reconhecia que é tolice esperar que o jornal seja uma tribuna inteiramente livre à manifestação anárquica e indiscriminada de todas as opiniões. Consciente disso, ele agiu como precursor de técnicas jornalísticas que perseguem maior objetividade jornalística, ainda que se tenha notabilizado por ser um articulista com

---
[78] Idem. *Ibidem.*, p. 14.
[79] Idem. *Ibidem.*, p. 15.

a força da opinião. Isso porque *"o ideal de separar informação de opinião é um ideal, quer dizer, existe com a condição de nunca ser completamente atingido. Mas, ainda quando seja impossível atingi-lo por completo, o importante é não deixar de se esforçar por atingi-lo"*[80].

Adaptando Voltaire (1694-1778), Lacerda preferia dizer: *"não creio numa palavra do que dizes e, portanto, tudo farei para convencer-te de que estás errado; defenderei, sim, o teu direito de verificar livremente o quanto está errado aquilo que tens dito"*[81]. Estava atacando os comunistas, por entender que o apreço pela liberdade de imprensa não podia ser confundido com a pusilanimidade.

"Não matar o adversário", elucidava, *"não é a mesma coisa que deixar o adversário vencer. Por exemplo: não queremos que os comunistas, apenas por serem comunistas, sejam mortos pela polícia; mas por isso não devemos combater apenas a polícia e deixar os comunistas se substituírem a ela até o dia em que começarão a matar, em nós, aqueles princípios pelos quais eles próprios subsistiram. Essa é uma regra que frequentemente esquecem os que arvoram em ideal da tolerância na imprensa uma espécie de jogo de azar"*[82]. Ele alvejava, já àquele tempo, a subserviência de setores da imprensa dita "burguesa" aos interesses do comunismo e da extrema esquerda, fenômeno que não cessou nos dias atuais.

Uma passagem muito emblemática é aquela em que ele apresenta as condições para saber se o jornalista agiu, em determinada situação, como intérprete ou deformador da opinião pública. Segundo Lacerda, *"se ele agiu tendo em vista o bem público e não uma conveniência ou um preconceito, de ordem pessoal ou partidária ou ideológica em geral"*, e *"se as suas provas são válidas, ou se ao menos as presunções eram de molde não só a convencê-lo como à opinião pública cujo estado de espírito levou-o a adotá-las"*[83], então podemos dizer dele que bem representou essa mesma opinião.

Traçando observações de caráter exemplificativo e histórico, Lacerda destina a parte final de seu opúsculo a tratar mais amplamente

---

[80] Idem. *Ibidem.*, p. 75.
[81] Idem. *Ibidem.*, p. 21.
[82] Idem. *Ibidem.*, p. 22.
[83] Idem. *Ibidem.*, p. 41.

da liberdade na imprensa e, sempre frisando a responsabilidade e a necessidade de zelar pelo bem comum no jornal, expressa também sua filiação ao conceito de propriedade:

> O conceito cristão da propriedade como uma obrigação social, como algo que importa em deveres e que abrange direitos somente na medida em que tais deveres são cumpridos, em nenhum outro campo é tão poderoso quanto no da imprensa. O jornal não é apenas um meio de informação que se faz para ter lucro. O direito de possuí-lo importa nas mais sérias obrigações que um homem ou um grupo pode assumir perante a coletividade[84].

Carlos Lacerda não hesita em apontar tudo aquilo que entende como imoral e que afasta a imprensa de sua missão. No cenário brasileiro, assim como na política – entregue ao clientelismo e ao populismo e distanciada da moralidade administrativa que era bandeira tanto do político Carlos Lacerda quanto do partido UDN –, ele via na imprensa os mesmos vícios persistentes. Acreditava que a imprensa brasileira ainda não se tinha redimido *"de seus erros, contra si própria e contra a nação cometidos, e já, talvez por isso mesmo, volta a cometê-los"*[85].

O que ele queria era que o ofício do jornal, mesmo submetido às transformações inevitáveis das tecnologias e do mundo, não perdesse o que lhe conferia a alma, *"precisamente a função de despertar no seio do país as forças morais, apelar para o poder da consciência, entorpecida, mas talvez ainda não morta, falar a essa intuição de justiça, a essa avidez de sinceridade, a essa simpatia pelo desinteresse, que não se extinguem na índole das nações cristãs"*[86].

---

[84] Idem. *Ibidem.*, p. 46.
[85] Idem. *Ibidem.*, p. 61.
[86] Idem. *Ibidem.*, p. 16.

CAPÍTULO IV

Getúlio Vargas e o populismo latino-americano

IV.1 - O caudilho de São Borja e sua incompatibilidade com a democracia liberal

Nêmese de Vargas – assim Lacerda é conhecido. A curiosa observação é que o caudilho de São Borja, o líder que convulsionou as estruturas do Brasil da República Velha e inaugurou a ditadura mais personalista e caracterizada que o Brasil teve em sua história, nunca travou um embate direto com seu arqui-inimigo. Nosso ilustre tribuno basicamente só o desafiava à distância, sem entreterem qualquer diálogo.

A passagem varguista sobre a história nacional foi tão penetrante e conferiu tanto significado às vidas de seus contemporâneos, quer os que se dedicaram a ratificar seu legado, quer os que se construíram como lideranças na tentativa de alvejá-lo, que essa falta de contato pessoal não impediu que Lacerda se dedicasse com redobrada atenção a compreender seu grande adversário, a entender a psicologia por detrás de seus admiradores e de sua obra.

Em *Rosas e pedras de meu caminho*, Lacerda procura descrever a natureza do papel de Getúlio como vulto histórico e como personalidade. Essa apreciação principia com uma história sobre uma discussão entre Otávio Mangabeira e Virgílio de Melo Franco (1897-1948) acerca de uma moção que o primeiro pretendia apresentar à Assembleia Constituinte de 1946. Vargas havia sido, depois de tudo, eleito senador. Graças à Lei Agamenon, pôde concorrer a vários cargos pelo país inteiro, fazendo uso do "voto proporcional" para "puxar" seguidores para dentro do sistema político pós-ditadura. Mangabeira queria que a moção aplaudisse as Forças Armadas por terem derrubado o Estado Novo, na presença dele.

Temia Mangabeira, no entanto, que Vargas reagisse alegando que não houve censura quando as mesmas Forças Armadas apoiaram a sua transformação em ditador, fazendo de tudo uma grande incoerência. Melo Franco, que atuou na articulação da Revolução de 30, objetou: *"Conheço o homem. Tomado de surpresa, é capaz até de votar a favor da moção".*

Encorajado, Mangabeira levou adiante a saudação às Forças Armadas, tecendo críticas ao regime de força que então se estava encerrando. A reação dos defensores de Vargas, como Nereu Ramos (1888-1958), ilustra bem o quanto se distorcem a lógica e os fatos quando as consciências e interesses estão moldados por um ícone populista: trataram Mangabeira por indelicado e virulento, quando Vargas, o ditador, aquele cujos malfeitos simplesmente estavam sendo menosprezados e esquecidos, agia movido por "desejo de paz", como se de boa-fé se estivesse submetendo à supressão de seus poderes arbitrários. A insanidade chegava ao ponto de fazer dos democratas os vilões e do tirano, a vítima.

Ao mesmo tempo, para tornar tudo ainda mais irônico, os comunistas, representados por Carlos Marighella (1911-1969), se levantaram para dizer que não apoiavam nem o golpe de 1937 que estabeleceu a ditadura, nem o "golpe" que a encerrou, posto que sua posição era contrária a golpes armados. Quanta desfaçatez; a Intentona Comunista de 1935 teria tido porventura outros autores?

Ainda assim, Melo Franco não se equivocara em sua aposta. Vargas ficou tão constrangido e intimidado que quase levantou a mão, segundo Lacerda, para votar a favor da moção que celebrava sua própria queda. O grande líder brasileiro não era, afinal, daqueles de temperamento mais corajoso e nobilitante, tal como o pintam seus entusiastas até hoje. Não era, nem de longe, a figura das notáveis qualidades com que adornam seu tiranete de estimação – salvo uma de que acertadamente o investem: a de ser hábil na conciliação e na coordenação de forças, a ponto de ter conseguido amealhar tantas alianças disparatadas a seu redor para arquitetar e tornar mais longevo seu poderio.

Já Lacerda, contrariando o que dizem seus detratores, embora fosse duro, passional e nada econômico nos ataques e nas críticas, apreciava o que julgava uma capacidade brasileira de generosidade e de reaproximação entre os contendores. Esforçou-se por julgar Getúlio, ao voltar a escrever décadas depois a respeito do homem que ficou marcado por enfrentar com o máximo vigor, com igualmente o máximo de distanciamento e impessoalidade possível, alegando que *"é tempo de deixar à História o julgamento de uma obra que tem aspectos negativos e positivos"*[87].

Assim Carlos Lacerda descreve Getúlio Vargas:

> Formado na tradição da ditadura republicana, de origem positivista, forrado de ceticismo da geração que leu Renan, e soprado por um gosto irresistível pelo poder, de origem caudilhesca, Getúlio Vargas foi, ao mesmo tempo, a expressão de um recuo político e o instrumento de um avanço social. Fez o Brasil recuar a uma ditadura pela qual nunca havia passado antes, animada pelos "ventos da História" que sopravam na vela do nazifascismo, que parecia invencível. Ao mesmo tempo, embora turvado pela mancha do paternalismo, que impediu então e até

---

[87] LACERDA, Carlos. *Rosas e pedras de meu caminho*. Rio de Janeiro: Fundamar, 2001. p. 234.

hoje impede a formação de um movimento sindical livre e autêntico, fez o Brasil avançar socialmente. A oligarquia, que o gerou, não lhe perdoou essa traição ao domínio das minorias. Mas, em vez de pôr no lugar da oligarquia a vontade livre do povo, substituiu-a por uma facção, a sua facção, e deu início a outra oligarquia. Para isto usou, com uma desenvoltura e um tato político absolutamente incomum, a omissão e a submissão das Forças Armadas, a incapacidade da casta política, cujos elementos ele foi usando um a um, e desdenhosamente desmoralizando-os à medida que já não lhe serviam.

De seu longo período de governo, de 1930 a 1945, ficaram sinais positivos, o maior dos quais é a tomada de consciência, pelas classes dirigentes, da existência e da importância do homem comum, do homem sem importância, do homem no meio da massa. Foi esse o fato novo que na era de Vargas, como na de Perón ou na de Mussolini, assombrou a oligarquia política e acabou por inquietar os grupos privilegiados, que com ela se confundiram. Fossem outras a sua formação e a sua vocação, teria prestado ao Brasil o inestimável serviço de fazê-lo avançar no caminho da reforma democrática. Não sendo democrática a sua vocação, nem a sua formação, manteve o povo na ignorância e, mercê de sua extraordinária simpatia pessoal, de seu agudo oportunismo, usou a presença do povo no fato político para construir sobre ele o domínio do seu grupo. Assim se converteu, aqui como na Argentina e noutras partes do mundo, o fato social da presença do povo, onde antes só uma elite decidia, num reforço do regime de tutela sobre o povo, que constituiu o instrumento de domínio de uma nova oligarquia[88].

Se os críticos de Lacerda podem se sentir desgostosos de sua firmeza como oposicionista, aqui seus entusiastas podem divergir um pouco do tom com que procura aspectos positivos no conjunto da obra de Vargas. No entanto, o que ele diz não difere substancialmente do que cientistas sociais como o argentino de origem italiana Gino Germani (1911-1979) apreciaram a respeito de sociedades que não desenvolveram tradições liberais-democráticas ao estilo das nações anglo-saxônicas. Em todas as partes, a participação política teve berço em figurinos aristocráticos e restritivos, e assim vigorou mesmo, por

---
[88] Idem. *Ibidem.*, p. 234.

exemplo, entre os *Whigs* britânicos, pioneiros do pensamento e da institucionalidade liberal-representativa; naqueles países em que essa cultura se teria entronizado, a transição dos regimes mais aristocráticos e elitistas para regimes inéditos com participação das massas teria sido mais natural e assimilável.

Em países como o Brasil, formas autoritárias e antiliberais capitanearam a modernização; Vargas e sua plataforma politicamente fechada e economicamente estatizante construíram o Brasil moderno, mas inseriram nele o DNA de suas máculas. Lacerda entendeu que seu inimigo ocupou esse papel, em nosso caso, manipulando essa integração das massas. Ao mesmo tempo em que ofertou a elas o caminho para se sentirem incluídas e partícipes, ao contrário do que ocorria na República Velha, ele manobrou esse sentimento para convertê-lo em uma ilusão, servil a seus interesses ditatoriais.

Essa é a leitura lacerdista daquele Brasil dos anos 30 e 40: um país que respirou a inclusão, mas mergulhou no engodo. Engodo, porém, que poderia ser diferente; Lacerda não era, a princípio, oposto aos valores da Revolução de 30. Ao contrário: ele queria o voto secreto, a desmontagem de qualquer máquina oligárquica que privilegiasse a manutenção de alguns no poder, queria a integração do povo no processo decisório e o combate implacável às fraudes. No entanto, ele entendia que o varguismo representou uma traição a esses ideais e o antivarguismo udenista pecava na incompetência de retificá-los, tomando-os para si.

Lacerda sempre criticou no próprio partido a incapacidade de falar ao povo e de insistir em candidaturas sem condições populares de vitória. Acreditava que os herdeiros do varguismo triunfariam, mesmo depois do fim do Estado Novo, unindo *"a manutenção da máquina da oligarquia que Dutra fez permanecer como condição de seu governo eminentemente conservador, do qual participou a própria UDN"*[89], e o domínio de Getúlio sobre a psicologia social do povo, muito diferente e mais efetivo do que a UDN sonharia em compreender. Em decorrência de *"duas gerações criadas sob a ditadura, séculos de escravidão*

---

[89] Idem. *Ibidem.*, p. 236.

e de ignorância"⁹⁰, Vargas era muito mais eficiente em capturar os sentimentos da massa. Ele *"mantinha um atributo no qual ninguém o excedeu: a capacidade de seduzir o adversário, corrompendo os corruptos, conquistando os que se deixassem vencer pela sua simpatia irresistível"*⁹¹.

Com toda essa simpatia, Vargas não deixava de ser uma variante brasileira do populismo latino-americano, identificado com o justicialismo argentino, como Lacerda expõe em *O Caminho da Liberdade*. Esse livro, publicado em 1957, compila o material que o udenista usou para se defender em processo aberto no Parlamento para cassar seu mandato por supostamente revelar segredos de interesse nacional ao denunciar o conteúdo de um telegrama indicando conluio entre João Goulart e o ditador argentino Juan Domingo Perón (1895-1974). Lacerda foi absolvido das acusações, empregando inclusive, uma vez mais, uma analogia com Rui Barbosa, que tinha vivido situação semelhante.

O que importa aqui é que ele aproveitou o discurso para dissecar as características desse autoritarismo populista – e popular – latino-americano contra o qual, em sua feição brasileira, Lacerda e a UDN se pretendiam voltar.

IV.2 - Justicialismo e populismo latino-americano

O justicialismo ou peronismo era o arquétipo usado para avaliar todos esses regimes que tiveram lugar no quadro daquela América do Sul do século XX, inspirando-se Lacerda na obra de Eudocio Ravines (1897-1979), *America Latina, continente en ebulición*, onde este diz que ele pode efetivamente ser considerado uma "expressão sociológica da realidade latino-americana" e, portanto, ter suas expressões identificadas também na realidade brasileira.

---

⁹⁰ Idem. *Ibidem.*, p. 236.
⁹¹ Idem. *Ibidem.*, p. 237.

No justicialismo, como no varguismo, ocorre aquilo a que Lacerda e Germani fizeram referência: as classes médias *"se apresentam como dirigentes políticos"*[92], reclamando o poder e proclamando *"a necessidade de anular a influência das oligarquias"*[93], algo com que o ruibarbosianismo, o udenismo e o lacerdismo prontamente concordariam. No entanto, indo além, esse populismo continental ataca *"a intromissão dos consórcios estrangeiros na política interna"*[94] e defende *"uma repartição da riqueza mais concorde com o reinado da justiça social"*[95], o que costuma ser a senha para políticas distributivas e assistencialistas viciadas pelo paternalismo e de consequências desastrosas.

As classes médias se aliam às classes operárias, usando os sindicatos como linhas de frente do movimento popular. Eis o que Vargas fez com os sindicatos, ao tutelá-los pelo Estado, como braço do regime. *"O movimento operário se transforma em força organizada, mas como engrenagem do aparelho do Estado"*[96], resumiu Lacerda. Forma-se uma massa hierarquizada, em ambiente sobretudo urbano, que não se baseia em diferenças de classe, tornando o movimento mais aparentado ideologicamente ao fascismo que ao marxismo.

"Todo movimento judicialista é esquerdista"[97], afirma Lacerda.

> Não proletário, unicamente, mas adverso ao poder das oligarquias. Mas, como não é capaz de formular, por si mesmo, uma doutrina autônoma, desemboca na doutrina marxista e na adoção da sua filosofia de luta de classes. Como a América Latina é um mundo no qual não existem, a rigor, os elementos sociais adequados ao desenvolvimento da luta de classes (no velho estilo europeu, continente desprovido da mobilidade social e da permeabilidade entre as diversas categorias que constituem as camadas sociais, de resto, neste novo continente, frequentemente definidas), o conceito de luta de classes foi pelo

---

[92] LACERDA, Carlos. *O Caminho da Liberdade*. Rio de Janeiro: Empresa Gráfica Ouvidor S.A., 1957. p. 23.
[93] Idem. *Ibidem.*, p. 23.
[94] Idem. *Ibidem.*, p. 23.
[95] Idem. *Ibidem.*, p. 23.
[96] Idem. *Ibidem.*, p. 24.
[97] Idem. *Ibidem.*, p. 24.

Justicialismo adaptado a uma noção, mais direta e primária, a da luta dos pobres contra os ricos, a dos descamisados contra os oligarcas[98].

Tal discurso divisionista é até hoje explorado, em composições ideológicas que terão, por antecessores sociais na região, aqueles populistas do século XX, que tantas cicatrizes registraram na mentalidade geral de seus países.

Tais populismos eram também "antiianques", antiamericanos, manipulando um nacionalismo xenófobo e hostil às trocas comerciais, aquele mesmo gênero de atitude que Lacerda tanto condenou. *"Todo movimento justicialista exige a submissão a uma pesada mentalidade colonial. Nascidos sob o signo histórico do bolchevismo, do fascismo e do nazismo, nenhum deles logrou escapar do horóscopo do seu nascimento"*[99], ele continuou. *"As mediações do marxismo, do leninismo e mesmo do stalinismo"*, nascentes que em gradações diferentes desaguam em seu intrincado complexo, *"estão vivas e operantes em suas concepções, em seus métodos, em seus atos, assim como muitos elementos qualificados do nazismo e do fascismo"*[100]. A descrição desvenda que o populismo latino-americano da primeira metade do século XX funcionava como um sincretismo local das ideologias mais totalitárias e ressentidas que lograram se desenvolver e tomar o mundo naquela época. Daí derivam afirmações que nos acostumamos a encontrar, como a de que Vargas "não era socialista nem fascista, era varguista". Na verdade, todo o populismo latino-americano absorvia e digeria os contributos ofertados por essas distintas ideologias e os adaptava ao caldo cultural sob seu comando.

Sem nenhuma preocupação realista com as características das economias locais, para deixar economistas como Eugênio Gudin de cabelos em pé, esses populismos apostaram em modelos planificados e centralizados de industrialização forçada via ação estatal, impondo,

---

[98] Idem. *Ibidem.*, p. 24.
[99] Idem. *Ibidem.*, p. 24.
[100] Idem. *Ibidem.*, p. 24.

"com maior ou menor disfarce, o regime do partido único"[101]. No caso varguista, notadamente tivemos uma das versões mais extremadas e desavergonhadas, de vez que Getúlio foi claríssimo em declarar sua aversão aos partidos, aos parlamentos, ao sistema representativo e até às divisões regionais, como demonstrou ao incendiar as bandeiras que representam os estados da Federação e exaltar apenas o pavilhão brasileiro.

Para ele, ao que parece, o Brasil não era grande pelas suas diversidades e identidades regionais. Ele precisava ser totalmente unido em todos os aspectos e minúcias simbólicos, institucionais e culturais, enfeixado em torno do centro, submetido autoritariamente a uma uniformidade artificial, sem quaisquer divisões, sequer aquelas ditadas pelo elementar bom senso. Quando realizou a cerimônia da queima das bandeiras, Vargas discursou:

> Temos motivos de sobra para encarar os dias futuros com otimismo e confiança. Atravessamos perigos difíceis no passado; com as forças dispersas e malbaratadas, as rivalidades regionais e as instituições inadequadas fomentavam a desorganização política e administrativa. Abolimos as bandeiras e escudos estaduais e municipais, os hinos regionais e os partidos políticos. Tudo isso se fez visando consolidar a unidade política e social do Brasil, em uma época em que tais medidas pareciam temerárias[102].

Pareciam – e eram mesmo...

"Todo movimento justicialista se caracterizou pela tendência à expansão política para fora do país, sempre ao amparo da fraternidade latino-americana e da necessidade de união dos seus povos"[103], continuou Lacerda, ainda resumindo Ravines. *"Os mais poderosos, como o cardenismo mexicano, o peronismo argentino, o aprismo peruano, empenharam-se em criar centrais sindicais através das quais tentaram influir na política de seus*

---

[101] Idem. *Ibidem.*, p. 25.
[102] *Youtube*: <https://www.youtube.com/watch?v=jzu_7hT45bU>, acesso em 24 de maio de 2019.
[103] LACERDA, Carlos. *O Caminho da Liberdade. Op. cit.*, p. 25.

vizinhos e realizar o plano de expansão que adquiriu sua maior expressão sob o peronismo"[104]. Os populismos latino-americanos seriam, dentro dessa interpretação, mais um capítulo na história de movimentos políticos latino-americanos que procuram unir forças para consolidar blocos e sistemas únicos na região, infelizmente quase sempre de cores autoritárias e embebidas de inveja pelos países desenvolvidos. O "socialismo do século XXI" ou "socialismo bolivariano" do Foro de São Paulo, iniciado em 1990, seria um novo capítulo dessa epopeia decadente.

Lacerda diagnostica ainda que, no caso específico do Brasil, a figura do monarca no Império impediu o prestígio anacrônico do caudilho, que tomaria força apenas na República e atingiria o *status* de poder nacional com a Revolução malfadada de 30. *"Incontestavelmente todos os justicialismos da América Latina têm sido populares e, embora não tenham sido democráticos, tiveram origem democrata"*[105], ele continuou, para ser justo.

> Não foram produto de meras manobras conspirativas nem expressão de lutas de facção. Movimentos de concepção e de técnica modernas, procuraram seus fundamentos na vontade popular e ascenderam em vastas ações multitudinárias, diferenciando-se profundamente, na organização e na ação, dos clássicos partidos políticos, erigidos em torno de programas, patriarcados ou posições doutrinárias[106].

Em essência, todos foram campeões do intervencionismo estatal, adversários da economia de livre empresa.

No caso particular do varguismo no Brasil, Vargas e o ministro do Trabalho, João Goulart, são apontados por Ravines e por Lacerda como os principais expoentes desse fenômeno, que fracassou porque as leis econômicas não se regem pela sua fantasia. O dirigismo econômico funesto *"impôs a intervenção estatal para fixar os preços dos artigos*

---

[104] Idem. *Ibidem.*, p. 25.
[105] Idem. *Ibidem.*, p. 25.
[106] Idem. *Ibidem.*, p. 25.

alimentares, para favorecer os mais pobres e eliminar os intermediários"[107], também *"congelou os alugueis, o que paralisou a construção"* e *"avançou até o controle do câmbio, logo ao das importações, ao das exportações e ao processo da produção e da distribuição"*[108]. O rastro deixado foi, portanto, de miséria – miséria econômica e miséria moral.

Citando Jacques Maritain (1882-1973), filósofo católico francês que também inspirou o conceito de democracia cristã, Lacerda diz que o ideal heroico de uma nova idade cristã para *"espiritualizar a democracia"* depende da consciência de que, a despeito da importância das decisões majoritárias, uma democracia saudável não se sustenta onde exista apenas a massa, a *"maioria"*, pois *"a fraude não consagra a democracia"* e *"a maioria que ela constrói não caracteriza a democracia; desde que a minoria seja esmagada, a maioria constitui-se numa tirania usurpadora"*[109].

"Democracias" como as de regimes totalitários que se travestem da palavra como um *slogan* vazio não são propícias a estatuir a dignidade individual e pessoal como fundamento de sua dinâmica e, por isso mesmo, não são toleráveis. Onde a justiça desaparece e *"se subordina unicamente ao número, seja qual for o nome que se dê a um tal regime ou caricatura de regime jurídico, ele é antijurídico e é antidemocrático"*[110]. Ao assimilar-se ao povo e identificar-se com ele, em suas aspirações e anseios, os populistas como Vargas e Perón os reduziam a células indiferenciadas de um todo passivo, a reboque de suas piruetas retóricas e decretos inquestionáveis, patrocinando e encenando uma farsa que cabia aos conscientes envidar todos os esforços por demolir, como cabe ainda hoje perante seus herdeiros e parentes ideológicos, próximos e distantes.

---

[107] Idem. *Ibidem.*, p. 27.
[108] Idem. *Ibidem.*, p. 27.
[109] Idem. *Ibidem.*, p. 167.
[110] Idem. *Ibidem.*, p. 167.

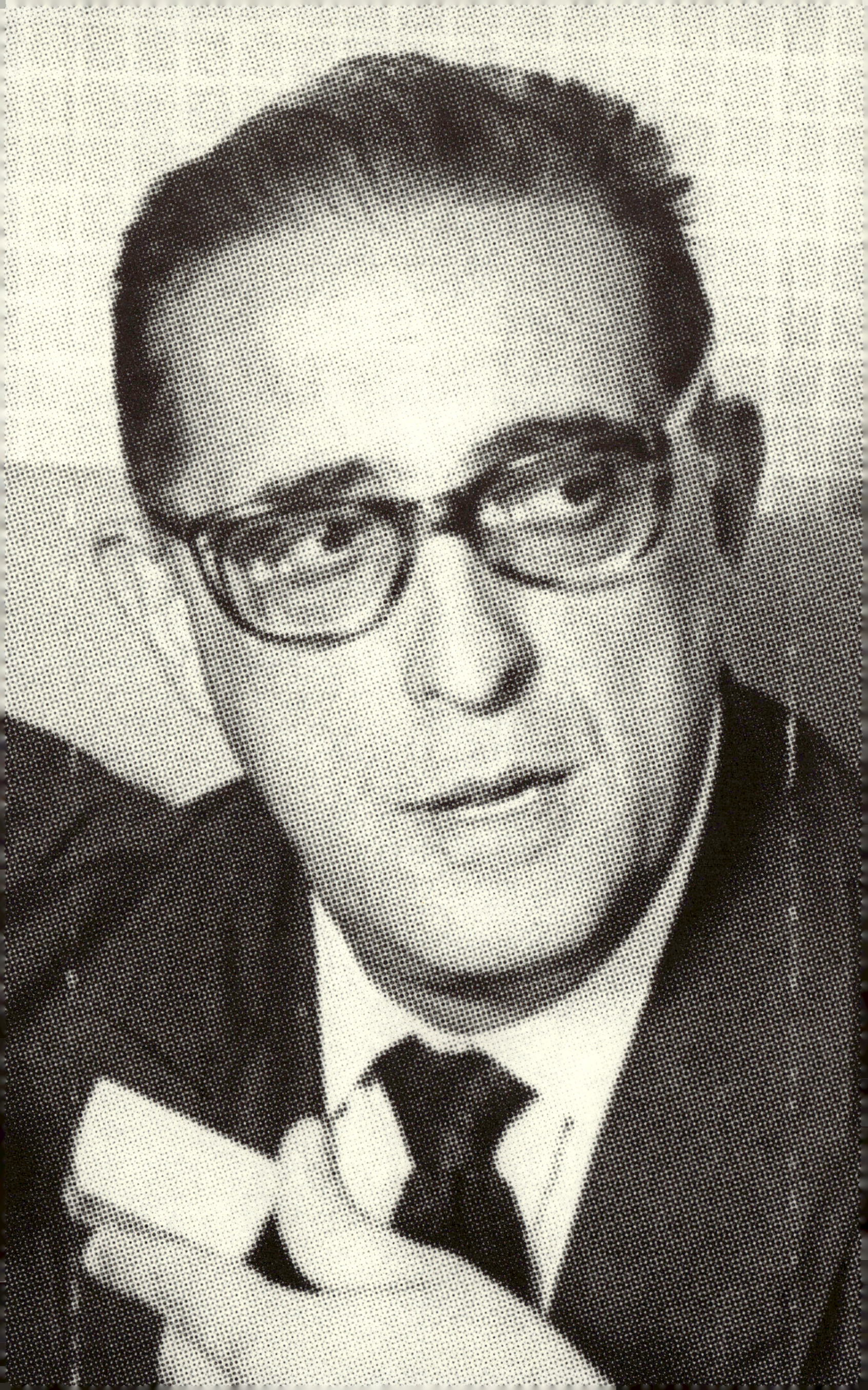

CAPÍTULO V

....

Concepção econômica, lei trabalhista e o embate com Roberto Campos

V.1 - A economia social de mercado, a estabilidade monetária e a crítica à CEPAL

Toda concepção política passa por uma concepção econômica, quanto ao modo porque produtos, serviços e riquezas devem estar alocados e se comportar em uma sociedade, e Lacerda a tinha. Contudo, nunca deixou de priorizar a dimensão política, que considerava sua "especialidade". Lacerda não acreditava muito na separação absoluta entre as duas esferas, porque entendia que a economia existe dentro de um universo que é político e a política toma decisões que inevitavelmente impactarão a dimensão econômica.

Não era, de modo algum, um técnico na área. Refletia algumas ideias inspiradas em intelectuais próximos, como o próprio Eugênio Gudin, na mentalidade corrente e na literatura a que tinha acesso.

Não obstante, de um ponto de vista de definição, porque tinha aberta afinidade com os democratas cristãos, Lacerda se dizia entusiasta da chamada economia social de mercado, ou ordoliberalismo, nominalmente referenciando o alemão Ludwig Ehrard (1897-1977) e o francês Jacques Rueff (1896-1978), ambos reconhecidos pelo sucesso no trabalho que empreenderam na conjuntura econômica de seus respectivos países.

Ele reconhecia como um dos problemas mais terríveis e crônicos do Brasil o flagelo da inflação e citava os ordoliberais como aqueles que prescreveram as melhores receitas para enfrentá-lo, partindo da premissa do reconhecimento de sua gravidade. Ehrard, por exemplo, citado pelo udenista em discurso de 1960, disse que gostaria de inscrever a estabilidade monetária, antídoto contra a inflação, entre os direitos fundamentais do cidadão. *"O cidadão tem o direito de contar com moeda estável no seu país, tão necessária à liberdade e ao progresso quanto o direito de falar e o de votar"*[111], comentou Lacerda, deixando claro o quanto considerava importante o equilíbrio da circulação e quantidade de moeda.

Lacerda deu destaque, no mesmo discurso, a uma longa citação de Rueff, que disse:

> Os que vivem de salários, pensões e rendas não podem ter dúvidas de que a inflação é um processo de confisco antecipado que concentra sobre eles todos os seus serviços, poupando ou favorecendo escandalosamente os detentores de bens reais. Pensem em todos os casais cujas economias foram roídas pela inflação, em todos os velhos que ela levou aos asilos. Será realmente uma política social dar àqueles que se quer proteger prestações inferiores ao montante do confisco antecipado que se lhes impõe, clandestinamente, pela inflação?
>
> Para os assalariados, os períodos de altas de preço têm sido quase sempre períodos de depressão dos salários reais. Quanto à manipulação dos preços por meio de subvenção, tão largamente empregada em França nos últimos tempos, embora mais limitada à região parisiense, ela não tem sido senão um artifício destinado a criar obstáculos, em

---

[111] LACERDA, Carlos. *O Poder das Ideias*. Op. cit., p. 151.

prejuízo dos trabalhadores, às altas de salários que o tabelamento devia provocar[112].

Lacerda usou Rueff para demonstrar que políticas de consequências inflacionárias podem iludir quanto a um bem-estar momentaneamente provocado, mas trarão consequências miseráveis e opostas ao originalmente pretendido. Identificando os conluios entre o Estado e os "amigos do rei", já diagnosticava:

> O desenvolvimento que a inflação está aparentando no Brasil é feito à custa dos que vivem de salários, de pensões e de rendas, e em benefício exclusivo dos que detêm os bens reais. Concentra-se, esse desenvolvimento, num pequeno grupo de privilegiados, ligados ao Poder, aos segredos do governo, de suas empreitadas e encomendas, de suas indústrias subvencionadas, dos seus monopólios e oligopólios, entre os quais se inclui o dos meios de comunicação com a opinião pública, através da corrupção e das concessões de canais de rádio e TV[113].

Para fazer frente a isso, Lacerda acreditava, como a UDN em seus programas oficiais, que o primeiro passo seria um esforço conjunto dos estados da Federação para conquistar sua autonomia, tornando-se mais independentes dos desmandos e desvarios de Brasília – obra de Juscelino Kubitschek de que, aliás, Lacerda foi um dos maiores críticos, preferindo que o Rio de Janeiro permanecesse como a capital do Brasil e rechaçando os mecanismos inflacionários e a corrupção envolvidos em sua construção. *"O centralismo que destruiu a Federação enlouqueceu sua cabecinha fracalhona"*[114], resumiu em sua brilhante e peculiar acidez. Seria urgente – como ainda o é – descentralizar as tarefas executivas do governo e conferir o máximo de iniciativa às unidades federativas. Disparou:

---

[112] Idem. *Ibidem.*, p. 151.
[113] Idem. *Ibidem.*, p. 152.
[114] Idem. *Ibidem.*, p. 151.

A inflação que devora o Brasil pode ser até popular, às vezes, pela mesma razão que fascina muita gente a contemplação das chamas de uma fogueira. Brasília na sua arquitetura é como um incêndio; é o belo-horrível, é o monstro nascido da aliança da leviandade com a inflação. Para construí-la foi preciso destruir mais o Brasil do que um terremoto[115].

Tal preocupação com a devolução do protagonismo aos órgãos locais e às unidades federativas era tão importante para o pensamento de Lacerda que ele a revisita em diferentes discursos, ao longo de distintas fases de sua carreira política e como intelectual público.

A oposição também precisava ter acesso equilibrado aos veículos de comunicação, o que Lacerda julgava obstaculizado pelo *"preço extorsivo que impede o uso desse instrumento essencial de comunicação com o povo"*[116], ou seja, pelo excesso de regulamentações e de dependência dos órgãos de imprensa em relação ao Estado. Isso, claro, quando os motivos passaram a ser exclusivamente econômicos, porque durante o governo do "grande democrata" JK, com duração até 1958, foi baixada a famosa Cláusula R pelo Ministério da Viação e Obras Públicas, basicamente proibindo as empresas transmissoras concessionárias de veicular programas considerados obscenos ou contendo insultos a autoridades – claramente uma forma de censurar Carlos Lacerda, como JK confessaria anos depois, dizendo que não teria conseguido governar até o fim se permitisse que o oposicionista falasse ao grande público.

O desenvolvimento econômico, para Lacerda e a UDN, *"é um processo de mobilização dos recursos necessários à mais rápida exploração e democratização da riqueza"*[117], entendendo-se democratização da riqueza como o aumento médio da qualidade de vida e do acesso aos bens materiais de toda a coletividade e não como qualquer tipo de receituário socialista. Afinal, *"qualquer política que, sob pretexto de servir à coletividade, atente contra a propriedade legítima, especialmente a pequena*

---

[115] Idem. *Ibidem.*, p. 166.
[116] Idem. *Ibidem.*, p. 147.
[117] Idem. *Ibidem.*, p. 148.

propriedade, é política anti-humana e, portanto, antissocial"[118], como dizia o programa redigido pela UDN da Guanabara, com participação do próprio Lacerda, Sandra Cavalcanti, Hamilton Nogueira (1897-1981) e Helio Beltrão (1916-1997). O programa incluía ainda a disposição por *"lutar contra o parasitismo em todas as classes: o especulador, o sinecurista, o 'pelego'"*[119], o fortalecimento de grupos intermediários entre o indivíduo e o Estado – tais como a família, as comunidades religiosas, os sindicatos, as cooperativas e as associações, cujas liberdades e independências da máquina estatal deveriam ser asseguradas –, a importância da educação e do aprimoramento profissional do trabalhador para haver aumento da produtividade, bem como a *"instituição do Crédito Profissional para compra de instrumentos essenciais ao trabalho pelos profissionais autônomos"*[120].

A política tributária precisava também de uma simplificação, tanto no mecanismo de cobrança quanto na concentração dos tributos, melhorando a arrecadação e não asfixiando a dinâmica das trocas do mercado. As opiniões de Lacerda igualmente se aproximavam das de Gudin quanto às obsessões intervencionistas no sentido da industrialização que marcam a nossa conduta econômica desde Vargas. *"O ímpeto de industrialização, mesmo com desprezo pela consolidação da estrutura agrária e da riqueza que daí decorre para uma nação"*, ele descreve:

> Faz-se de modo tão convulsivo que, em nome do nacionalismo, se entrega a indústria nacional ao estrangeiro, pois só do estrangeiro pode vir trabalho acumulado em forma de dinheiro, para o estabelecimento, em curto prazo, de indústrias superfavorecidas pelo Estado. Faz-se indústria que não se sustenta e se deixa de fazer indústria capaz de consolidar regiões em desenvolvimento, aplicada à solução de problemas de habitação, de alimentação, de industrialização da agricultura. O dinheiro é a mercadoria mais cara da América Latina.
>
> Em nome da industrialização se faz o consumidor pagar mais do que ele pagaria num regime de livre concorrência. A pretexto de ganhar tempo

---

[118] Idem. *Ibidem.*, p. 149.
[119] Idem. *Ibidem.*, p. 149.
[120] Idem. *Ibidem.*, p. 149.

enriquece-se o rico por meio de subsídios e privilégios garantidos pelo Estado e empobrece-se mais o pobre pela inflação, que desvaloriza o preço do trabalho. A inflação na América Latina era endêmica. Passou a epidêmica. Em parte, pela incompetência e corrupção de muitos dos seus dirigentes, a exaustão das velhas oligarquias e a voracidade de grupos dirigentes. Mas também porque os países importadores de matérias-primas não foram, até agora, capazes de garantir preços estáveis para as suas compras. E o que representa relativamente pouco na economia dos países altamente industrializados, significa, para esses países produtores de matérias-primas, a diferença entre relativa estabilidade e miséria absoluta[121].

No debate histórico de Eugênio Gudin com Roberto Simonsen (1889-1948) entre 1944 e 1945, polarizando a controvérsia entre liberalismo econômico e industrial-desenvolvimentismo, Lacerda seguramente teria mais afinidades com o primeiro, que, aliás, chegou a elogiar sua atuação como liderança política da UDN.

Lacerda também foi um crítico, ainda que não tão contundente (julgava-a respeitável), da Comissão Econômica para a América Latina (CEPAL), que, ao identificar o desenvolvimento socioeconômico à industrialização, verificada tardiamente nos países latino-americanos, concluiu daí que o Estado se deveria encarregar de medidas estruturantes, como a substituição de importações adotada por Vargas, para acelerar a transposição da distância que separa países pobres, ditos periféricos, dos países ricos, ditos centrais. Lacerda afirmou que algumas diretrizes formuladas pela CEPAL se baseavam em regras equivocadas – por exemplo, a de considerar *"a casa um bem de consumo, oposto ao conceito de bem de produção"*[122], passando a ver na construção de casas como investimento *"uma atividade inflacionária"*[123] e não qualificando da mesma forma a construção de fábricas. A partir disso, a CEPAL teria concluído que o fenômeno da urbanização nesses países, em que havia enorme crescimento populacional, decorreria da falta de uma reforma

---
[121] Idem. *Ibidem.*, p. 230.
[122] Idem. *Ibidem.*, p. 271.
[123] Idem. *Ibidem.*, p. 271.

agrária e *"a construção de casas modestas, nas cidades, por falta de crédito, tornou-se praticamente proibida. A construção civil foi confundida com a especulação imobiliária e, a pretexto de combater esta, acabou-se com aquela – no seu setor decisivo, que é o da construção de habitações"*[124].

Grosso modo, as orientações da CEPAL teriam ensejado a concentração de todos os recursos no financiamento de um esforço inflacionário:

> Por meio de uma política de desenvolvimento que se caracterizou pelo desperdício, causado pela corrupção e pelo súbito enriquecimento de um pequeno grupo. Todo esforço concentrou-se na construção de fábricas para máquinas e veículos, garagens para os veículos, galpões para as máquinas, enquanto, ao que parece, foi esquecido que a principal máquina é o homem, que o principal objeto do desenvolvimento é ele[125].

Arremata poderosamente:

> De todo o semi-marxismo que impregna o pensamento econômico dominante em certos círculos da burocracia internacional e da demagogia nacionalista em nossos países, um conceito válido, na minha opinião, é este: é necessário dar a cada qual uma boa razão para preferir a liberdade, seja essa razão a defesa de uma ideia, a posse de um lar para seus filhos, a compra de uma geladeira ou a entrada na universidade[126].

Resta patente que as linhas gerais do pensamento lacerdista se direcionavam ao favorecimento da livre iniciativa, da economia de mercado, da diminuição da presença do Estado na atividade econômica, declarando-se Lacerda *"convicto partidário da liberdade da iniciativa como parte inseparável das liberdades cívicas"*[127], numa época em que o mundo vivia o drama da polarização entre a aposta saudável e

---

[124] Idem. *Ibidem.*, p. 271.
[125] Idem. *Ibidem.*, p. 271.
[126] Idem. *Ibidem.*, p. 272.
[127] Idem. *Ibidem.*, p. 95.

democrática que possibilitaria essa troca enriquecedora dos mercados e a aposta totalitária e destrutiva do regime soviético. Defendia a liberdade de iniciativa tal qual existia nas sociedades *"em que a técnica tornou desnecessária a revolução social e a fez um objeto de museu"*[128], frustrando os delírios marxistas – inovação tecnológica essa, a seu ver, praticamente toda possibilitada pela iniciativa do mercado. Atacando os adversários da globalização econômica e do compartilhamento enriquecedor de experiências, técnicas e produtos entre todos os membros do mosaico plural de nações que compõem nossa humanidade, ironizou:

> Chega-se a deformar o conceito de nação, dando-lhe o tom agressivo que nenhuma nação democrática deseja nem pode ter, nesta era de interdependência, neste tempo de um salto que já não é mais sobre territórios e sim sobre o espaço entre as estrelas. O imperialismo, verdadeiramente, é hoje um temor para marcianos e lunáticos[129].

V.2 - Concessões de serviços públicos, o problema do petróleo e as leis trabalhistas

Como democrata cristão, ordoliberal e brasileiro de seu tempo, porém, Carlos Lacerda não poderia ser a favor de uma espécie de libertarianismo irrestrito – ou liberismo irrestrito, para usar a expressão de José Guilherme Merquior. Conforme já pontuamos *"direções gerais e orientações básicas"* anteriormente em outro capítulo, ele sustentava a importância de um planejamento conferindo[130] à economia, particularmente no campo da infraestrutura, por oposição a um planejamento que lhe desse ordenações rígidas, ampliando de tal modo a responsabilidade estatal que o Estado *"acaba por substituir-se ao próprio cidadão, cujas funções usurpa e desfigura"*[131]. Também sustentava a existência de formas estatais

---
[128] Idem. *Ibidem.*, p. 96.
[129] Idem. *Ibidem.*, p. 98.
[130] Idem. *Ibidem.*, p. 97.
[131] Idem. *Ibidem.*, p. 97.

de combate aos *"que formam trustes e combinações marginais para lesar o consumidor"*[132].

Acerca da concessão de serviços públicos à iniciativa privada, e esse foi o entendimento que adotou em seu governo no extinto estado da Guanabara, Lacerda julgava que *"se justifica se a concessionária é capaz de prestar bom serviço e, para isso, de levantar seu próprio capital"*, pois, *"quando, por erros recíprocos, do concessionário e do concedente, e por maior atração do capital por outro tipo de investimento que não o de serviços públicos, a companhia já não pode levantar seu capital para expandir seus serviços"*[133], não seria correto que o Estado obrigasse os usuários *"a dar dinheiro para que a companhia instale serviços, aumente o patrimônio dos seus antigos acionistas e explore o serviço cobrando tarifas que durante muitos anos não foram devidamente ajustadas"*[134]. A preocupação dele era em que *"o fluxo de capital estrangeiro e de técnica internacional não deve ser perturbado pela defesa de interesses privatistas nem pelo ataque demagógico, em face de empresas financeiramente exaustas, economicamente decrépitas, politicamente indesejáveis em seu anacrônico modo de funcionar e cuja existência, portanto, não mais se justifica"*[135]. O caminho, nesses casos, para Lacerda, não seria encampá-las, mas:

> Associá-las, isto é, mantê-las vivas, com o seu capital e a sua técnica, em novas empresas a que se associam os usuários, transformados em acionistas, e o Estado, como representante desses milhões de novos acionistas que, um pouco forçosamente, dão o seu dinheiro para instalar serviços a fim de poder dispor deles, mediante o pagamento de uma tarifa razoável[136].

Já sua posição acerca do petróleo e da Petrobras, é forçoso admitir, foi oscilante e contraditória. Em 1951, no princípio de sua campanha contra o governo Vargas, Lacerda enfrentou os próprios militares nacionalistas pelo que considerava um preconceito espúrio

---
[132] Idem. *Ibidem.*, p. 95.
[133] Idem. *Ibidem.*, p. 265.
[134] Idem. *Ibidem.*, p. 265.
[135] Idem. *Ibidem.*, p. 265.
[136] Idem. *Ibidem.*, p. 265.

contra o capital estrangeiro. Defendeu que a abordagem nacionalista do problema do petróleo era conveniente para os próprios comunistas, que exploravam esse gênero de demagogia para se beneficiarem, e que o Brasil precisava de um bom relacionamento com os Estados Unidos com o fim de estabelecer parcerias para a assistência financeira e tecnológica estrangeira na exploração desse recurso natural. Porém, no início de dezembro daquele ano, o governo apresentou um projeto de lei visando à criação da Petrobras, concebida para ser uma companhia estatal petrolífera. A maioria ampla das ações ficaria nas mãos dos governos dos estados e do governo federal, com diversos dispositivos que mantinham bastante poder nas mãos do Executivo para reduzir o controle dos investidores estrangeiros sobre a empresa. Não obstante, Lacerda deu abrigo à tese dos oposicionistas udenistas de que a legislação daria aos trustes internacionais o controle da indústria, sem serem exigidos a contento nos riscos e nas despesas da oferta do serviço. Ele afirmou que o presidente tentara conciliar as propostas opostas do monopólio do Estado e da livre iniciativa para produzir um híbrido disfuncional.

Em 1952, porém, o governo abandonou essa tese e, dessa vez com o apoio da UDN, passou a defender um estatuto sobre o monopólio estatal da extração do petróleo. Lacerda então não se fez de rogado e enfrentou o próprio partido. No editorial da *Tribuna* de 26 e 27 de julho daquele ano, esbravejou que *"o governo e a UDN, mancomunados numa concorrência demagógica sem entranhas, entendem-se para apresentar ao país a fórmula do 'petróleo é nosso', convertida em panaceia".*

> O petróleo será monopólio do Estado. De que Estado? Desse que confisca as divisas obtidas na exportação para pagar as importações – e não as paga. Desse cujos dirigentes sabem – porque eles sabem! – que quanto mais cruzeiros forem aqui levantados para a indústria do petróleo, mais dólares serão necessários – pois a maior parte do dinheiro gasto na indústria do petróleo é despendida em dólares para maquinaria, técnicos, patentes e para o petróleo cru, sem o qual as refinarias teriam de fechar. Esse petróleo cru, fornecido regularmente, também não está sendo pago. As companhias de petróleo depositaram no Banco do Brasil o dinheiro recebido, mas o Banco não está em

condições de trocar esses cruzeiros por dólares, para serem exportados como pagamento do cru que importamos. (...) Não é a Venezuela, a nosso ver, um exemplo a seguir, pois o petróleo passou ali a absorver todas as atividades nacionais, com prejuízo das demais. Mas isto se deu precisamente pela prosperidade que a exploração livre do petróleo deu àquela nação, o que desmente tudo quanto se tem afirmado sobre a desgraça que estaria afligindo a Venezuela por via do petróleo não-estatal.

Para salvar o que resta da sua popularidade, o sr. Getúlio Vargas insiste na tecla de um nacionalismo obsoleto e suicida, em vez do patriotismo esclarecido que enquadra o petróleo na sequência e no conjunto dos problemas nacionais que dependem de cooperação e acordos internacionais para encontrarem solução. A UDN, para o mesmo fim, adere ao mesmo princípio, até porque não suporta mais a oposição que não chegou a fazer. Chega-se a inventar um novo tipo de conspiração contra o regime: a conspiração para aderir ao governo. Alguns de seus membros, perdendo toda compostura, vestem-se de modo provocante, plantam-se escandalosamente e vão bater calçada na porta do Catete. (...)

O projeto do petróleo é um teste. A falta de amadurecimento dos atuais homens públicos, em sua maioria, para compreender as realidades do mundo e as necessidades reais do Brasil faz com que não nos seja mais lícito contribuir para alimentar esperanças que, no caso, seriam ilusões perversas.

No entanto, no decorrer do governo Kubitschek, em 1956, Lacerda pregou que os acordos da gestão pessedista com empresas estrangeiras eram duvidosos, precisamente porque o governo era duvidoso; Lacerda não deixara de defender o investimento estrangeiro no campo petrolífero, mas achava que, naquele governo, tal investimento era ou seria feito de modo suspeito e favorecendo a corrupção e a concessão de privilégios. Em 1957, ele aprofundou esse discurso na direção mais estatizante, dizendo-se partidário dos interesses da Petrobras e inimigo dos grupos internacionais que se infiltravam no governo. É interessante atentar para esse ponto: a Petrobras e os recursos minerais adquiriram uma aura tão "sagrada", apenas amplificada com o tempo naquela quadra histórica, que até mesmo Lacerda e a UDN se deixaram sequestrar politicamente pelo fetiche de defender sua dimensão estatal. Nos anos 60, entretanto, a posição lacerdista, antes e durante o governo da Guanabara, voltou a apresentar uma faceta mais liberal e privatista no setor: Lacerda pontuou que a Petrobras deveria ser cobrada quanto ao cumprimento de determinadas metas em prazo definido e, uma vez que não fossem atendidas, a exploração do petróleo deveria ser inteiramente liberada.

No campo das relações de trabalho, fundamental para se compreender a posição lacerdista perante uma das insígnias mais poderosas de seus adversários trabalhistas e comunistas, ele defendia a existência de direitos trabalhistas – da mesma forma Rui Barbosa, particularmente em sua fase final –, ainda que não necessariamente os constantes da Consolidação das Leis do Trabalho (CLT) de Vargas. Em primeiro lugar, Lacerda era radicalmente contrário ao imposto sindical, desejando que os sindicatos tivessem necessariamente de viver da contribuição livre de seus associados, sem subterfúgios ou facilitações, que faziam deles aparelhos do governo ou do PTB. Isso à época já teria sido uma revolução antivarguista, uma vez tivessem os udenistas obtido êxito em implementar essa medida libertadora. Lacerda desejava ver os trabalhadores organizados em entidades livres da tutela de qualquer autoridade ou órgão público e foi relator em 1955 de um Código do Trabalho, elaborado em conjunto por técnicos, que conteria essa determinação, a seu ver a única e verdadeira na temática para benefício dos trabalhadores legítimos.

Algumas das leis trabalhistas que Lacerda admitia, com base nesse Código, são as seguintes: a elaboração de regras especiais para o trabalhador rural; a entrega aos estados e municípios, mediante acordo com o governo federal, da incumbência de emitir carteiras profissionais para adultos; a elevação da remuneração do trabalho noturno para 30%, com abolição do revezamento; entrega da aprovação do salário mínimo, cuja abolição Lacerda não avançava em sustentar, ao Congresso; exclusão de faltas justificadas ao serviço como razão de perda do direito a férias; instituição de crédito proporcional ao tempo de serviço a ser recebido por todo empregado em função de despedida injusta e aposentadoria; livre constituição de sindicatos, dependendo apenas de simples registro. Com muitas dessas medidas, os mais liberais entre os contemporâneos não podemos concordar, mas somente a consagração da independência sindical, combatendo o poderio dos pelegos, já faria desse Código um avanço em relação ao que então existia.

Lacerda apontou a influência da *Carta del Lavoro*, a Lei do Trabalho de Mussolini, sobre a CLT de Vargas, alegando que artigos inteiros foram copiados da lei fascista. Criticou:

> Chega 1937, com a ditadura e o namoro com o nazismo, e o movimento sindical brasileiro não está ainda formado com independência e autenticidade. Daí por diante, a história do sindicato no Brasil é a de um lento e penoso esforço para se firmar, para existir como órgão dos trabalhadores. O imposto sindical e sua consequência, o Fundo Sindical, passaram a sustentar a grande maioria dos sindicatos. Por isto mesmo, muitos deles não precisaram de apoio efetivo dos seus associados; preocuparam-se muitas diretorias mais em viver nas boas graças do governo do que na dos próprios trabalhadores[137].

Se defendia o salário mínimo, por outro lado era contrário a aumentos esquizofrênicos, *"emitindo dinheiro sem valor, de modo a desvalorizar o que se ganha com o salário"*[138], pois de nada adianta ganhar mais se, com o acréscimo, só o que se consegue é comprar menos do que antes.

Ele tinha imensa preocupação, estratégica e compreensível, em conquistar a atenção e o apoio dos trabalhadores em geral, ao recear que fossem presas fáceis dos "peleguismos" varguista e janguista e sabendo que, a cavalgar esses "peleguismos", como preconizavam desde a Rússia, estariam os comunistas, sedentos por conquista das consciências e do mundo. Para enfrentar isso, Lacerda dava enorme importância à educação; eis porque abriu diversos colégios na Guanabara e defendia investimento na educação básica e de grau médio. O trabalhador educado

---

[137] Idem. *Ibidem.*, p. 70.
[138] Idem. *Ibidem.*, p. 81.

e qualificado, para ele, aumentaria a força da produção brasileira e mais facilmente neutralizaria a sedução demagógica dos comunistas.

V.3 - O duelo contra Roberto Campos e o PAEG

Ainda dentro da questão econômica, é preciso reservar um espaço razoável para abordar a rivalidade que existiu entre Carlos Lacerda e Roberto Campos (1917-2001), merecidamente admirado como um dos grandes liberais brasileiros e que, durante sua batalha contra os acréscimos dirigistas à Constituição de 1988, deu testemunho de sua vinculação ao pensamento do grande austríaco Friedrich August von Hayek (1899-1992). O que teria feito dois gigantes de tal envergadura se enfrentarem de maneira tão cruenta? O que os afastou? Haveria um abismo fundamental entre os pensamentos dos dois personagens?

O próprio Roberto Campos, em sua monumental obra de memórias *A Lanterna na Popa*, oferece uma boa resposta a essas questões ao registrar, no capítulo sugestivamente intitulado "O Grande Desencontro", um histórico de entreveros menores que teve com Lacerda antes do enfrentamento mais importante, aquele que se deu durante o primeiro governo militar. Trata-se de mais um caso de adversário de Lacerda com quem ele teve pouco contato pessoal, embora mais do que com Vargas: Campos registra três encontros com o governador da Guanabara e, coincidentemente, também três grandes confrontos com o udenista.

O primeiro deles foi relativamente aos Acordos de Roboré, em 1958, que Lacerda contestou, julgando que os tratados de exploração do petróleo, estabelecendo parceria entre Brasil e Bolívia, transfeririam para os estrangeiros a maior parte dos lucros, equivocando-se Campos e o BNDE ao propô-los; Campos retorquiu que Lacerda estava esquecendo o detalhe fundamental de que os estrangeiros também corriam a maior parte dos riscos e teriam apenas parte dos resultados. Ao mesmo tempo, porém, vale destacar, Lacerda, naquela circunstância, atacou a violência com que os estudantes e os comunistas reagiam furiosos à cogitação da possibilidade de uma parceria. O segundo enfrentamento foi justamente quanto à tese de Lacerda acerca das concessões públicas, afirmando o governador que havia algum tipo de privilégio concedido a companhias ineficientes como a Light – quando, na opinião de Campos, os serviços insatisfatórios das concessionárias resultavam do congelamento das tarifas pelo governo brasileiro, enquanto a inflação se acelerava.

Os dois primeiros enfrentamentos, pode-se notar, são episódios em que Lacerda exibiu limitações em sua tendência geral privatista, algo condizentes com suas influências da democracia cristã. Por outro lado, Roberto Campos também ainda não era, e não o foi até o fim de sua passagem pelo ministério de Castelo Branco, o liberal hayekiano contumaz que viria a se tornar. Os dois tinham, nesse campo, alguns cacoetes pró-Estado que liberais e libertários brasileiros contemporâneos não exibiriam.

O maior duelo foi mesmo, porém, aquele que se realizou em torno do Plano de Ação Econômica do Governo (PAEG), tocado por Roberto Campos e Otávio Gouveia de Bulhões (1906-1990) em 1965. Para compreendê-lo, é preciso antecipar o contexto, posto que ainda abordaremos com mais detalhes adiante a visão lacerdista acerca do regime militar e do movimento de 1964. Todos sabemos, de antemão, que um movimento de amparo social civil e militar depôs o presidente João Goulart, inaugurando um período em que os militares governariam o Brasil, estabelecendo gradualmente dispositivos de exceção, sendo que o que se havia combinado era a realização normal das eleições – em que Lacerda tinha chances reais de realizar seu sonho de ser presidente do Brasil.

Há evidências biográficas de que Lacerda receou bastante que o desfecho da crise janguista tivesse que ser militar, porque sabia dos riscos que sua tão desejada candidatura correria se assim fosse. Seu amigo Júlio de Mesquita Filho (1892-1969), inclusive, dedicou uma conversa com ele a tentar convencê-lo de que essa saída seria inevitável e de que ele deveria considerar apoiá-la, em benefício do país, porque não haveria outro jeito de livrá-lo da ameaça que corria. Já em 1965, uma sequência de acontecimentos levou Lacerda a crer que as eleições estariam ameaçadas e que os militares poderiam permanecer no poder por mais tempo – ele previu exatamente duas décadas –, o que compreensivelmente fez seus instintos políticos se enervarem.

Ao mesmo tempo, Roberto Campos foi convidado pelo novo presidente, Castelo Branco, ao Ministério do Planejamento. Ele havia trabalhado no governo Vargas, quando criou o BNDE, atuou no Plano de Metas de JK e como embaixador no governo Goulart. Embora como técnico, o que faz grande diferença, tinha trabalhado em todos os governos que eram teoricamente contrários aos propósitos lacerdistas e aos da chamada "Revolução de 64", trajetória que deixava Lacerda bastante incomodado, embora suas paixões políticas àquele momento convulsionadas talvez fizessem o fato parecer mais grave do que realmente era. O programa estabelecido por ele e Bulhões, em linhas gerais, propunha uma política anti-inflacionária, reduzindo a emissão de papel-moeda, mas também envolvia a criação do Banco Central, do FGTS e do Estatuto da Terra. Por meritórias que fossem suas medidas, elas geravam um trauma imediato sobre a população, arcando com os prejuízos e dificuldades decorrentes dos erros do período anterior (algo bastante familiar para nós, brasileiros, ao longo de nossa história econômica).

Lacerda endereçou, por carta, através da televisão e um compilado sob o título *Brasil entre a verdade e a mentira*, uma série de críticas ao PAEG, decerto muitas delas bastante pesadas. Foi respondido pela televisão por Roberto Campos, em um duelo ostensivo, violento e com trocas de ataques de parte a parte, algumas vezes fugindo aos limites convencionais da urbanidade e do bom senso. Construiu-se um temor lacerdista, aparentemente infundado, de que Castelo, embora admirador de Lacerda, queria então que Campos se tornasse seu sucessor civil, se não ocorresse o pior e os militares não continuassem no poder. Estiveram envolvidos nesse confronto, dado o quadro, ressentimentos, medos, rompantes passionais circunscritos em um contexto "revolucionário" e de inquietação institucional crescente.

Importa consultarmos os termos da discussão. Lacerda não lançou apenas acusações vazias; fez consultas a outros economistas antes de tecer suas críticas e algumas o próprio Campos reconheceu estarem corretas. Por exemplo, as minuciosas *"projeções do PAEG de produção de ovos e bananas"*, que, na avaliação do próprio economista mato-grossense, Lacerda ironizou *"feroz, mas merecidamente"*[139]. O que é interessante notar é que, tanto de um lado quanto do outro, o que se verifica é uma tentativa de soar mais "liberal" que o adversário, menos afeito à planificação econômica, mais favorável à livre iniciativa – um cenário inusitado para quem está acostumado a competições de políticos para mostrar que são mais "socialistas" uns do que os outros. Apesar dos desdobramentos estatizantes do regime militar, isso mostra que a atmosfera era diferente no governo de Castelo Branco.

Lacerda aproveitou a contenda para trazer alguns pontos de vista sobre a economia. Para ele, a política econômica não podia ser separada da política geral, porque a economia não é uma ciência exata. *"O planejamento global leva, necessariamente, à estatização ou ao fracasso, pois ninguém planeja aquilo que não pode comandar"*[140], fundamentava. Ele afirmou que a política econômica deve ser contingente, ao contrário do que presumiriam os tecnocratas, adeptos do culto aos "especialistas" como os únicos indicados a tratar das questões da sociedade. Para ele, *"só o marxismo alimentou a presunção de criar uma economia rigorosamente científica, baseada em dogmas, a que a política e tudo o mais deveria subordinar-se, rígida e inflexivelmente"*[141], no que os tecnocratas o seguiram.

> Uma política econômica há de ser necessariamente empírica, contingente e inflexível, tendo em conta as circunstâncias complexas e variáveis que se verificam em cada povo ou nação, (...) porque o seu alvo e o seu suporte é o povo, no seu conjunto[142].

---

[139] CAMPOS, Roberto. *A Lanterna na Popa*. Rio de Janeiro: Topbooks, 1994. p. 829.
[140] LACERDA, Carlos. *Brasil entre a verdade e a mentira*. Rio de Janeiro: Bloch Editores, 1965. p. 12.
[141] Idem. *Ibidem.*, p. 73.
[142] Idem. *Ibidem.*, p. 74.

Ele acreditava que, se os "revolucionários de 64" desejassem efetivamente renovar o Brasil, deveriam investir na formulação de uma narrativa política que convencesse o povo de seus propósitos e, enquanto não o fizessem, submeter o povo a uma política econômica sacrificante, por teoricamente bem embasada que fosse, seria insurgi-lo contra a nova elite dominante e fazê-lo sentir-se com saudades da "oligarquia de 1930" que Lacerda passou a vida pública tentando derrotar. A eleição de governadores de oposição nos estados veio mostrar que ele tinha pelo menos um ponto nessa afirmação. O próprio Campos havia dito antes que *"os fatos teimosos se encarregam de destruir teorias e preconceitos, quando a experiência passa do laboratório para o meio social"*[143], e Lacerda usou seu próprio argumento contra ele mesmo.

No entanto, se o raciocínio tem méritos, apontando a deficiência de comunicação político-estratégica do governo Castelo, por outro, a exemplificação é bastante questionável. Lacerda chega a elogiar o "oportunismo" do *New Deal* de Franklin Roosevelt (1882-1945), fartamente criticado por economistas como Ludwig von Mises e F. A. Hayek, e também afirma acreditar que Campos Salles e Joaquim Murtinho estavam errados em sua política liberal que, na verdade, no entendimento de Campos, se fosse seguida pelos sucessores, poderia ter feito da República Velha um momento mais próspero da história brasileira.

Paradoxalmente, Lacerda julgava que o PAEG poderia *"estatizar a economia brasileira e que, portanto, não faz sentido numa revolução que veio para libertá-la dessa terrível ameaça"*[144]. Com muita razão, ele disse que *"a planificação global da economia é incompatível com uma sociedade democrática, baseada na livre empresa"*[145]. Acrescentou que a inflação não seria efetivamente combatida pelo PAEG porque *"mais da metade da economia nacional"*[146] era controlada pelo Estado e o PAEG cortou créditos ao setor privado, mas *"não se toca na área da economia estatizada, que é a mais desperdiçada, a mais adulterada*

---

[143] Idem. *Ibidem.*, p. 75.
[144] Idem. *Ibidem.*, p. 24.
[145] Idem. *Ibidem.*, p. 24.
[146] Idem. *Ibidem.*, p. 24.

e a menos produtiva e, portanto, a mais inflacionária"[147], fazendo com que o problema persistisse. Afirmou que o governo Castelo Branco deixou a economia brasileira ainda mais estatizada; que não vieram os investimentos privados estrangeiros, dando-se tratamento preferencial apenas às companhias concessionárias de serviços públicos.

Lacerda disse ainda que, se a obra de contenção da inflação deveria ser tão traumaticamente sacrificante em um momento "revolucionário", a ponto de correr o risco de comprometer *"a salvação do país"*[148], ela teria que ser atenuada.

> Não se trata de parar o esforço anti-inflacionário e sim apenas de não marcar data para acabar com a inflação – o que é, além do mais, uma tolice. Conseguindo evitar que continue a se acelerar a taxa de inflação já se terá conseguido muito[149].

Ao mesmo tempo, o governo não deveria agravar a estatização da economia, seguindo o caminho da *"desestatização progressiva de todos os setores onde não se justifica o domínio do Estado"*[150]. Deveria urgentemente rever os impostos aumentados, esvaziar órgãos *"como o Instituto Brasileiro do Café, que custa bilhões e deve ser reduzido a uma agência estatística"*[151], no que ele citava o conselho do *"eminente professor Eugênio Gudin"*[152], que disse que a redução dos impostos poderia proporcionar recursos aos setores industriais onde havia desemprego. A meta de Lacerda, em resumo, era acusar o PAEG de concentrar os métodos anti-inflacionários e restritivos na iniciativa privada, quando deveria concentrá-los *"na desestatização e na eficiência estatal, pela retirada do Estado daquelas áreas que não lhe são próprias e pela obtenção de índices produtivos nas áreas que são próprias ao Estado"*[153], e sustentar que o governo militar tinha a obrigação de promover a *"mobilização*

---
[147] Idem. *Ibidem.*, p. 24.
[148] Idem. *Ibidem.*, p. 42.
[149] Idem. *Ibidem.*, p. 42.
[150] Idem. *Ibidem.*, p. 43.
[151] Idem. *Ibidem.*, p. 58.
[152] Idem. *Ibidem.*, p. 58.
[153] Idem. *Ibidem.*, p. 64.

psicossocial do povo brasileiro, por todas as suas camadas, para a obra revolucionária de recuperação nacional"[154].

Campos fez questão de enfatizar que as acusações de Lacerda eram injustas, ainda que seus princípios fossem, destaque-se isso, corretos e, inclusive, similares aos seus. Disse anos depois que Lacerda tinha menos qualificação técnica que ele, o que era verdade, mas era um orador extraordinário. Poder-se-ia dizer, olhando o enfrentamento em retrospectiva, que houve erros e acertos de ambos os lados. Como o próprio Campos reconheceu, Lacerda previra profeticamente que o regime duraria vinte anos – mais precisamente vinte e um. Era, no entanto, demasiadamente humano – o que o torna ainda mais fascinante – e bastante passional.

Ao intuir acertadamente que a tecnocracia e a frigidez do governo se encaminhavam para a prorrogação do regime, Lacerda foi, não há negar, influenciado pela problemática política nas decisões que tomou e nas declarações que fez; não há negar também que se excedeu, a ponto de chamar o presidente Castelo de "feio", o que era uma ofensa bastante desnecessária.

Pode-se dizer, por outro lado, que Campos conseguiu encolher a inflação com seu programa; porém também se portou mal ao, por exemplo, insinuar que Lacerda era responsável de alguma sorte pelo suicídio de Vargas, acusação que quem estava acostumado a fazer eram os comunistas e trabalhistas. De qualquer modo, os governos militares que se seguiram investiram em receitas intervencionistas e estatizantes e fizeram tudo o que nenhum dos dois desejava – nem Lacerda, nem Campos.

Os dois foram derrotados em seus anseios, embora Campos tenha sido um vencedor prático imediato. Tanto Campos em seu *A Lanterna na Popa* quanto o biógrafo de Lacerda, John Dulles, em seu *Carlos Lacerda: A Vida de um Lutador*, porém, registram uma informação muito importante: Carlos Lacerda mudou de opinião a respeito de Roberto Campos no fim da vida. Em meados dos anos 70,

---

[154] Idem. *Ibidem.*, p. 66.

ao lhe perguntarem, na residência da família Guilherme da Silveira, quem teria escolhido para o ministério da Fazenda se fosse presidente, ele concedeu uma resposta que dá contornos finais à contenda, em uma avaliação póstuma: disse que seu ministro seria o desafeto Roberto Campos. *"Ele sabe tudo o que eu não sei sobre economia e eu sei tudo o que ele não sabe sobre política"*[155]. Em outra ocasião, Lacerda disse ao pintor Di Cavalcanti (1897-1976) que Campos era *"sério e competente"*[156] e que queria encontrá-lo para aparar as arestas. Roberto Campos ficou contente com a possibilidade, mas infelizmente estava na Inglaterra como embaixador e Lacerda morreu antes que o encontro fosse possível.

Cabe registrar o que disse o próprio Campos, reavaliando as afinidades de ideias entre os dois e a tristeza das suas desavenças:

> Quando a gente sente mais fundo que da vida nada se leva, aumenta o meu nível de tolerância. Verifico que o que houve entre mim e Lacerda foi um trágico desencontro. Pois tínhamos muitas coisas em comum. Ambos sofríamos do xingamento injurioso das esquerdas, que no Brasil exploram a mais larvar forma de xenofobia. Lacerda era acoimado de "reacionário a serviço do imperialismo americano" e eu de "entreguista". Ambos considerávamos o nacionalismo uma forma zangada e infantil de patriotismo. Dizia Lacerda: "O nacionalismo não é uma causa. É um pretexto... e uma impostura". Acreditávamos ambos em austeridade monetária e fiscal. Detestávamos ambos o monopólio da Petrobras, propugnado pelos "nacionalistas do bananismo", que é como Lacerda se referia ao general Horta Barbosa durante a campanha do "petróleo é nosso". Estávamos ambos vacinados contra o despotismo e a ineficiência do comunismo, Lacerda por tê-lo praticado na juventude e eu pela análise histórica e sociológica. Sofríamos ambos daquilo que Assis Chateaubriand chamava de "índole da controvérsia". Tínhamos em comum ambos suspicácia em relação ao Estado-empresário e eu considerava Lacerda um grande administrador. Éramos ambos privatistas. Nenhum de nós tinha a visão complexada da participação de capitais estrangeiros. Foi tudo um grande desencontro[157].

---

[155] CAMPOS, Roberto. *A Lanterna na Popa. Op. cit.*, p. 838.
[156] Idem. *Ibidem.*, p. 838.
[157] Idem. *Ibidem.*, p. 839.

Que teria sido se, em vez de se "desencontrarem", Carlos Lacerda e Roberto Campos se tivessem aliado e atuado juntos em um mesmo governo? Só podemos especular...

CAPÍTULO VI

A influência de Fulton Sheen e o anticomunismo

VI.1 - O liberalismo e a moral

Nascido em Illinois, o bispo católico Monsenhor Fulton John Sheen (1895-1979) foi uma inspiração muito importante para Carlos Lacerda. Como comunicador, usando inclusive o rádio e a televisão, ele influenciou a retórica e as estratégias de Lacerda quando esbanjou sua oratória através desses mesmos veículos de comunicação, com suas demonstrações didáticas das acusações que fazia aos governos a que se opunha. Ficaram famosas as transmissões em que atacou Vargas pela TV Tupi durante as crises finais do governo do caudilho nos anos 50. O sacerdote católico norte-americano também discursava contra o comunismo e trazia orientações similares àquelas que Lacerda, ecoando as ideias da democracia cristã, costumava veicular.

A presença intelectual de Sheen na vida de Lacerda data pelo menos do fim dos anos 40, quando já se desligava da atmosfera do comunismo e se convertia à fé religiosa, chegando a procurar o ilustre sacerdote para entrevistá-lo como jornalista. Antes mesmo da fundação do jornal *Tribuna da Imprensa*, quando *Na Tribuna da Imprensa* era uma coluna do *Correio da Manhã*, as menções entusiasmadas a Fulton Sheen e a suas reflexões já apareciam, animando o ativismo anticomunista do lacerdismo nascente. A Igreja Católica de Sheen se destacava na década de 50 por essa luta, em clima de Guerra Fria, somada à vinculação com valores patrióticos, contornos que o lacerdismo também teria no Brasil. Em 3 de janeiro de 1950, Lacerda diria, já em seu próprio jornal, que Sheen era *"um dos quatro ou cinco filósofos do nosso tempo"*, capaz de escrever sobre assuntos morais que eram essenciais até para um grande público não católico.

Ao que tudo indica, Sheen foi relevante para alimentar suas convicções na fragilidade de uma perspectiva puramente economicista, materialista e tecnocrática da política e da realidade social, premissas vistas como máculas de alguns liberais que ensejariam o desembarque direto, sem escalas, no próprio comunismo, com sua faceta anticristã e hostil aos melhores valores ocidentais. O liberalismo poderia e deveria ser defendido, para Sheen, como uma filosofia que dependia de uma base fornecida por uma lei moral para se consolidar no tecido de uma sociedade, nunca dissociado do seu cultivo, pois seus efeitos seriam, nesse caso, opostos aos desejáveis. A influência das ideias do sacerdote pode ter motivado, por exemplo, as hesitações, com idas e vindas, demonstradas por Lacerda acerca da questão da permissão legal do divórcio no Brasil.

O que permanece sem flutuações é que o pensamento lacerdista sempre associou a defesa da construção concreta de uma democracia liberal ao endosso substantivo de valores e princípios morais ancorados na civilização cristã, indispensáveis à sua sobrevivência e à própria liberdade que se pretendia sustentar, ainda que isso tenha sido verbalizado especialmente para sinalizar o risco que esses valores e essa civilização estavam correndo perante a ameaça comunista. A discussão quanto às fronteiras da moral e da vigência do liberalismo é constante entre as diversas tendências liberais, devendo-se recordar, no entanto, que muitos dos pioneiros do liberalismo tinham essa preocupação ou até mesmo eram religiosos. O próprio John Locke (1632-1704), conquanto defendendo a liberdade de credo – ainda que sem a mesma disposição de concedê-la aos ateus –, era pessoalmente cristão e seus intérpretes reconhecem a influência teológica em seu pensamento. No mesmo sentido, Adam Smith (1723-1790) era, em sua própria opinião, um teórico da moral antes que um economista. Campeões do liberalismo no século XX, como os austríacos Ludwig von Mises e F. A. Hayek, também reconheciam a importância da civilização ocidental como sustentáculo. Os conceitos de "civilização ocidental" e "civilização cristã", quando empregados como similares ou equivalentes, normalmente consideram o apreço por um pacote composto de determinados legados e ideias, cuja significação para Lacerda e Sheen veremos a seguir.

VI.2 - Natureza e ameaça do comunismo

No *Correio da Manhã* de 11 de dezembro de 1948, Lacerda transcreveu com entusiasmo um material de Sheen justamente sobre o combate do cristão ao comunismo. O texto começa falando do ódio como uma arma dos comunistas, que eles alimentam na sociedade para facilitar o progresso de sua causa decaída, dependente desse mesmo ódio para frutificar. O comunismo não poderia ser encarado apenas como um sistema econômico, que argumentos técnicos pudessem refutar racionalmente; Sheen e Lacerda entendiam que o comunismo era *"uma filosofia de vida"*, um sistema completo de pensamento e paradigma existencial. Nessa mesma linha, Lacerda terminaria por concluir que o comunismo *"levaria a uma ditadura pior do que as outras porque muito mais organizada e, portanto, muito mais difícil de derrubar"*. O comunista, para ele, era *"o nazista de sinal trocado"*, iludindo os *"democratas de todos os matizes"* para acreditarem *"na tolice"* de que eles, os comunistas, seriam *"vítimas de monstruosa perseguição"*.

Assim ele descreveu muitos anos depois, em *O Poder das Ideias*, sua sensação durante a experiência que o desconectou da atmosfera totalitária do comunismo, simultaneamente ao seu contato com as ideias católicas de Fulton Sheen:

> Tornei-me um exemplo perigoso, o do sectário que deixou a seita, o do que encontrou um modo de recuperar a liberdade a despeito de todas as intimidades; o do simpatizante que passou a antipatizante. Por isto farão tudo por destruir esse exemplo, com a ajuda daqueles que ainda consideram o comunismo somente uma ideia e não sabem que ele é principalmente uma vasta, total, permanente conspiração. Pior do que tudo: uma conspiração para destruir a consciência. Procedíamos como idealistas, mas automatizados. Hoje, a própria palavra ideal a muitos parecerá confusa, pois o que conta para eles é o êxito. No entanto, qualquer que seja o seu sucesso ou a sua força momentânea, parecem-me sempre nostálgicos, como os bichos dessa ilha do doutor Moureau em que se vai transformando Brasília. Atuam como ventríloquos de si mesmos, obrigam-se a emprestar ideias e até gramática aos aventureiros e desonestos para os quais o comunismo, hoje, como ontem o fascismo, é um pretexto para tomar a carteira do público, enquanto o público, de nariz para cima, contempla, cintilante, a Ideologia[158].

Tinha perfeita noção de que no comunismo há uma autêntica força maligna, uma combinação de sedução utópica com organização criminosa, que não se pode enfrentar apenas demolindo seus alicerces de técnica econômica (muito embora estes não tenham mesmo solidez alguma).

Continuando o artigo sobre Fulton Sheen, Lacerda ressaltou que o Monsenhor recomendava o combate aos comunistas a partir da escolha de candidatos feita não apenas com base nos partidos políticos a que estejam filiados, mas também e sobretudo com base em sua identificação franca com certa cota de valores morais, barreiras indispensáveis à proliferação da ideologia destrutiva.

---

[158] LACERDA, Carlos. *O Poder das Ideias. Op. cit.*, p. 46.

"Enquanto os homens de bem se recusarem a acreditar que a moral deve manifestar-se em cada uma das esferas da atividade humana, inclusive a política, eles não poderão enfrentar o desafio do marxismo", disse o bispo. A preocupação com a moral seria crucial no pensamento lacerdista, o que fez muitos intérpretes cristalizarem noções como a do "moralismo udenista", a de que haveria pieguice no seu denuncismo anticorrupção ou mesmo algum tipo de ingenuidade perigosa, incompatível com a atividade política democrática. Esses discursos se repetem diante de grandes escândalos de corrupção, nos quais a indignação virulenta é tratada como fator que emperraria a vida das instituições – como se culpados fossem os fiscais e publicistas e não os corruptos e corruptores. Fato é que, para Lacerda, era preciso adotar grande dose de intransigência para com posturas que contrariassem os padrões éticos. A tolerância e a impunidade seriam os móveis para a "audácia dos maus", entre eles os comunistas.

Em matéria econômica, o melhor combate ao comunismo seria *"transformar os operários em capitalistas pela mais ampla difusão da propriedade privada"*, ecoando a posição forte dentro da Igreja e da democracia cristã em defesa da participação de operários nos lucros das empresas.

Lacerda fala novamente de Sheen no *Correio da Manhã* de 8 de dezembro de 1948, quando traduz com riqueza de detalhes suas contundentes descrições do comunismo:

> O comunismo é o ópio do povo – argumenta monsenhor Sheen, transformando a frase de Marx sobre a religião, por sua vez copiada de Charles Kingsley. Mas, para Sheen, a frase é mais do que uma frase, pois ele demonstra a sua afirmação. O comunismo é o ópio do povo porque amortece e paralisa o intelecto. Um entorpecente é uma droga que entorpece as mais altas forças intelectuais do homem, mas deixa funcionar as mais baixas, como as vegetativas e animais. Sob a influência de uma droga, o homem não pode pensar, mas pode respirar; não pode querer, mas pode digerir; não pode seguir um processo de raciocínio, mas seu sangue circula. Já não é homem, mas é animal. O comunismo é entorpecente no sentido de que destrói completamente a razão humana. Sob o seu sistema o homem não pode tomar suas próprias decisões, mas tem de aceitar as que lhe são preparadas por

um ditador; não tem consciência porque só existe uma consciência – do Estado; não tem pensamentos pessoais, porque só existe um pensamento, sob controle do Estado. Aí está porque os comunistas frequentemente se estupidificam, saúdam como amigos os nazistas e logo depois os combatem como inimigos; saúdam o seu dirigente americano (Browder) como grande líder para logo depois, ante a publicação de um artigo (de Duclos) numa revista francesa inspirada em Moscou, 59 dos 90 membros da Comissão Executiva do Partido apontam esse mesmo 'grande líder' Browder como inimigo da linha justa.

(...) Outra razão de desacordo com a filosofia do comunismo é o seu caráter antidemocrático e anti-humano – porque ela nega o valor do homem como indivíduo. O comunismo corrige o erro do capitalismo monopolista, que transforma o homem em 'braço', convertendo-o em termita numa termiteira, em cupim num monte de cupins. Geralmente as pessoas se esquecem, mas Karl Marx afirmou que o objetivo do comunismo era destruir a natureza espiritual do homem. Marx apontou para a Reforma Protestante como um exemplo, mas para levá-lo muito adiante, atingindo não mais a religião, mas a própria natureza religiosa do homem. (...)

Para a democracia, a personalidade humana é o valor supremo; para o comunismo, esse valor está nas massas. A pessoa governa-se a si mesma; as massas dirigem-se por forças alheias ou pela propaganda; a pessoa está condicionada por si mesma; as massas, pelo ditador. Se a decisão devesse ser tomada entre coletivismo e individualismo, entre capitalismo e comunismo, poderia ser ignorada, diz monsenhor Sheen. Mas o problema hoje consiste no valor do homem, ou antes, na sobrevivência do homem.

Tão emblemático quanto foi um texto publicado alguns dias antes, em 4 de dezembro do mesmo ano, onde Lacerda procurou extrair de Sheen uma atitude social cristã que, como novamente ele frisa em suas próprias palavras, poderia ser estendida mesmo aos que não fossem católicos. Esse texto é ainda mais importante porque aqui vemos Lacerda trabalhar um conceito que, conquanto por vezes mencione, não disseca de maneira tão didática e aprofundada em outros materiais de sua lavra: o de "civilização ocidental".

A expressão poderia significar *"um sinônimo de civilização cristã, tendo como características a preservação dos direitos humanos como dádiva inalienável de Deus, o valor e dignidade da pessoa humana precisamente porque ela é feita à imagem e semelhança da Divindade; a afirmação da liberdade, isto é, do livre arbítrio como um derivado do seu Espírito e só inteligível dentro da lei e não fora dela e, finalmente, o uso sacramental da criação, ajudada pela graça redentora, para atingir a gloriosa 'liberdade dos filhos de Deus'"*, ou poderia ser sinônima de uma civilização materialista, inspirada na Revolução Francesa, advogando que tudo que importa é adquirir riqueza *"ou gozar a vida"*.

O comunismo seria um inimigo verdadeiro da civilização ocidental e de todo o seu legado, considerando-se a primeira e mais nobre acepção. A segunda, ao abraçar o materialismo e o relativismo nos conceitos de certo ou errado, acabaria facilitando o labor dos comunistas, que negam *"a existência de uma ordem eterna"* e também dizem que *"a coletividade é que determina o que é certo ou errado"* – ou, por outra, o interesse do partido e da revolução. *"Tudo o que o partido resolve que é de direito, passa a ser direito; errado, tudo o que o partido considera errado. Não há consciência e sim consciência do Estado. Não há moral e sim moral do Estado"*.

Fulton Sheen disse a Lacerda pessoalmente, na entrevista publicada em 2 de dezembro de 1948, que o mundo moderno estava presenciando a agonia de três falsas verdades que em boa medida errou em abraçar: a do homem como um ser unicamente econômico, a da bondade natural do homem – proveniente da raiz rousseauniana de pensamento – e a do racionalismo como objetivo supremo da vida, como se existíssemos apenas para sermos *"o arranjo de novos progressos técnicos para tornar este mundo uma cidade do homem e dispensar a Cidade de Deus"*, afastando a razão dos fins nobres a que deve servir e submetendo-a ao relativismo moral. *"O liberalismo só pode funcionar numa sociedade de base moral"*, garantiu Fulton Sheen, replicado por Lacerda.

A admiração e o respeito eram tantos que Lacerda tornou Fulton Sheen colaborador estrangeiro da *Tribuna da Imprensa*. Impossível deixar de notar que muitos traços dessas ideias de Fulton Sheen, mais ou menos pronunciados, não deixaram de exercer sua impressão sobre o imaginário do tribuno udenista pelo resto de sua trajetória, o que permite constatar que, em qualquer esforço honesto por uma exposição das principais convicções que esposou, a marca do pensador católico, um tanto negligenciada, inclusive sobre a consolidação conceitual do seu apaixonado e dedicado anticomunismo, não poderia estar de fora.

CAPÍTULO VII

....

Relações internacionais

VII.1 - Diretrizes gerais para a Guerra Fria e a América Latina

Todas as ideias de um autor, por mais atuais que sejam, precisam ser apreciadas levando-se em consideração o contexto histórico em que viveu. As análises sobre relações internacionais, entretanto, tendem a ser especialmente temporais e desatualizadas rapidamente, em uma escala de tempo histórica, porque, embora um país possa adotar posturas tradicionais, sob a forma de uma linha típica de conduta a empregar na relação com o mundo, invariavelmente as prescrições mudarão conforme o mundo muda. A cada década, ou até a cada ano, a conjuntura internacional se conforma de uma determinada maneira.

Lacerda viveu a maior parte de sua carreira política no pós-guerra, particularmente no auge da Guerra Fria. O planeta vivia uma singular polarização, diante da qual só havia três posturas a adotar, três possíveis atitudes entre as quais toda nação devia se decidir: ou alinhar-se aos Estados Unidos e ao bloco capitalista ocidental, que representava, com seus acidentes e desníveis, os valores e o modo de vida que a Lacerda importava defender; ou alinhar-se ao bloco comunista, vinculado à União Soviética, ao modo de entender a vida e as relações sociais para além da Cortina de Ferro, com o totalitarismo e o igualitarismo ditatorial; ou figurar entre os chamados "não-alinhados", que tentavam transparecer algum tipo de importância especial por assumirem uma faixa de neutralidade, ou simplesmente não queriam se comprometer com as superpotências.

Era um mundo muito particular e diferente do atual, mas uma atitude geral lacerdista em relação a essa conjuntura e às relações internacionais permanece aplicável: a necessidade da firmeza e do compromisso inalienável com os valores ocidentais. Lacerda não admitia que o Brasil se considerasse uma espécie de empregado dos Estados Unidos, mas igualmente desprezava a simples cogitação de que quiséssemos nos impor como "neutros" ou, por óbvio, de que nos aliássemos aos soviéticos.

Essa alergia à ideologia comunista não significava qualquer hostilidade ao povo russo, muito ao contrário. Em 1962, o estado da Guanabara recebeu uma exposição da União Soviética, no Campo de São Cristóvão, onde se fizeram presentes o ministro do Comércio Exterior da URSS e o embaixador russo. Lacerda foi diplomático. Elogiou a coragem e o sacrifício russos durante a Segunda Guerra Mundial, mas sem deixar de fazer uma observação sutil: *"o povo russo saberá conquistar o seu lugar no mundo, sem usurpações e sem conquistas, garantindo a si e aos demais povos a liberdade que queremos ver imperar no mundo e em sua própria pátria"*[159]. Para bom entendedor, Lacerda fez aos soviéticos uma exortação a que não tentassem interferir no exterior para impor sua ideologia assassina.

Disse ainda, também sutilmente, que esperava que um dia o mundo pudesse conviver em paz, *"na medida em que cada uma de nossas pátrias e povos souberem ou puderem recuperar a liberdade"*[160], liberdade que, naturalmente, era escassa em terras soviéticas. Ele ressaltou:

⁰ LACERDA, Carlos. *O Poder das Ideias. Op. cit.*, p. 223.
[160] Idem. *Ibidem.*, p. 223.

Somos, Senhor Embaixador, um povo sem rancores, um povo sem ressentimentos, um povo sem reivindicações maiores do que aquelas de viver honradamente a nossa vida nacional conquistando as fronteiras econômicas do nosso próprio território, varando e devassando as paredes do nosso próprio e relativo atraso. Firmes, porém, na convicção de que temos que dar ao mundo uma contribuição decisiva: a nossa vocação de tolerância, a nossa vocação de fé cristã, a nossa vocação de liberdade[161].

Para bom entendedor, meia palavra bastava.

Também em 1962, palestrando na universidade de Georgetown, Lacerda desenvolveu o tema *A Inquietação Política e Social na América Latina*. Tratando a América Latina como uma grande e plural família, ele quis ressaltar aos anglo-saxões a importância da região. Começou por denunciar as simplificações e generalizações. Os americanos já começariam em erro, segundo ele, ao abarcar conceitualmente toda a América Latina como se fora marcada por absoluta homogeneidade.

Decerto pensando particularmente no próprio Brasil, um país continental com profundas desigualdades entre suas regiões geográficas e administrativas, advertia Lacerda:

> É certo que há problemas em comum, fenômenos idênticos, um ar de família, entre as nações latino-americanas; mas, para ser devidamente compreendida, teriam de ser estudadas grupo por grupo, tal como se faz para a Europa, a Ásia ou a própria África. Como conceber planos globais, de execução imediata desde logo, para regiões que se aproximam da era atômica e regiões que vivem na idade da pedra, às vezes na mesma nação?[162]

Lacerda criticou o que chamava de recolhimento da América Latina, por parte dos Estados Unidos, a um "cordial esquecimento"

---
[161] Idem. *Ibidem.*, p. 224.
[162] Idem. *Ibidem.*, p. 225.

depois das grandes guerras planetárias, algo que a grande potência estava tentando corrigir, mas ainda esbarrando nos atrasos de sua compreensão do universo cultural dos países com que queria revigorar o relacionamento. O momento era de esforço do presidente dos Estados Unidos, o icônico John Fitzgerald Kennedy (1917-1963), por alavancar a Aliança Para o Progresso, precisamente um programa de apoio para o desenvolvimento social e econômico das nações latino-americanas, com vistas a proteger o Novo Mundo dos avanços da órbita totalitária do marxismo-leninismo.

Para Lacerda, e mais uma vez essa crítica aparece, a Aliança tinha preocupações demasiado economicistas. Acreditaria que o único problema que ameaçava fazer das nações latino-americanas submissas aos comunistas era a fome, a pobreza, quando, apontou Lacerda, Cuba, o caso mais emblemático de país que caiu nas garras de uma ditadura comunista, a de Fidel Castro (1926-2016), não era nem de longe o país em pior situação da América Latina quanto aos indicadores socioeconômicos.

A América Latina é fundamentalmente uma região de nações formadas pelo patriciado colonial e pela oligarquia mercantil aliada aos primeiros investidores europeus, tendo tido reduzido contato com o pioneirismo dos Estados Unidos. Asseverou:

> Sob o fundamento de que precisa de segurança, o norte-americano pouco nos ajuda a construir a base física da liberdade. Como estranhar, então, se muito latino-americano também se dispõe a trocar a liberdade pela segurança? Hoje, o desafio consiste em reconhecer que uma coisa e outra são inseparáveis e dar a esse desafio a resposta adequada[163].

O surgimento das classes médias urbanas, e aqui Lacerda retoma a obra de Eudócio Ravines, formando as forças da luta por um progresso institucional democrático contra as oligarquias, processo de que Rui Barbosa e o udenismo participariam, as levou a unir-se com o povo em geral, *"dando um sentido de reforma social e política à economia e*

---
[163] Idem. *Ibidem.*, p. 227.

à cultura desses países. A afirmação democrática das classes médias, sua união com a vanguarda esclarecida dos trabalhadores e o que há de aproveitável no antigo patriciado é a resposta ao esforço comunista – que faz o mesmo em sentido oposto. Os comunistas têm na classe média os seus dirigentes e principais ativistas na América Latina", e não nos estratos sociais mais pobres. *"Entre os elementos das classes médias preferidos pelos comunistas figuram especialmente os estudantes"*, algo que permanece de certo modo uma constante, *"e os oficiais das Forças Armadas. A estes procura conquistar e quando não consegue os neutraliza com a desculpa do 'nacionalismo'"*[164].

Essa investida dos comunistas levou muitos latino-americanos a crer que, em um cenário de inviabilidade da guerra mundial diante do perigo nuclear de destruição planetária, a Rússia ganharia terreno na coexistência pacífica e o ideal seria ficar ao lado dela. Os norte-americanos se preservavam na ignorância quanto a esse contexto, de que a sua própria imprensa os alheava, ao não divulgar o noticiário internacional dos demais países do mesmo continente como deveria. Ciente de que a disputa política, ainda mais daquela natureza, a de um duelo de civilizações e concepções de mundo, depende de envolvimento e ocupação de espaços, no que os soviéticos estavam em vantagem estratégica, alertou:

> Quando os russos pagam milhares de bolsas escolares para jovens, pagam a viagem de juízes, políticos, professores, oficiais e mulheres, profissionais em geral, líderes de trabalhadores e sobretudo de jovens para treiná-los e transformá-los em ativistas e líderes, é tempo de ao menos informar todos os povos do continente sobre o que se passa com cada um deles – para que possam formar juízo por si mesmos[165].

O verdadeiro ópio do povo não seria a religião, mas a revolução. Diagnosticou:

> O homenzinho triste e solitário, de maus dentes, de pouca escola e muitos filhos, tendo de gerar muitos para conservar os sobreviventes, envelhecido antes do tempo e acabando antes da hora, depara com

---

[164] Idem. *Ibidem.*, p. 227.
[165] Idem. *Ibidem.*, p. 229.

o demagogo que rompe as regras tradicionais da oligarquia e adere à pirotecnia do *show* político[166].

O povo pobre se empolga com o grande líder que o faz parte das massas, integrado a um futuro, prometendo-lhe de tudo e tornando-se o Pai dos Pobres e dos Descamisados, tal como faziam Vargas e Perón; acolhe suas fantasias como *"Super-Patriarca, o chefe do Estado Providencial, o espetacular Messias"*. Juntamente a isso, verifica-se o ímpeto de industrialização forçada, abordado no capítulo acerca da pauta econômica, e grassa a ignorância, diante de escolas que, em número reduzido, não preparam adequadamente a mão de obra e constantemente moldam as mentalidades para a revolta, uma espécie de panaceia para os povos subdesenvolvidos. Caberia ao povo dos Estados Unidos entender esses aspectos da nossa psicologia quando tomassem a sábia decisão de interagir conosco. Fariam bem em financiar, para esse fim, a educação, visando ao jovem trabalhador.

Entrementes, Lacerda tratou de afastar a obsessão do antiamericanismo, tanto o dos latinos quanto aquele que se manifesta em sentimentos de culpa e complexos dos próprios norte-americanos. Os Estados Unidos deveriam revisar seus erros no trato com a América Latina, mas não assumir culpas e vilanias que não existem.

> Nada mais falso, por exemplo, do que dizer que Fidel Castro se tornou comunista por causa do apoio norte-americano a Batista. Os comunistas também apoiaram Batista, estavam no seu governo, e isto não impediu a integração de Castro no sistema comunista. É preciso não se deixar confundir por pretextos e alegações. As culpas são recíprocas. As soluções dependem de ambos os lados e só podem ser encontradas pela integração continental. Não por uma mentalidade suicida e por uma pseudo-independência que consiste, para alguns políticos latino-americanos, em falar grosso com os Estados Unidos e falar fino com a Rússia. Isto é apenas, agravada, a repetição do que aconteceu quando muitos viam em Hitler o inimigo do "imperialismo" e defendiam uma posição de neutralidade simpática diante da expansão nazista sobre o mundo[167].

---

[166] Idem. *Ibidem.*, p. 229.
[167] Idem. *Ibidem.*, p. 233.

As nações latino-americanas devem assumir a responsabilidade moral de abdicar de quaisquer pretensões de neutralidade e contemporização com os soviéticos. Por isso, basicamente, Lacerda se irritou bastante com espetáculos promovidos pelo presidente Jânio Quadros, cuja eleição apoiara, como, por exemplo, a condecoração do guerrilheiro de esquerda Ernesto Che Guevara (1928-1969). *"O que podemos e devemos é não tomar partido por uma nação e sim por uma causa, que não é dos Estados Unidos apenas, mas de todos os homens que querem ser e continuar a ser livres"*[168]. Aliar-se aos americanos não era converter-se em capacho dos Estados Unidos; era declarar em alto e bom som a rejeição à tirania que o outro lado representava. Anular-se com uma posição de não-alinhamento significava, na visão lacerdista, equiparar o que não é equiparável, como se Estados Unidos e União Soviética fossem equivalentes, males apenas de cores diferentes. Lacerda julgava, inclusive, que o temperamento natural dos latino-americanos, apesar da disposição por se deixarem iludir por caudilhos e demagogos, seria o de uma afeição instintiva por certas liberdades que o totalitarismo não toleraria subsistissem. Se a maioria se impusesse, os latino-americanos estariam com os Estados Unidos; contudo, *"falam por eles os que pedem dinheiro ao povo americano sob ameaça de apoiar as pretensões da Rússia, isto é, fazer como o sujeito que disse ao irmão rico: ou me dás dinheiro ou abro a porta da casa ao nosso inimigo"*[169].

VII.2 - A fragilidade institucional das nações latino-americanas e a tarefa dos Estados Unidos

Ainda tentando explicar aos norte-americanos como funcionam as nações da América Latina, Lacerda ponderou que vivemos sob constantes Constituições simbólicas, sem força para defenderem a si mesmas. O

---
[168] Idem. *Ibidem.*, p. 233.
[169] Idem. *Ibidem.*, p. 233.

caso do Brasil é emblemático, dado que, desde o fim da Constituição imperial de 1824, o Brasil vem mudando sempre de Cartas Magnas mediante rupturas institucionais e revoltas.

> A democracia nesses países é indefesa, é inerme. Quando procura se defender, por lhe faltarem instituições vivas e Constituições como instrumentos de trabalho e não elementos de retórica declamatória, começa por se negar a si própria para evitar a própria destruição, o que vem a dar na mesma. Nos Estados Unidos, a interpretação da Suprema Corte atualiza sempre uma velha Constituição. Na América Latina, a abstenção do Judiciário torna anacrônicas as mais novas Constituições[170].

A liberdade, para os latinos, é um ideal perseguido, enquanto para os anglo-saxões é um ideal realizado que se adapta e aperfeiçoa. Essa é uma diferença cultural tremenda. Entre os norte-americanos, desenvolveu-se o hábito da liberdade com responsabilidade. Tentando fazer com que os norte-americanos, desfrutando de sua sólida República, Constituição enxuta e instituições assentadas e capazes de contemplar pesos e contrapesos sem desequilíbrio, entendessem as constantes crises, golpes militares e substituições de regimes da América Latina, explicou ao seu público:

> Nós [os latinos] usamos a liberdade com excesso, chegamos mesmo a abusar dela, para nos certificarmos de que a não perdemos, como quem dá alfinetadas no próprio corpo para ter a certeza de que está vivo. A liberdade tem sido um intervalo. Às vezes longo, mas não duradouro. Não é uma garantia estável, que se desfrute em paz. Por isto a luta pela liberdade ali é algo aflitivo e terrivelmente exigente, pelo qual se tem de arriscar, constantemente, tudo[171].

Ao continuar sua explicação, afirma:

> Aqui [nos Estados Unidos] a não-aceitação do resultado de uma eleição seria um sintoma grave de decadência. Lá, o sintoma de decadência

---

[170] Idem. *Ibidem.*, p. 234.
[171] Idem. *Ibidem.*, p. 234.

frequentemente é o contrário, isto é, a não-reação diante de certas eleições. Porque a normalidade não é senão, no caso, o outro nome da omissão e da capitulação. Por isto é que vemos o aparente paradoxo dos comunistas lutarem ao mesmo tempo num e noutro campo, no governo e na oposição. Porque eles precisam da luta, mas precisam ainda mais da falsa normalidade, da continuidade postiça que não resolve os problemas fundamentais da vida do povo. Com a sua infiltração na máquina do governo conseguem mais do que com a pregação dos *meetings* e o apelo à subversão. Nenhuma subversão é mais eficaz do que a que se faz dentro de um governo[172].

Lacerda queria dizer que o ritual eleitoral, como uma mera formalidade, não garante que uma eleição seja uma expressão genuína de democracia; um regime autoritário, sob o jugo de uma oligarquia ou de um tirano, ou de ambos, pode perfeitamente estabelecer um simulacro cuja aceitação é a ratificação da covardia e da inércia na sociedade por ele dominada. Ao mesmo tempo, ponderou que esse gênero de regimes, e vale dizer que por uma orientação intelectual do próprio Komintern, era parasitado pelos comunistas, dispostos a cavalgar os nacional-populistas para, através deles, conquistar o poder.

Seu desejo era pela busca de uma unidade de vistas em torno do futuro para todo o continente americano, superior às tentativas dos ditadores de formular uma união americana contra os Estados Unidos, como se o antiamericanismo fosse uma ideologia poderosa o suficiente para aglutinar as mais diferentes nações em uma base duradoura de articulação política.

> A nossa unidade depende da integração de um sistema a que se pode realmente dar o nome de interamericano. Um ritmo nascente, uma filosofia que se difunde certa e definida de atitude diante da vida, eis o que temos em comum. Quem duvidar compare com a Europa qualquer de nossos países, para ver como estamos mais próximos dos Estados Unidos, apesar de todas as diferenças no estágio de nossa evolução, do que dos países que nos mandaram os primeiros conquistadores, os

---

[172] Idem. *Ibidem.*, p. 235.

> primeiros colonos, os primeiros livros e as primeiras máquinas. Somos realmente nações de um Novo Mundo. Mas até que ponto temos consciência disso? Até que ponto sabemos em que o Novo Mundo renova e mantém continuidade em relação ao antigo? Do grau de nossa compreensão a esse respeito depende, em larga medida, que o Novo Mundo seja totalitário ou democrático[173].

Na interpretação de Lacerda, os latino-americanos vivem inquietos por crescer e se desenvolver, o que seria uma importação do espírito americano inspirado pela Revolução Americana. Porém, concentrando-se em argumentos econômicos, oscilando para com nossa região entre o paternalismo e a indiferença, os Estados Unidos não entenderam sua verdadeira presença espiritual sobre seus vizinhos de hemisfério. Fariam melhor se, em vez de auxiliar políticas industrializantes, financiassem ou ajudassem a financiar a educação e a formação dos latino-americanos, preparando-lhes as disposições para esse espírito americano de crescer e fortificar a democracia.

> Não é que o latino-americano despreze a liberdade por causa da fome, como dizem os tolos em geral e, em particular, os tolos de tendência totalitária. O latino-americano quer uma liberdade que ele possa usar, que tome em consideração a sua existência e a sua contribuição. O individualismo não é um privilégio da cultura anglo-saxônica. Nesse campo, nós somos tão antigos quanto eles. Somos individualistas desde o Antigo Testamento, desde a Grécia e Roma. O individualismo da Reforma, da Bíblia interpretada, não é maior do que o da Contra-Reforma, o da Bíblia revelada. Aquele espanhol que *"teria uma metralladora y luchaba por cuenta própria"* tem muitos parentes ao sul do Texas. Por que não canalizar o individualismo como força criadora e, com ele, organizar uma sociedade democrática? Lembraria, a propósito, que o comunismo teve de assumir na América Latina forma bem diferente da que assumiu na Rússia. Foi buscar o seu recente modelo na China. Antes de destruir o individualismo, utilizou-se dele. E se algum dia o comunismo for destruído na China continental, será o resultado

---
[173] Idem. *Ibidem.*, p. 236.

da vitalidade do individualismo. O nacionalismo é a racionalização do individualismo a serviço da tirania[174].

Essa seria a missão, o norte para uma relação mais próxima entre todos os americanos, de todos os países: encorajar e desenvolver o individualismo e o interesse dos povos na participação decisória, direcionar a força do indivíduo para o ideal liberal-democrático; não meramente fazer acordos com governos para ajudar indústrias.

Os americanos do Norte precisavam falar aos latinos embebidos do ideal de liberdade. Lacerda mais uma vez destacava a "força das ideias", a importância da inspiração, do imaginário. Os ideais fundantes dos Estados Unidos deveriam ser retomados em toda a sua força e levados ao conhecimento dos latino-americanos.

> O que falta para realizar uma grande obra de integração continental é retomar, em termos atuais, nestes dias do mundo, a fé com que esses ideais foram defendidos pelos nossos maiores homens, em cada um de nossos países. E realizar, em nossos dias, diante do perigo da desunião das Américas e da destruição do mundo, uma obra de repercussão mundial: a integração do continente americano para o progresso de seus povos. Só quando todos sentirem que os problemas de cada um afetam a todos, poder-se-á dar à solução de cada um a cooperação de todos. Na hora em que os povos da América Latina sentirem, objetivamente, que o povo norte-americano está fraternalmente ao seu lado, não há comunismo que possa evitar, em cada um desses povos, essa voz da terra e do sangue, esse apelo da História, essa realidade continental, esse instinto de sobrevivência que conduzirá à crescente unidade desta parte do mundo, como a melhor contribuição que ele pode dar ao progresso e à paz na sua terra e no resto da terra. (...) O que nos separa pode ser exatamente o fator de nossa união: o descontentamento dos povos latino-americanos, que outra coisa não é senão o incontível desejo de ser livre e de criar seus filhos sem medo do futuro[175].

---

[174] Idem. *Ibidem.*, p. 238.
[175] Idem. *Ibidem.*, p. 241.

Dois meses depois, quando foi assinado um empréstimo do Banco Interamericano de Desenvolvimento para o governo da Guanabara, Lacerda voltou a falar sobre a Aliança Para o Progresso. O contrato oferecia metade do necessário para o abastecimento de água e para cuidar da rede de esgotos sanitários. O acordo, para Lacerda, envolvia três elementos que deveriam constar de qualquer auxílio internacional para que fosse bem-sucedido no Brasil e nos países latino-americanos: a regionalização das soluções, com descentralização da execução; o trabalho em constante cooperação; e a negociação direta, sem prejuízo da concordância da autoridade federal, com os estados onde os problemas seriam diretamente atacados. Tratava-se, de certo modo, de uma aplicação da perspectiva descentralizadora e favorável à subsidiariedade e ao localismo que animava o pensamento udenista.

> A partir de uma ideia de conjunto, as soluções devem ser descentralizadas e entregues, na sua aplicação, a órgãos regionais, a estados ou grupos de estados, se não se quer pôr em grave risco o êxito de todo esforço sincero para aplicar, a tempo, a Aliança Para o Progresso em benefício do Brasil. Quando me refiro ao Brasil, penso também no continente americano, em tão grande escala dependente da própria sorte deste país, assim como a sorte do país em tão grande parte depende da sorte deste estado [o da Guanabara] de alta concentração demográfica, da população mais alfabetizada e mais representativa da unidade nacional – pois mais de metade dos habitantes do Rio vêm dos outros estados[176].

Comentou Lacerda à época.

A independência do Brasil não está por fazer. Pelo menos a dos brasileiros que nunca dependeram senão de sua consciência. O que, sim, está pendente de nossa decisão é o reconhecimento do caráter federativo da unidade brasileira, essa federação que lhe deu unidade no passado e, hoje, é a mais forte razão do progresso e da paz que, afinal contra todos os presságios, continuam a prevalecer – porque o povo não quer andar para trás, nem quer que lhe perturbem a marcha; e porque em muitas unidades da Federação existem, diferenciados, mas entregues à

---

[176] Idem. *Ibidem.*, p. 244.

mesma tarefa de administrar, governos vitalmente ligados à democracia e, portanto, interessados na ação administrativa que procura torná-la possível no Brasil. (...) A independência do Brasil não está para ser proclamada. O que precisa ser refeito é antes a nitidez, a autenticidade, a límpida e forte e sincera posição que o Brasil manifestou sempre perante o mundo toda vez que, no mundo, se alçou contra a paz o seu mais perigoso inimigo – que é o da liberdade; tanto mais agora, quando, ao contrário dos antigos imperialismos, o novo, além de negar liberdade a outros povos, não a quer nem para o seu próprio[177].

A grande questão nas relações de cooperação era que se compreendesse que as nações totalitárias, particularmente a dos soviéticos, se aproveitavam da ajuda econômica oferecida pelas nações democráticas como os Estados Unidos, uma vez que essa aliança não alimenta sua dimensão moral, ideal e espiritual. Os democratas não deveriam deixar no vácuo essa esfera, pronta a se preencher com o imaginário degenerado instilado pelo comunismo. Não deveriam os americanos simplesmente ajudar a encher os bolsos de caudilhos e falseadores da democracia, sob o pretexto de fornecer respiro financeiro aos países, acreditando que isso os retiraria da órbita atrativa do inimigo da civilização.

Em abril do mesmo ano, Lacerda desenvolveu novamente os mesmos raciocínios, dando testemunho do quanto o tema o preocupava. Nessa oportunidade, ele afirmou que o prolongamento da paz no mundo, garantindo uma derrota em médio prazo do comunismo dentro da própria União Soviética, dependeria de uma união da Europa Ocidental, de uma união da África, do equilíbrio de forças na Ásia e, de novo, da conquista dos povos latino-americanos *"para a liberdade, integrando-os num verdadeiro espírito pan-americano"*[178], financiando-se a emancipação da juventude mais do que as elites dirigentes corruptas.

Na América Latina, no Brasil, no Rio, precisamos apenas ganhar tempo e usá-lo devidamente, esse tempo que está ficando alarmantemente

---

[177] Idem. *Ibidem.*, p. 245.
[178] Idem. *Ibidem.*, p. 258.

curto, de modo a fazer a revolução democrática, pela educação, a revolução tecnológica, pela educação, a revolução espiritual, pela educação. Se acreditamos, como os comunistas firmemente creem, no poder explosivo das ideias, tratemos de afirmá-las. Se as nossas ideias são as melhores, temos de fazer delas a nossa força. Não as guardemos para nós, tratemos de colocá-las a serviço da juventude. Façamos investimentos no poder das ideias[179].

VII.3 - Os falsos dogmas das Relações Internacionais

No coração da América Latina, como emblema de todos quantos queriam rejeitar essa herança democrática e apostar na síntese do mal que nos detém e constrange o avanço, estava – e está – a ilha de Cuba, outrora subjugada pela ditadura de Fulgencio Batista (1901-1973), depois submetida à tirania comunista da dinastia dos Castro. Fulgencio Batista exibia diversas características do tipo de ditador apontado por Lacerda, que assume feições populistas, manipula as instituições e o ritual eleitoral e constrói um cenário que o alça plenamente ao poder, como senhor de sua terra. Carlos Lacerda confessava sua simpatia pelo movimento revolucionário que intentou depor seu regime. Uma reação a Fulgencio Batista seria precisamente aquele tipo de insurreição necessária na América Latina para impedir a letargia da vida democrática, anestesiada através de fantasias formais. A fuga dessa letargia sufocante às vezes teria que ser pelas armas, dizia o lacerdismo, algo que não se verificava nas terras anglo-saxônicas. No entanto, havia nisso um risco essencial, o risco inerente a toda ruptura; e esse risco em Cuba se confirmou amargamente quando, depondo-se Batista, pôs-se no lugar, para surpresa de muitos entusiastas de primeira hora do movimento, uma nova forma de ditadura, muito pior, porque totalitária e comunista, colocando o país na órbita da outra potência que governava o mundo e transformando-o no pior dos exemplos para

---
[179] Idem. *Ibidem.*, p. 260.

seus vizinhos. Por muitas décadas esse malogro exerceria seu impacto sobre a imaginação dos incautos americanos.

Lacerda resumiu diante da colônia cubana em Nova York, em 1961, alguns dogmas falsos aplicados ao caso cubano pelo discurso corrente nas relações internacionais, ao mesmo tempo explicitando algo de sua própria ótica geral sobre como situações semelhantes deveriam ser encaradas pelas potências ocidentais. Essa exposição incluía muitas críticas que ele já estava fazendo ao próprio governo Jânio Quadros, bem como a correligionários udenistas como Afonso Arinos de Melo Franco (1905-1990), que era ministro das Relações Exteriores. Eles alegaram a prevalência de quatro dogmas falsos para se anularem na questão cubana.

O primeiro dogma falso seria o de que à ditadura castrista se aplicaria o princípio da "autodeterminação". Ao abordá-lo, ele já sabia que a esquerda comunista se habituou à perversão semântica, dando aos termos o exato sentido oposto ao que deveriam significar; eis porque, *"quando falamos de autodeterminação, não podemos confundir esse nobre ideal dos povos livres para justificar a defesa da sua escravização"*[180]. Um povo tem, sim, o direito de definir seu destino e de não estar submetido às injunções estrangeiras. Em analogia com a separação entre a Alemanha Ocidental e a Alemanha Oriental, alfinetou:

> Nesse sentido, deve-se falar da autodeterminação, agora, da Alemanha pelo direito que têm seus cidadãos de decidirem sozinhos sobre a sua unificação, numa nação democraticamente renovada. Deve-se falar da autodeterminação para os homens e mulheres de Berlim, a cidade em cujo centro se levantou a muralha, garantida de um lado pela audácia dos conquistadores e de outro pela perplexidade do mundo livre. Em Berlim, como em Havana, há um muro levantado pelas mesmas mãos. Em Berlim, agora o muro separa os vivos, em Havana agora o muro os mata[181].

---

[180] Idem. *Ibidem.*, p. 290.
[181] Idem. *Ibidem.*, p. 290.

Desnudando a hipocrisia dos que viam em qualquer relativização da soberania ditatorial de Castro uma agressão ao povo cubano, mas não viam nada de mais na submissão autoritária da Cortina de Ferro, disse:

> Pode-se falar da autodeterminação da Hungria, quando seu povo não tiver para oprimi-lo a presença dos tanques russos; do Tibete, quando em lugar do Dalai Lama autêntico não imperar ali o sucedâneo, mais que sucessor, o fantoche do regime de Pequim. A autodeterminação da Polônia, da Hungria, da Tchecoslováquia, da Bulgária, da Romênia, da Estônia, Letônia e Lituânia, da Albânia e das minorias nacionais incorporadas pela força ao império comunista russo, daquelas parcelas grandes ou pequenas de territórios e nações inteiras, recentemente subjugadas por tratados iníquos que consagraram, por pactos malditos, a agressão e a conquista[182].

Continua o raciocínio com as seguintes palavras:

> A autodeterminação é condição de soberania. E a soberania do povo e do governo que o representa, por meio de processos definidos, com pequenas variações segundo a cultura e a civilização de cada povo. Todos esses processos democráticos, sem embargo de suas variações, têm em comum uma constante, uma condição essencial: a liberdade de manifestação da vontade do próprio povo. Não a gritaria da massa na praça pública, porque tal manifestação é muito mais a dos regimes totalitários[183].

O povo precisa ter condições de organizar seu governo e, investido de poderes por esse mesmo povo, esse governo tem o condão de assumir compromissos com outras nações. Cuba o fizera com as demais nações americanas, compromissos que ainda eram válidos, à revelia do que pensassem deles Fidel e sua trupe. Sobre o assunto, ponderou:

---

[182] Idem. *Ibidem.*, p. 291.
[183] Idem. *Ibidem.*, p. 291.

As demais nações assumiram perante Cuba o compromisso de defender-se, defendendo-a; e de considerar agressão contra todas a agressão contra ela cometida. Portanto, se tivesse razão o ditador Fidel Castro quando acusa os Estados Unidos de agressão a Cuba, tem a comunidade das nações do continente o dever de definir-se para condenar o governo dos Estados Unidos. Ou, ao contrário, reforçar a ação que este proponha contra a agressão efetivamente cometida em Cuba, já não somente contra o povo cubano, mas contra a paz e a liberdade em todo o continente americano. Contra a fé dos tratados e a honra dos compromissos; contra a confiança dos povos, cuja tranquilidade depende do respeito de cada nação aos compromissos que assume com as demais. Assim, pois, falar de autodeterminação para justificar ou tolerar a ditadura cubana, ou melhor dito, anticubana, é exatamente usar o exemplo para provar o contrário do que se quer dizer[184].

A Organização dos Estados Americanos (OEA) tinha o dever de se articular, com todos os seus membros, para repudiar a tirania castrista e a infiltração russa no coração da América; renunciarem a isso as demais nações latino-americanas seria a suprema covardia, bem como uma permissão tácita para que os Estados Unidos se sentissem responsáveis isolados por defender militarmente os ideais pelos quais todas elas se uniram na mesma entidade. A instalação do regime cubano corrente era já, em si mesma, uma afronta à soberania do povo cubano, bem como à liberdade e à integridade de todos os americanos reunidos, que tinham a obrigação de oferecer contundente resposta a tamanho aviltamento.

O segundo falso dogma era o da não-intervenção, que olvidava frequentemente que a Rússia, maior inimiga da civilização ocidental naquela quadra, já estava intervindo em Cuba. Sob a premissa de que um país não deveria exercer qualquer tipo de interferência em outro, fortalecida por experiências negativas de ação norte-americana também nos seus vizinhos latino-americanos, tolerava-se que os soviéticos continuassem a fazê-lo em pleno seio deste lado do mundo. É por isso que Lacerda julgava necessário diferenciar intervenções pela conquista

---
[184] Idem. *Ibidem.*, p. 292.

de intervenções pela liberdade, sendo estas últimas por vezes efetuadas para pôr fim às primeiras. Aprender lições com a História não implica acreditar que uma situação sempre está relacionada a uma experiência similar no passado, de modo a ter sempre as mesmas consequências.

> O princípio da não-intervenção não pode justificar o apoio, mesmo por omissão, por inércia, à única intervenção que realmente se efetua em Cuba neste momento. Refiro-me à intervenção de potências estranhas ao continente americano que visam a fazer de Cuba um aríete para arrombar as portas da liberdade e, dentro do continente, implantar a escravidão totalitária. Não pode haver uma ditadura comunista num país da América sem que isto represente ameaça a todos os países da América. Esta não é uma opinião pessoal porque é o fundamento de tratados e declarações do continente americano[185].

A autodeterminação e a não-intervenção seriam, para Lacerda, um disfarce para o terceiro falso dogma, o da neutralidade. Sobre essa farsa, já comentamos a firmeza com que ele a desafiava. Não existia lógica nem instinto de sobrevivência em uma política externa baseada no neutralismo por parte dos países latino-americanos, pois não existia equiparação entre Estados Unidos e União Soviética. Facilitar o avanço e o poderio dos comunistas seria uma estratégia medíocre e suicida. A tomada de Cuba pela onda vermelha era apenas um passo para um projeto maior de alastrar o totalitarismo comunista pelos países do entorno dos Estados Unidos, o verdadeiro alvo dos soviéticos. Ser neutro sabendo disso seria covardia e fraqueza, de vez que o país que se declara neutro e cria obstáculos para uma atitude mais firme por parte dos Estados Unidos se ancora nas garantias que lhe são oferecidas pelo poderio militar do país que desdenha.

> É por trás dos canhões dos Estados Unidos, é à custa do povo norte-americano que esses pícaros neutros proclamam ou insinuam a sua neutralidade diante de potências que não respeitam a indiferença e se aproveitam da pusilanimidade. Protegem a sua pseudo-neutralidade

---
[185] Idem. *Ibidem.*, p. 296.

com a certeza de que os Estados Unidos terão de defendê-los quando forem atacados de fora ou ocupados por dentro[186].

Lacerda até admitiu a neutralidade em alguns raros exemplos de países no mundo em que ela poderia fazer sentido, em virtude de imposições geográficas e geopolíticas, como no caso da Suíça, que, diminuta e com suas fronteiras ladeadas de algumas das nações mais importantes em todos os conflitos, precisou se manter neutra nas duas Guerras Mundiais. Porém, o continente americano, inclusive em razão dos compromissos firmados que o uniam, não poderia admitir a neutralidade na Guerra Fria. Os americanos de todos os países estavam obrigados a evitar a agressão a qualquer um dos seus como uma agressão a todos. No caso do Brasil, *"sempre através de sua história modelo de moderação na vida internacional"*, caracterizado *"pela sua desambição em face dos direitos alheios, pelo seu respeito às convenções e aos tratados, pela sua submissão às decisões da justiça internacional, pela sua confiança nas palavras e nos compromissos, que regulam a vida das nações como a das criaturas"*[187], este não poderia jamais aceitar a perda da própria autoridade moral, acomodando-se diante de uma ditadura comunista sanguinária maculando a América Latina.

Assinalou então a quarta e última mentira sobre a questão cubana: o dogma da independência, a necessidade de perseguir uma política externa em que cada nação trace seus próprios rumos na comunidade mundial; mais uma vez esse dogma, verdadeiro em essência, deturpado pelos comunistas, não pode prescindir da convicção em que *"independência é algo pelo qual os povos lutam, e não os seus tiranos"*[188]. A voz que vinha de Cuba era *"um monólogo"*, não era mais que *"a vontade de um homem, e por isso mesmo, o que foi a tradição de Cuba é hoje a sua negação"*. Continua Lacerda:

---

[186] Idem. *Ibidem.*, p. 298.
[187] Idem. *Ibidem.*, p. 300.
[188] Idem. *Ibidem.*, p. 301.

> O que foi a honra de Cuba está no cárcere ou no desterro. O que resta, humilhado, mas não vencido, em cada casa das suas cidades, em cada canto da sua ilha espionada, delatada, perseguida, escarnecida e violentada, conserva em cada consciência o vestígio e a promessa da verdadeira independência de Cuba, da perene glória de Cuba. Nas mãos do seu povo, um dia, qualquer destes dias, renascerá a independência[189].

A independência não significa acumpliciar-se da tirania; ser um país cioso de sua independência como valor não significa, com a desculpa de ser original, pretender ser e agir de modo diferente dos demais, rompendo contratos e alianças naturais. Era preciso demonstrar cooperação e respeito, não indiferença e irresponsabilidade.

Lacerda se mostrava então um crente na utilidade das grandes assembleias internacionais como instrumentos que poderiam ajudar a equacionar e pacificar os relacionamentos entre os países. Isso teria que se dar, entretanto, admitindo-se sempre que os governos têm razões de Estado e os povos *"têm razões que se fundam em realidades mais duradouras do que as próprias tendências momentâneas, de cada um de seus governos"*[190]. Não poderia haver, entre essas razões, nenhuma mais natural que a sobrevivência mediante a proteção contra o verdadeiro imperialismo em curso no planeta, o imperialismo comunista soviético. O regime cubano era – e é – um inimigo de todos os democratas americanos. Como tal, deveria ser enfaticamente combatido, como todo o comunismo deveria sê-lo onde quer que se pretendesse instalar, com ação militar se necessário, sem o temor da alcunha de "reacionarismo", atribuída a todos que o enxergam como a ameaça às mais sagradas liberdades que é.

Sobre isso, Lacerda resumiu brilhantemente sua posição na televisão, em 1961:

---

[189] Idem. *Ibidem.*, p. 303.
[190] Idem. *Ibidem.*, p. 305.

Em relação ao comunismo, o que eu defendo não é que se mate os comunistas, mas é que se os isole. Eu defendo para o meu país o mesmo que se faz em todas as grandes democracias organizadas do mundo. O isolamento do comunismo e não a promiscuidade com ele. Isto é ser da direita? Isto é ser reacionário? Não, reacionário era Hitler que se instalou no poder com o apoio dos comunistas. Reacionário era Trujillo que teve em dada altura o apoio dos comunistas. Reacionário era Batista que tinha no seu governo elementos comunistas e tinha o apoio do Partido Comunista. Reacionário é Fidel Castro que renega todas as conquistas da liberdade e do direito, com apoio dos comunistas. Isto é que é ser reacionário. Defender a liberdade contra aqueles que não sabem o que fazer com ela, defender a liberdade permanentemente e para isso ter que tolhê-la momentaneamente para que não a destruam os que a usam para traí-la, não é ser reacionário, é fazer o mesmo que fazem os governantes em todos os países realmente democráticos do mundo[191].

VII.4 - Considerações sobre posicionamentos polêmicos

Cabem, para finalizar, algumas breves observações sobre outros posicionamentos que Lacerda adotou em matéria de política externa, entre eles alguns que podem ensejar alguma polêmica, se não puderem ser objetivamente apontados como manchas ocasionais em sua carreira. O primeiro, em 1941, um estudo feito para a Agência Interamericana sobre os colonos japoneses no estado de São Paulo, foi uma série de textos afetados pelos excessos típicos do momento, em que os inimigos alemães, italianos e nipônicos na conflagração global precisavam ser caricaturados – ainda que muitos horrores a respeito de seus exércitos, e a maioria dos que se diziam sobre seus líderes políticos, não fossem nada menos que reais. Lacerda retratou os japoneses como incapazes de se integrarem ao Brasil e criticou o que chamava de "propaganda nipônica", tomando a grande maioria, senão a totalidade, dos colonos

---

[191] Idem. *Ibidem.*, p. 344.

do povo do Extremo Oriente por escravos autômatos do expansionismo de seu imperador-deus. Este, aliás, ainda era um Lacerda em trânsito do comunismo e do socialismo para as convicções que viriam a caracterizá-lo mais definitivamente no auge de sua trajetória. Pouco antes da posse como governador, Lacerda chegou a viajar por oito dias para o Japão, pregando as virtudes de um Brasil que iria se abrir à livre iniciativa, bem como foi à ilha de Formosa encontrar-se com o próprio Chiang Kai-shek (1887-1975), a quem disse que as agitações comunistas ganharam força diante do desastre provocado pelas emissões descontroladas de moeda do governo JK para a construção de Brasília.

Em 1946, na Conferência de Paz de Paris, Lacerda externou amplo apoio à soberania, por exemplo, da Itália, que deveria ser livre para se reorganizar como democracia, e a independência do Trieste em relação à Iugoslávia, que reivindicava a posse da região. A reivindicação iugoslava já era vista por Lacerda como um instrumento do expansionismo stalinista, enquanto o também jornalista Samuel Wainer, que ainda não se havia transformado no arqui-inimigo que seria alguns anos depois durante a campanha contra a *Última Hora*, defendia a anexação, em troca de uma entrevista com o próprio ditador marechal Josip Broz Tito (1892-1980).

Polêmicas também foram, em 1948, suas posições em relação ao conflito entre Israel e os palestinos, algo que traria alguns problemas a Lacerda em suas futuras campanhas eleitorais. Ele criticou o ministro Oswaldo Aranha (1894-1960), que se tornou notório como diplomata, pelo seu conhecido apoio oficial, como presidente da Assembleia Geral da ONU e chefe da delegação brasileira, à posição dos Estados Unidos na partilha da Palestina, com a consequente criação do Estado de Israel. Lacerda afirmou que o Brasil não deveria ter apoiado nem israelenses e americanos, nem palestinos, e sim adotado uma posição de neutralidade nesse caso. Para ele naquela altura, o judaísmo *"não é uma nação, nem uma raça, nem mesmo uma cultura completa"*[192], e sim *"uma religião comum a filhos de diferentes povos, de raças diferentes"*[193].

---

[192] DULLES, John. *Carlos Lacerda: A Vida de um Lutador*. Op. cit., p. 109.
[193] Idem. *Ibidem.*, p. 109.

Era então francamente antissionista, acreditando que, ao apoiar os sionistas, o Brasil comprometia sua posição internacional. Adotou inquestionavelmente uma postura hostil, no mínimo hesitante, às pretensões do Estado de Israel.

Repercutindo o problema em seu *Depoimento*, Lacerda argumentou:

> Nessa ocasião, comecei uma série de artigos combatendo essa posição (de apoiar Israel), sustentando que o Brasil, tendo uma comunidade judaica tranquila e uma comunidade árabe também tranquila, não tinha que se meter numa partilha que, necessariamente, ia dar numa guerra e que o Brasil não devia participar dessa responsabilidade. Que o sr. Truman tomasse posição porque precisava do eleitorado judaico dos Estados Unidos, compreende-se, mas nós, que não precisávamos disso, tínhamos que nos abster. A minha tese era a da abstenção. Por isso eu criticava muito o Itamaraty, dizendo ser uma pena que o ministro, ainda por cima da UDN, tivesse dado instruções à delegação brasileira para tomar partido numa questão que ia acabar em guerra. Eu achava que o Brasil deveria se poupar, porque não tendo ou não podendo ser suspeitado de intuitos imperialistas, poderia futuramente até ser usado como um dos intermediários possíveis entre as partes litigantes, ao passo que, tomando partido, teria que sustentar o seu voto o resto da vida[194].

Porém, por isso mesmo, já que o Brasil apoiou, Lacerda achava escandaloso e incoerente que o país votasse, dali em diante, contra os direitos do sionismo e de Israel como Estado-nação em qualquer discussão que envolvesse o tema.

Não obstante esse episódio, é imprescindível ressaltar, por dever de justiça, que Lacerda sempre foi contrário ao nazismo e a qualquer hostilidade contra os judeus. Acusações de antissemitismo nunca tiveram qualquer sustentação, constituindo nada mais que as típicas injúrias atribuídas pelos comunistas a todos que os contrariam. Ainda em 1961, como governador, ele tinha que lidar com esse tipo

---

[194] LACERDA, Carlos. *Depoimento. Op. cit.*, p. 85.

de insinuação, quando, também procurando respondê-las, fundou a Escola Anne Frank em homenagem à jovem judia morta aos 15 anos, autora do famoso diário sobre sua experiência dramática e fatal sob a tirania de Adolf Hitler.

Lacerda teve, durante o início do regime militar e final de seu governo, alguns problemas com a França, ainda em 1964. O primeiro foi durante viagens que fez em nome do governo de Castelo Branco, disposto a fazer com que principalmente os países europeus compreendessem e aceitassem a então chamada "Revolução de 64". A imprensa parisiense era extremamente simpática ao governo de João Goulart e cercou Lacerda em um restaurante com perguntas que o irritaram, sobre o *"golpe fascista"* para *"proteger interesses norte-americanos, principalmente petrolíferos"*[195]. Ele reagiu com declarações como:

> Creio que a imprensa francesa também nada divulgou de exato na crise de 1939, quando uma parte da imprensa vendeu a França aos nazistas. Hoje estão tentando vendê-la aos comunistas, colocando correspondentes comunistas ou pró-comunistas no meu país[196].

Perguntado sobre como poderia ter havido uma revolução sem sangue no Brasil, Lacerda retorquiu que *"as revoluções no Brasil são como os casamentos na França"*[197]. A entrevista repercutiu mal dentro do governo brasileiro, que negou entrega a Lacerda de credenciais como representante oficial da diplomacia do país, que iriam ser entregues em Milão, conforme combinado, medida que deixou Lacerda ainda mais hostil ao governo militar e receoso por sua candidatura presidencial.

Meses depois, o presidente francês Charles de Gaulle (1890-1970) veio ao Brasil propagandear uma posição de não-alinhamento internacional aos blocos americano e soviético, propondo uma aproximação maior dos países latinos com a França.

---
[195] DULLES, John. *Carlos Lacerda: A Vida de um Lutador*. p. 258.
[196] Idem. *Ibidem.*, p. 259.
[197] Idem. *Ibidem.*, p. 259.

Gaulle sistematicamente fugiu de encontros com Lacerda, ciente de sua posição forte a favor do alinhamento com os americanos. Lacerda reagiu dizendo que, enquanto De Gaulle ignorasse o estado da Guanabara, a Guanabara o ignoraria. Escreveu que o líder francês tinha muitas qualidades, mas era melhor visto à distância, comandando um regime com mais de dois mil presos políticos e que era para ser uma República, mas admitia a existência do *"crime de lesa-majestade"*.

Outra posição polêmica de Lacerda era sua relação cordial com o ditador português Antônio de Oliveira Salazar (1889-1970). Lacerda foi contrário ao apoio do Brasil a qualquer medida favorável à interferência das Nações Unidas no que eram então os territórios ultramarinos de Portugal. Por isso, quando foi àquele país, Lacerda foi muito bem recebido e o ditador quis conversar longamente com ele. Justificou-se Salazar:

> Há quem se permita comparar o caso de Portugal em África com o caso da independência do Brasil! Ora, o Brasil tinha uma formação política adulta quando se tornou independente e brasileiros que queriam a independência. Não estrangeiros a fomentar a guerra civil para substituir o domínio português por outro mais poderoso[198].

A ideia, naturalmente, era evitar que as colônias portuguesas caíssem no colo dos comunistas.

Em uma conversa incrivelmente franca com Salazar, Lacerda disse:

> Brasil é um país hegeliano. O Brasil dá saltos. O Brasil é um país de teses, antíteses e sínteses. Além disso, se V. Exa. me permite, eu tenho também uma outra coisa a dizer. Se a liberdade fosse uma glândula, V. Exa. seria privado dessa glândula. Espero que com isso não o esteja ofendendo. O que quero dizer é que a liberdade para o senhor é um bem secundário. O que importa é a segurança, é

---
[198] Idem. *Ibidem.*, p. 268.

a unidade, é a salvação, enfim, a permanência da pátria. Para os brasileiros a liberdade é um bem essencial[199].

Em minuta a Castelo Branco, Lacerda ratificou tempos depois que as colônias de Portugal manifestaram o desejo de integrar a República de Portugal, à qual recomendava acelerar o desenvolvimento dos seus territórios ultramarinos e permitir-lhes autonomia dentro de uma autêntica comunidade luso-brasileira. Essa permaneceu sua posição depois da cassação de seus direitos políticos, quando continuou escrevendo sobre o cenário internacional. Ele acusou o Brasil de errar ao abandonar Portugal, porque as colônias portuguesas eram tão colônias quanto Havaí e Alasca eram "colônias" dos Estados Unidos e era do interesse brasileiro que permanecesse a presença portuguesa no continente africano, mesmo que não nos mesmos moldes. Lacerda sonhava, ao fim das contas, com uma integração maior entre os países de língua portuguesa, uma espécie de "federação" que os fortaleceria. Ele acreditava que as guerrilhas de independência eram muito mais fomentadas pelos estrangeiros, em especial a sempre inimiga União Soviética, que propriamente espontâneas. Carlos acreditava que estar contra Portugal era apoiar a tomada do poder pela extrema esquerda totalitária nessas regiões.

Ao mesmo tempo, ele fez campanha a favor do general Odumegwu Ojukwu (1933-2011), em sua luta por independência da província oriental contra a Nigéria, que Lacerda acusava de receber ajuda ao mesmo tempo da Grã-Bretanha e da União Soviética, *"a serviço de sua expansão imperialista"*. Até os mínimos detalhes, resta patente que uma preocupação principal moveu Carlos Lacerda a maior parte do tempo em sua atitude perante as relações internacionais: seu anticomunismo. Onde estivessem ou onde ele julgasse que estivessem os interesses da União Soviética, Lacerda estaria contra.

---

[199] Idem. *Ibidem.*, p. 268.

CAPÍTULO VIII

Proposições parlamentares e Educação

VIII.1 - Atuação parlamentar e projetos apresentados

A maior parte da atuação de Carlos Lacerda como parlamentar se distingue pelo comando da oposição mais aguerrida ao governo estabelecido. Sua oposição era tão estridente e articulada que lhe valeu o epíteto de "Demolidor de Presidentes". Se seu maior brilho foi nas investidas magistrais que empreendeu, isso não quer dizer que jamais tenha feito suas propostas e projetos de lei.

Sua primeira experiência, em 1947, foi a de vereador no Rio de Janeiro, então ainda o Distrito Federal. Uma de suas primeiras iniciativas, conforme John Dulles registra, foi unir-se a outros três colegas para simplesmente propor que a avenida Presidente Vargas mudasse de nome para Castro Alves e organizar uma comissão para investigar perseguições cometidas pela ditadura de Getúlio no município. Também encorajou melhorias no sistema de drenagens, canais e rios nos subúrbios de Jacarepaguá, Santa Cruz, Guaratiba e Campo Grande, vitimados frequentemente por enchentes. Lacerda também combateu o prefeito nomeado pelo presidente Dutra, o general Mendes de Moraes (1894-1990), que se defendeu na *Rádio Roquete Pinto*, controlada pelo governo municipal. Graças a isso, vereadores conseguiram aprovar a Lei Carlos Lacerda, exigindo que a rádio transmitisse os debates da Câmara.

A construção do estádio Maracanã em apenas dois anos era um dos projetos favoritos do prefeito. Lacerda era veementemente contrário, cético quanto à existência do dinheiro para tal e preocupado com os efeitos orçamentários. Em vez do Maracanã, Lacerda sugeria a construção de um complexo para esportes no subúrbio, ao lado da lagoa de Jacarepaguá, com custo menor e estimulando o desenvolvimento da área no entorno da praia da Barra da Tijuca. Os comunistas, em maioria, pediram a construção de seis estádios, sendo cinco nos subúrbios e um o próprio Maracanã. A solicitação foi aceita e promulgada pelo prefeito, para horror de Lacerda.

A passagem pela vereança terminou quando o Senado Federal aprovou uma Lei Orgânica para o Distrito Federal reduzindo as prerrogativas dos vereadores, transferindo da Câmara Municipal ao Senado o poder de apoiar ou não os vetos do prefeito. Carlos Lacerda já havia prometido que, se tal lei fosse aprovada, se demitiria do cargo, terminando por cumprir sua promessa em dezembro do mesmo ano. Continuou, como jornalista, a fazer oposição, principalmente a Mendes de Moraes, a quem considerava corrupto e violento; em consequência, recebeu socos e coronhadas no rosto a caminho da *Rádio Mayrink Veiga* em 17 de abril de 1948, um dos atentados que sofreu durante sua vida, dos quais Toneleros foi apenas o exemplo mais significativo.

Já como deputado federal, nos anos 50, enfrentando o governo de Juscelino Kubistschek, militando pela reforma eleitoral (tema de que trataremos adiante), desafiando a construção de Brasília, o impedimento do seu próprio acesso ao rádio e conseguindo, em 1957, uma histórica vitória contra uma tentativa dos seus rivais de cassar seu mandato pela leitura do telegrama dando conta das ligações entre Goulart e Perón,

Lacerda protocolou e/ou levou adiante cerca de vinte projetos de lei, por ele resumidos em discurso que fez na Câmara em 15 de maio de 1957. Um deles, frustrado, era o Código do Trabalho, que já abordamos anteriormente quando falamos de seus posicionamentos perante a lei trabalhista.

Em sua maioria, os projetos de lei de Lacerda eram solicitações de recursos para instituições e associações que ele achava merecedoras de assistência, principalmente para favorecer certos núcleos profissionais a obterem instrumentos de trabalho para o desenvolvimento de suas atividades. Os projetos guardavam coerência com a tese dos democratas cristãos de que é útil a uma sociedade valorizar os trabalhadores na sua tentativa de emancipação, a fim de que depois eles se tornem mais produtivos. Tomamos a liberdade de transcrever a seguir a lista integral disponível na coletânea *Discursos Parlamentares*, para que os leitores julguem seus méritos e limitações diretamente, omitindo, de modo geral, as informações que Lacerda oferece no discurso sobre o andamento de cada projeto, a maioria deles não tendo ido avante:

> Projeto nº 7, que visava a tornar obrigatória a declaração de bens de todo aquele que exerce cargo de administração em entidades autárquicas ou sociedades de economia mista. (...)
>
> Projeto nº 9/1955, (...) que modifica o art. 327 e seu parágrafo do Código Penal, passando a considerar funcionário público, para os efeitos da responsabilidade na guarda dos dinheiros públicos, quem, embora transitoriamente, ou sem remuneração, exerça cargo, emprego ou função pública, equiparando-se, assim para esse efeito, ao funcionário público que exerça cargo, emprego ou função em entidade paraestatal ou em sociedade de economia mista.
>
> Projeto nº 17/1955, que visava a instituir a lista única nas eleições e que se deve a um propósito de tornar mais exatas, mais autênticas as aspirações da vontade popular.
>
> Projeto nº 22/1955, que se referia à greve da Panair, sobre a qual foi aqui instituída uma Comissão Parlamentar de Inquérito que terminou pela pacificação entre empregadores e empregados na Panair, graças aos

esforços dessa Comissão, na qual valorosos colegas distinguiram-me com o posto de relator.

Projeto nº 26/1955, que regulava o novo registro de eleitores e dava outras providências sobre a matéria.

Projeto nº 48/1955, que visava a alterar dispositivos da Lei do Imposto de Renda, a fim de permitir à Câmara e ao Senado requisitarem, a exemplo do que se faz na Câmara americana, informações sobre a situação fiscal e financeira dos contribuintes. Tinha ele por fim empenhar os esforços do Congresso, no sentido de evitar a sonegação pela pública exploração daqueles grandes contribuintes, que neste país são os que mais sonegam o imposto de renda.

Projeto nº 86/1955, que regulava a situação dos brasileiros naturalizados.

Projeto nº 170/1955, que visa a abrir crédito para pesquisas e produção da vacina Salk no Brasil.

Projeto nº 229/1955, que regulava o período de férias escolares.

Projeto nº 341/1955, que mandava extinguir o Fundo Sindical.

Projeto nº 360/1955, que modifica a Lei de Sociedades por Ações, visando a extinguir as ações ao portador.

Projeto nº 419/1955, que (...) verdadeiramente não é meu. Mas ao chegar aqui deparei com uma situação que me pareceu anômala. O projeto, de autoria do Ministro da UDN, Clemente Mariani, enviado a esta Casa pelo honrado governo do Sr. Marechal Dutra, que aqui tinha maioria considerável, visava a democratizar e racionalizar a educação e a instrução no Brasil. Durante seis anos, esse projeto praticamente aqui não andou. (...) Em tais condições, ao tempo em que honrava a Câmara e a Nação (...) o nobre Deputado Carlos Luz, com ele me entendi e S. Exa. considerou de melhor alvitre fazer copiar do Diário do Congresso o primitivo projeto para reapresentá-lo sob minha assinatura. (...)

Projeto nº 495/1955, que visa a autorizar o Departamento Federal de Segurança Pública a estender a todo o território nacional a luta contra os crimes, contra o Estado e contra a segurança política e social; contra o contrabando; contra a falsificação de moeda; contra a produção e o tráfico de entorpecentes; contra a prática de jogos proibidos; contra o tráfico de mulheres; contra o furto ou roubo de automóveis.

Projeto nº 692/1955, que teve melhor sorte do que alguns outros e que cria o Departamento Nacional de Serviço Social para, em combinação com a Associação Brasileira de Assistentes Sociais, disciplinar aquelas subvenções que se elevam a cerca de um bilhão de cruzeiros e que são distribuídas, segundo critério exclusivamente pessoal, pelos parlamentares em todo o país.

Projeto nº 2266/1957, manda extinguir os escritórios comerciais do Brasil (no exterior).

Projeto nº 2267/1957, regula as relações de emprego entre atletas profissionais de futebol e os clubes para extinguir essa condição de escravo em que tais profissionais ainda se encontram no Brasil, objeto de negócios feitos à custa da sua curta e imprevista vida profissional.

Projeto nº 2272/1957, autoriza a importação de automóveis para motoristas de táxi.

Projeto nº 2275/1957, visa, como a Lei de Diretrizes e Bases da Educação, a democratizar a organização desportiva brasileira, que continua até hoje sob a vigência de um órgão de inspiração e de estrutura totalitárias, o Conselho Nacional de Desportos.

Projeto n 2282/1957, manda isentar do imposto de renda as contribuições a associações científicas, compra e venda de materiais, instrumentos e utensílios indispensáveis ao desempenho de função pública, assim como as assinaturas de jornais, revistas e livros técnicos, desde que devidamente comprovadas.

Projeto nº 2418/1957, (...) talvez a única contribuição realmente nova que eu tenha tido oportunidade de deixar à consideração dos Srs. Deputados. Este projeto parte de uma inspiração da justiça social cristã e visa facilitar, ao jovem trabalhador especialmente, e muito mais especialmente ainda ao trabalhador autônomo, que compreende, segundo a nomenclatura oficial do Ministério do Trabalho, mais de oitenta diferentes profissões, o que se chama o crédito profissional, ou seja, a possibilidade de aquisição através de carteiras especiais das

Caixas Econômicas, inclusive pelo reembolso postal no interior, ou nas cidades pela tabela Price, a juros módicos, os instrumentos essenciais, padronizados, para dar início às suas atividades profissionais. Assim, para a máquina de costura da costureira, para o equipo do jovem dentista – e fico apenas nestes dois exemplos –, para tudo aquilo que constitui o instrumento essencial com que alguém, no interior ou na cidade, possa iniciar-se na produção e, portanto, tornar-se útil a si, à sua família e à comunidade, necessitam esses profissionais de apoio creditício, a fim de que não caiam na proletarização forçada, a fim de que forçadamente não se tornem escravos de um salário. Dir-lhes-á, pois, este projeto, uma vez convertido em lei, da possibilidade de trabalharem autonomamente, de serem patrões de si mesmos[200].

Entre 1958 e 1959, destaca-se sua tentativa de criar um ministério da Previdência Social para supervisionar os fundos de aposentadoria e pensão; na época, Lacerda não pensava em nenhuma reforma que mudasse a Previdência para o sistema de capitalização, como se discute atualmente. Sequer havia o exemplo próximo do Chile, que só adotaria essa reforma de teor liberal depois da ditadura de Augusto Pinochet (1915-2006), iniciada em 1973. O que Lacerda tinha em mente era um ministério autônomo que se responsabilizasse por facilitar a participação dos contribuintes na direção dos Institutos de Previdência, mais uma vez algo dentro da linha dos democratas cristãos, que se comprazem em aumentar a participação de trabalhadores e beneficiados nos processos decisórios dentro de empresas ou instituições, e o enfrentamento da dívida já existente da União para com os Institutos.

Lacerda propunha, em discurso de 25 de novembro de 1958, que houvesse uma dupla contribuição, do empregado e do empregador, e não mais a tríplice, que incluía a União, com esta custeando os serviços da Previdência no ministério respectivo.

> Ao empregador interessa fundamentalmente a conservação e o aperfeiçoamento do empregado, assim como a renovação da mão de obra, qualificada ou não, e, por isso, a contribuição do empregador

[200] LACERDA, Carlos. *Discursos Parlamentares*. *Op. cit.*, p. 200.

deve destinar-se àqueles benefícios que visem a aperfeiçoar a mão de obra, a garanti-la, a proporcionar-lhe condições condignas de vida, a assegurar, em suma, sua produtividade, assim como a renovação do material humano, através da aposentadoria.

Por sua vez, ao empregado compete a função inalienável e intransferível da previdência propriamente dita, isto é, da provisão dos dias de sua família, quando ele vier a faltar. Assim, a pensão por morte é atribuição precípua da contribuição do empregado, que tem, desta forma, na previdência dos dias de sua família que a ele sobreviva, a destinação natural de sua contribuição à Previdência.

Finalmente, a do Estado resume-se realmente em garantir a ambos – empregado e empregador – o funcionamento normal dessas atividades previdenciárias, tal como o Estado assegura a escola, a estrada, a polícia, a saúde pública. Daí o princípio que adotamos, de que ao Estado compete o custeio dos serviços administrativos da Previdência. (...) No projeto que apresentamos, constante de apenas trinta artigos, do qual procuramos retirar, a todo transe, qualquer matéria meramente regulamentar, só há uma despesa nova: o crédito que se abre para o subsídio do futuro ministério da Previdência. (...) Não resta, pois, qualquer motivo sério e ponderável para que a Previdência Social não se transforme basicamente, deixando de ser um conjunto de autarquias desconjuntadas para integrar-se na administração direta do Estado como serviço público autêntico da maior responsabilidade política, a exigir a fiscalização e a assistência do Congresso Nacional[201].

Lacerda ressalvou que havia na França um sistema de Previdência nascido *"em base local de instituições privadas dos próprios segurados"*[202]. Porém, *"no Brasil, ela nasceu de cima para baixo e veio nacionalmente e, por mais que tentássemos torcer o pescoço da Constituição, (...), não conseguimos evitar o dispositivo da Lei Magna que dá à União o privilégio, a prerrogativa de legislar em matéria de Direito do Trabalho. Assim, tivemos de conformar-nos em fazer o sistema da Previdência federal e centralizado, em vez daquele sistema que idealmente seria o indicado,*

---

[201] Idem. *Ibidem.*, p. 681.
[202] Idem. *Ibidem.*, p. 686.

o dos institutos regionais, até mesmo para melhor respeitar e ressuscitar a fenecida Federação no Brasil"[203]. Reconheceu que gostaria de um recurso mais descentralizado, mas acreditava que sua proposta seria a única a permitir que o Congresso tivesse condições e plena autoridade de fiscalização, impedindo que os demagogos governamentais tivessem *"o poder e a capacidade de explorar a miséria que fabricam para manter os pobres em situação de dependência dos seus favores e das suas promessas"*[204].

Não ofereceu, convenhamos, uma saída muito liberal para o problema, preferindo para o tema um caminho mais centralizador, ainda que intimamente isso não lhe fosse aprazível, pois sua tendência geral era amplamente pela descentralização. O contrário se pode dizer, no entanto, do projeto mais importante de Carlos Lacerda, aquele a que dedicou o maior esforço e que foi seu maior sucesso como parlamentar, conseguindo estabelecer negociações e conciliações para vê-lo aprovado: a Lei de Diretrizes e Bases da Educação.

VIII.2 - A importância da educação e a Lei de Diretrizes e Bases

O esforço por ver a Lei de Diretrizes aprovada é compreensível, dada a importância que conferia ao campo da educação, essencial, a seu ver, para sedimentar a vida democrática no país. Constatamos, quando abordamos sua concepção das relações internacionais do Brasil, que a emancipação do indivíduo como profissional e cidadão era a maior conquista que o país poderia alcançar, só se tornando possível através da educação.

Ele tinha críticas, por exemplo, ao modo de financiamento da educação e ao que se ensinava aos brasileiros. Lacerda disse, já nos anos

---
[203] Idem. *Ibidem.*, p. 686.
[204] Idem. *Ibidem.*, p. 693.

60, que os pais costumavam retirar os filhos da escola ao não perceberem consequências práticas no que era ensinado, limitando-se nos colégios as possibilidades de os alunos aplicarem seu aprendizado, aprenderem trabalhando, e preferindo uma abordagem "livresca" e pouco eficaz. Também criticou o ensino superior, *"que se dá ao luxo de ser gratuito, em um país sem ensino primário"*[205]. Falando a respeito da lei que defendia, não deixou de alfinetar os esquerdistas dos movimentos estudantis, já dignos desse gênero de comentário em seu tempo:

> Com que rigor, portanto, devem os privilegiados, que têm ensino superior gratuito, tratar de estudar, em vez de protestar contra a lei que lhes quer favorecer o estudo! ... Não vi até agora um estudante que estuda protestar contra a Lei de Diretrizes e Bases. Vi, sim, os "pelegos" estudantis, casta de privilegiados que frequentam escola sem estudar e a frequentam "de graça", isto é, por conta dos pobres, cujos filhos não têm escola primária para aprender a ler. Em última análise, as orgias cívicas do pequeno grupo de "pelegos" estudantis são custeadas, através de um governo de demagogos e aventureiros, pelos pais sem escolas para seus filhos. É fácil falar, assim, em patriotismo e em causas nacionais, quando a principal causa nacional, que é a da escola, serve de pretexto à guerra particular de alguns materialistas contra a formação espiritual da criança e a prevenção estreita de alguns facciosos interessados em garantir para o Estado, dominado por uma casta, o monopólio da consciência[206].

Lacerda também já alvejava, vejam só, a doutrinação ideológica no ensino! Ele fez questão de enfatizar que o professor tinha liberdade de cátedra durante as aulas, o que diferiria da absoluta liberdade de expressão. Por óbvio, voltava-se contra os agitadores travestidos de professores que pregavam as ditaduras do proletariado e as revoluções ensandecidas aos seus "pupilos". Ao contrário, a universidade tem a missão, de acordo com o pensamento lacerdista, de fomentar a formação das verdadeiras elites da democracia, razão por que o estado em que estiverem dirá muito do que é e do que será a sociedade em que funcionam.

---

[205] LACERDA, Carlos. *O Poder das Ideias*. Op. cit., p. 157.
[206] Idem. *Ibidem.*, p. 157.

Carlos Lacerda, que não chegou a se graduar, discorreu, na sua posse como Chanceler da Universidade do Estado, no ano de 1961, com as seguintes palavras:

> Há que exigir do professor que dê aulas e do aluno que as assimile ainda mais que as ouça. A frequência de mestres e alunos, não direi só obrigatória, mas voluntariamente obrigatória, se posso dizer, é condição de existência da universidade. Por isto mesmo, a universidade como um "bico" é algo que dificilmente se poderá compreender, à medida que essa instituição amadurece no Brasil nascida das escolas isoladas, das gloriosas escolas que formam um patrimônio comum de onde emanam as modernas universidades brasileiras, todas em formação mais ou menos tumultuadas[207].

O projeto de Diretrizes e Bases da Educação, com que Lacerda pretendia sistematizar a filosofia geral da educação no Brasil, isto é, a maneira por que a institucionalidade nacional deveria encarar esse campo tão fundamental da vida em sociedade, foi concebido com base em projeto de Clemente Mariani (1900-1981) e procurava insuflar na universidade o espírito de um *"viveiro dos líderes, o centro de formação dos dirigentes, não apenas na vida intelectual, mas no progresso técnico e profissional da comunidade"*[208], articulando as artes liberais e as ciências e técnicas.

Pretendia que a universidade não fosse mais vista como a concessora de títulos honoríficos, mas a promotora de lideranças e profissionais dinâmicos, conciliados desde o princípio com as renovações da técnica e as exigências da economia. Para tanto, cabia também a dedicação dos próprios alunos e de toda a sociedade, compreendendo na universidade seu patrimônio, construtor de seu futuro:

> Nenhum ensino bom é fácil, nenhum ensino realmente bom pode ser barato. A sociedade, que é quem paga o ensino que alguns apelidaram de gratuito, que se prepare para pagar pelo bom ensino o que ele realmente precisa receber, pelos seus professores, pelos seus organizadores, para

---

[207] Idem. *Ibidem.*, p. 103.
[208] Idem. *Ibidem.*, p. 104.

que ele seja realmente bom, isto é, eficaz, de modo a proporcionar a quem dele carece aquilo que se vai buscar nele: um instrumento de conquista da vida, uma alavanca de construção pessoal, familiar e geral da própria nação. (...) Tanto mais no Brasil, onde os raros que alcançam a universidade, menos de cem mil privilegiados, enquanto milhões não chegam lá e outros milhões não passam da escola primária. Por isto mesmo, os universitários, longe de terem o direito de abusar dos meios que o povo custeia para que se formem, têm o dever de estudar, de frequentar as classes, de dar e exigir trabalho dos professores, de aproveitar cada hora da universidade para que o povo em vão não se prive do pão e da escola primária enquanto uns poucos de seus filhos se formam doutores, não como quem se engaja, mas como quem se esquiva[209].

A Constituição de 1946 já determinava o ensino primário obrigatório e a destinação de certa soma de impostos ao setor, bem como concedia aos estados a organização de seus sistemas de ensino, evitando a centralização do Estado Novo. O projeto de Clemente Mariani, enviado ao Congresso em 1948, ficava no meio do caminho, aumentando os poderes do ministério da Educação, mas impedindo a centralização estadonovista. Lacerda retomou a discussão do projeto, que mobilizou segmentos de opinião em torno da liberdade de ensino. Intelectuais católicos ligados à UDN pregavam a "liberdade de ensino", o que significava o direito à manutenção dos colégios católicos, posicionamento bastante liberal. A União Nacional dos Estudantes, ao contrário, queria o ensino totalmente público e supervisionado pelos estudantes.

Lacerda defendeu uma revisão do projeto de Mariani, favorável aos interesses e bandeiras descentralizadores, bem como crítico de uma divisão muito rígida dos brasileiros entre *"trabalhadores manuais e intelectuais"*. Também julgava irrisório, como vimos, pontificar sobre o ensino superior gratuito, quando a necessidade prioritária era atender satisfatoriamente às demandas do ensino básico. Entregou, então, em parceria com Antônio Perilo Teixeira (1913-1977), udenista cearense,

---
[209] Idem. *Ibidem.*, p. 105.

um substitutivo à Comissão Parlamentar de Educação consagrando o paradigma do ensino livre e descentralizado. O substitutivo reconhecia a educação como um *"direito inalienável e imprescritível da família"*[210], de que a escola dispunha apenas de um *"prolongamento e uma delegação"*[211]. Não via razão para admitir o monopólio estatal do ensino, reivindicando igualdade de condições para escolas públicas e privadas. O projeto enfrentou debates, acusações, tensões e o próprio Lacerda teve de ser mais político do que nunca, acolhendo modificações em seu texto, ele que àquela altura ainda estava mais habituado a combater que a negociar.

O sociólogo Fernando de Azevedo (1894-1974), um dos fundadores da Universidade de São Paulo (USP), e o jurista e educador Anísio Teixeira (1900-1971) figuraram entre os principais oponentes do projeto lacerdista, apontando o que consideravam, respectivamente, ser uma *"orientação privatista"* e *"excessivamente a favor da Igreja"*. Lacerda precisou duelar mais uma vez com os comunistas *"que preferem o tipo de escola em que os alunos e os mestres têm de fazer greve pela proletarização do professor e pelo envolvimento do aluno em tudo – menos no estudo"*[212], bem como aqueles que manifestavam seu preconceito contra as escolas confessionais. Um grande reforço às pretensões de Lacerda foi o apoio do petebista San Tiago Dantas (1911-1964), conhecido como expoente da chamada "esquerda positiva" – afastada das ideias mais radicais, por exemplo, de um Leonel Brizola (1922-2004) –, que acolheu seu projeto, admitindo que ele não era uma declaração de guerra contra os colégios públicos, mas apenas um libelo pela liberdade de ensino.

Carlos Lacerda teve que enfrentar ainda um *Manifesto dos Educadores em Defesa do Ensino Público* – como se propusesse destrui-lo! –, liderado por Fernando de Azevedo e assinado por figuras notórias, muitas delas conhecidos intelectuais de esquerda que exerceriam grande influência na mentalidade da Nova República pós-regime militar, como Nelson Werneck Sodré (1911-1999), Caio Prado Junior (1907-1990),

---

[210] DULLES, John. *Carlos Lacerda: A Vida de um Lutador. Op. cit.*, p. 309.
[211] Idem. *Ibidem.*, p. 309.
[212] Idem. *Ibidem.*, p. 310.

Florestan Fernandes (1920-1995), Darci Ribeiro (1922-1997) e Cecília Meireles (1901-1964). Desta vez, a despeito da demora e embora tenha tido que negociar a autoria do substitutivo, que deixou de ser dele para ser de ninguém, Lacerda foi vitorioso. Em 20 de dezembro de 1961, foi sancionada a Lei de Diretrizes e Bases da Educação, já no governo de João Goulart.

O documento determinava que:

> A educação nacional, inspirada nos princípios de liberdade e nos ideais de solidariedade humana, tem por fim: a compreensão dos direitos e deveres da pessoa humana, do cidadão, do Estado, da família e dos demais grupos que compõem a comunidade; o respeito à dignidade e às liberdades fundamentais do homem; o fortalecimento da unidade nacional e da solidariedade internacional; o desenvolvimento integral da personalidade humana e a sua participação na obra do bem comum; o preparo do indivíduo e da sociedade para o domínio dos recursos científicos e tecnológicos que lhes permitam utilizar as possibilidades e vencer as dificuldades do meio; a preservação e expansão do patrimônio cultural; a condenação a qualquer tratamento desigual por motivo de convicção filosófica, política ou religiosa, bem como a quaisquer preconceitos de classe ou de raça[213].

Fazia da educação um direito de todos, oferecido *"no lar e na escola"*, cabendo à família *"escolher o gênero de educação que deve dar a seus filhos"*, conferindo ao poder público e à *"liberdade de iniciativa particular"* a tarefa da ministração do ensino *"em todos os graus"* e ao primeiro, mandatoriamente, o fornecimento de *"recursos indispensáveis para que a família e, na falta desta, os demais membros da sociedade se desobriguem dos encargos da educação, quando provada a insuficiência de meios"*[214]. Assegurava a todos *"o direito de transmitir seus conhecimentos"* e *"aos estabelecimentos de ensino públicos e particulares legalmente autorizados"* a *"adequada representação nos conselhos*

---

[213] <http://www2.camara.leg.br/legin/fed/lei/1960-1969/lei-4024-20-dezembro-1961-353722-publicacaooriginal-1-pl.html>, acesso em 24 de maio de 2019.
[214] <http://www2.camara.leg.br/legin/fed/lei/1960-1969/lei-4024-20-dezembro-1961-353722-publicacaooriginal-1-pl.html>, acesso em 24 de maio de 2019.

estaduais de educação e o reconhecimento, para todos os fins, dos estudos neles realizados"[215].

Deixava nas mãos do ministério da Educação e Cultura o encargo de *"velar pela observância das leis do ensino e pelo cumprimento das decisões do Conselho Federal de Educação"*. Este Conselho seria *"constituído por vinte e quatro membros nomeados pelo presidente da República, por seis anos, dentre pessoas de notável saber e experiência em matéria de educação"*[216], em que estariam representadas as diversas regiões do país, os diversos graus do ensino e o magistério oficial e particular. Um terço dos membros desse conselho teria o mandato encerrado a cada biênio, com uma única recondução permitida.

A esse Conselho caberia avaliar o funcionamento dos estabelecimentos de ensino, decidir sobre o reconhecimento das universidades, indicar disciplinas obrigatórias para os sistemas de ensino médio e estabelecer a duração e o currículo mínimo do ensino superior. Não obstante, as diretrizes preservavam aos estados a organização dos seus sistemas de ensino, atendendo à variedade dos cursos e aos diversos graus. Também forneciam determinações gerais para o Ensino Pré-Primário e Primário, o Ensino Médio e Técnico, a Formação do Magistério, o Ensino Superior, a Educação de Excepcionais, e determinavam a destinação de recursos e subvenções estatais *"preferencialmente na manutenção e desenvolvimento do ensino público"*[217] – ou seja, embora fosse liberal no ensino, por lógica, os recursos do Estado iriam majoritariamente para escolas mantidas pelo Estado.

---

[215] <http://www2.camara.leg.br/legin/fed/lei/1960-1969/lei-4024-20-dezembro-1961-353722-publicacaooriginal-1-pl.html>, acesso em 24 de maio de 2019.
[216] <http://www2.camara.leg.br/legin/fed/lei/1960-1969/lei-4024-20-dezembro-1961-353722-publicacaooriginal-1-pl.html>, acesso em 24 de maio de 2019.
[217] <http://www2.camara.leg.br/legin/fed/lei/1960-1969/lei-4024-20-dezembro-1961-353722-publicacaooriginal-1-pl.html>, acesso em 24 de maio de 2019.

CAPÍTULO IX

O Governo da Guanabara

IX.1 - Realizações gerais

Nosso foco nesta obra é trazer ao conhecimento do leitor o pensamento político de Carlos Lacerda, que ele sempre expôs em seus discursos, artigos e intervenções midiáticas. No entanto, há uma dimensão de seu pensamento que se manifesta em consonância com sua atuação como administrador, que, na esfera propriamente política, aparece apenas uma vez em sua carreira, mas que não poderia ser mais significativa na memória coletiva do que hoje é basicamente o município do Rio de Janeiro: o governo do estado da Guanabara.

Se não é nosso interesse principal aqui dissecar os diversos aspectos envolvidos nessa experiência de gestão, não tanto quanto o Lacerda intelectual e militante político, cumpre uma apreciação do que se poderia tratar como a filosofia por detrás de seu governo e seus resultados e relações com seu pensamento geral.

O melhor trabalho de que temos notícia sobre o governo Lacerda, e felizmente há um, é uma tese de doutoramento de 2005 transformada em livro pela editora Odisseia com o título *Lacerda na Guanabara – A reconstrução do Rio de Janeiro nos anos 1960*, de autoria de Maurício Dominguez Perez. O autor resume que, do pensamento lacerdista tal como o conhecemos, a principal característica que se transportou para o exercício do seu governo foi a ênfase na ordem e na moralidade com a coisa pública, traduzindo-se em negativas a qualquer gênero de pedido de benefício pessoal, nepotismo ou quejandos. Já vimos que, como vereador, renunciou ao mandato em cumprimento à promessa que havia feito de que não seguiria no cargo se a Lei Orgânica submetendo os vetos do prefeito ao Senado fosse aprovada. Da mesma forma, censurou os colegas udenistas que participaram dos governos da casta estadonovista. Como governador, portanto, seguindo a mesma lógica de rigor, era intolerante com nomeações de parentes, privilégios e atitudes clientelistas.

Segundo Perez, Lacerda também conseguiu incrementar sua posição de liderança carismática – e que nada tinha, nem jamais teve contra o carisma, conforme já demonstramos – com a valorização da administração racional e calcada na busca pela eficiência, em vez de simplesmente na construção pessoal de um chefe paternalista que se concentrasse em medidas assistencialistas.

O próprio Lacerda comentou no *Depoimento*:

> Começaram a ver que eu amanhecia no palácio, saía à meia-noite e, no dia seguinte, às seis horas da manhã, estava lá novamente. Tomava helicóptero e ia parar em "bibocas" da Guanabara, visitar as obras da água, conversar com o Kennedy e trazer um empréstimo para a água. Enfim, começou a gerar-se uma espécie de milagre, para muita gente parecia assim. Era obra para todo lado. Transformei o Rio de Janeiro, modéstia à parte de novo, num verdadeiro canteiro de obras. Obra para todo lado e lutando. Lutando com uma Assembleia onde raras vezes contava com a maioria; lutando com um Tribunal de Contas viciadíssimo – formado por nomeações políticas –, onde havia alguns ministros da maior integridade, mas onde muito poucos entendiam do assunto e por isso deixavam tudo entregue àqueles procuradores[218].

---

[218] LACERDA, Carlos. *Depoimento. Op. cit.*, p. 224.

Outro enorme desafio que o governo Lacerda teria de enfrentar era a quantidade de funcionários públicos herdados do Distrito Federal, de antes de a capital ser transferida para Brasília. Com todo esse cenário adverso, o governo conseguiu obter, conforme Perez resume, as seguintes realizações: a construção de aproximadamente duzentas escolas primárias, 65% das existentes até então; a construção e o crescimento em 30% da rede hospitalar; a construção de cerca de 12 mil casas populares para receberem os moradores de favelas removidas; a abertura da adutora do rio Guandu, revolucionando o abastecimento de água, um dos maiores dramas da região na época; a instalação de seiscentos quilômetros de esgotos, cerca de 60% do total instalado; a inauguração de 19 viadutos e a perfuração de 5,6 quilômetros de túneis, incluindo-se aí o túnel Rebouças, dinamizando o trânsito entre as regiões; a introdução de seiscentos novos ônibus; a instalação de três usinas de coleta de lixo e a entrega do Parque do Flamengo ao carioca – esta última, também por incentivo da arquiteta Lota de Macedo Soares (1910-1967), para quem o amigo precisava de uma obra mais impactante para eternizar seu nome, além daquelas mais úteis no cotidiano do povo, mas das quais muitos não se recordariam e que sequer eram visualmente evidentes. Em relação ao espaço urbano, é impossível deixar de mencionar o chamado Plano Doxiádis, concebido em parceria entre os técnicos do governo Lacerda e o arquiteto e urbanista grego Constantínos Apóstolos Doxiádis (1913-1975), que projetava grandes vias de circulação que integrariam a cidade. O plano nunca foi plenamente executado – e no governo Lacerda nem o poderia ser, já que foi concebido muito próximo de seu final –, mas inspirou projetos urbanos no Rio de Janeiro muito tempo depois, em especial, nada mais, nada menos, que as Linhas Vermelha e Amarela, vias tão importantes e tão conhecidas pelo povo carioca.

Perez demonstra, com dados e estatísticas minuciosos, que Lacerda conseguiu os recursos para realizar todo esse trabalho com a implantação de uma eficiente racionalidade administrativa, capaz de granjear resultados que chamavam a atenção, não obstante as intempéries que enfrentava.

Para atestar esse quadro, ele desmonta a explicação dos críticos pela ajuda exterior da Aliança Para o Progresso porque, se de fato o governador conseguiu esses empréstimos, por outro lado, no caso das obras referentes à distribuição da água, por exemplo, eles totalizariam apenas 42,7% do total gasto. No total de despesas do governo no período, a ajuda externa seria de minúsculos 4,84% do total e 15,37% dos investimentos públicos realizados, bem como apenas 4,88% da ajuda americana ao Brasil foi destinada ao estado da Guanabara, valor que era intermediado pelo governo federal de Jango, a quem Lacerda fazia virulenta oposição; também combate a tese de que o governador aumentou duramente os impostos, mostrando que a Guanabara tinha a alíquota mais baixa dos estados mais importantes do Sul, Sudeste e Nordeste do país e que o aumento verificado na arrecadação ocorreu por reajustes gerais ocorridos nas alíquotas de impostos, tendo Lacerda, ao contrário, simplificado, por exemplo, o Imposto de Vendas e Consignação; também alvejou a tese de que o fato de o estado da Guanabara ter sido um estado sem municípios teria facilitado a vida do governo, porque receberia ao mesmo tempo impostos municipais e estaduais, o que se ameniza bastante se lembrarmos que isso também gerava encargos duplos e que era uma situação que já existia anteriormente. Isso foi foco de muitos problemas, inclusive um duelo com o governo federal, quando Jango conseguiu impor a Lacerda, em 1963, que a quase totalidade dos funcionários da polícia e bombeiros se transferisse para o serviço federal para tirá-los do controle do governador, forçando a contratação de novos funcionários para os setores.

Perez também avaliou a acusação de que Lacerda gerou endividamento para o governo seguinte, como quase todo governo que faz obras, o que poderia ser reforçado pelos empréstimos recebidos do exterior, os auxílios recebidos do governo federal no último ano e os atrasos no pagamento de funcionários em 1965. Ele demonstra que a relação entre déficit e despesa esteve oscilando, entre 1961 e 1965, entre -3,7% e -13%, déficit menor que o do quinquênio anterior e que era previsto nas propostas orçamentárias levadas ao Legislativo, que se tentava reduzir com operações financeiras extra orçamentárias, conseguindo em 1964 um superávit de 0,6% e, em 1965, diminuir um déficit de

-12,5% para apenas -0,3%. O governo permaneceu controlando o gasto com o funcionalismo dentro dos limites constitucionais, mesmo precisando criar toda uma nova estrutura administrativa – afinal, era um novo estado –, e teve contratempos em 1965 por conta dos efeitos do PAEG, reduzindo a receita planejada, e de um valor que o governo Castelo deveria enviar e não enviou. Com menos receita, Lacerda gastou menos, o que prova que não houve nenhuma gastança exagerada em fim de mandato para projeção eleitoral.

IX.2 - Descentralização, concepção administrativa e prioridades

No governo, Lacerda ajustou seu paradigma para quantificar, planejar e metodizar cada passo da sua administração, estabelecendo rotinas a serem seguidas e metas a serem atingidas, através de orçamentos-programa que já incluíam a destinação e o modo de aproveitamento dos recursos, uma das várias distinções técnico-organizacionais que implementou, ainda que sempre inspirando-se nos exemplos existentes à sua época no Brasil e no exterior, sem conceber nada inteiramente original. Assumiu o compromisso, estabelecido na Constituição do estado, de se adequar à responsabilidade fiscal. Compôs um secretariado de técnicos, sem nenhuma expressão político-eleitoral, e, fiel à pauta descentralizadora da UDN, criou Regiões Administrativas, embora não municípios, que respondiam ao seu governo, mas estavam mais próximas aos problemas locais para compreendê-los e equacioná-los. Tentou dar a elas uma autonomia ainda maior, mas, registra Perez, nunca conseguiu, porque tentativas de dotá-las de unidades orçamentárias próprias foram sabotadas em benefício do curral eleitoral de certos deputados. Seu secretário do Interior, Helio Beltrão, apostava em fazer mais parcerias com a iniciativa privada para a execução de projetos e levava adiante a filosofia da descentralização. Isso, porém, é preciso que se diga, acabou significando a criação, ainda que em modalidade autárquica e em consequência da filosofia descentralizadora, de companhias públicas responsáveis por tarefas como o abastecimento, o transporte e a telefonia: a Companhia Estadual de Águas, a Companhia de Habitação Popular, a Companhia Estadual de Telefones (provavelmente um dos maiores erros do governo, com resultados bastante insuficientes), a Companhia de Limpeza Urbana, a Companhia Progresso do Estado da Guanabara, a Companhia Central de Abastecimento e a Companhia Estadual de Transportes Coletivos, administradas por diretorias com cinco membros eleitos pela assembleia geral de acionistas e um pelos trabalhadores da empresa, sendo que o governador apenas escolhia o presidente entre um dos eleitos.

Roberto Campos tinha razão quando afirmava que Lacerda criou empresas estatais para desempenhar as tarefas de seu governo. Em todo caso, o benefício dessas autarquias, em relação ao sistema anterior, além da liberdade na eleição de seus diretores, era a possibilidade de captarem e aplicarem diretamente recursos, inclusive de capital privado, sem passar por toda a burocracia implicada no Estado, mantendo razoável autonomia administrativa e financeira.

Foi casando essa reforma de organização administrativa com a realização de projetos para atacar os problemas da educação, do saneamento e da dinâmica de transporte e espaço urbano que Lacerda deixou sua marca registrada no seu ciclo de governo na Guanabara.

Como pano de fundo de todo esse saldo, estavam as premissas exaradas em documentos e discursos como *A Cidade Devastada e sua Reconstrução*, feito por Lacerda em julho de 1960 na convenção udenista, quando aceitou a candidatura ao Executivo. Uma das maiores preocupações de Lacerda era criar um movimento de revigoramento do ânimo e da autoestima do povo local, esmagado por dificuldades e que perdera o *status* de habitante da capital. Nesse sentido, vale a pena ressaltar alguns dos belíssimos parágrafos finais:

> O Rio é uma cidade insubstituível, uma cidade adorável, uma cidade em que todos os brasileiros, ontem, hoje, sempre, estarão como

em sua casa. Sabem esses brasileiros que somos uma região sem regionalismos. Pensamos os nossos problemas em termos mundiais, além de continentais, e continentais, além de nacionais. Somos um povo sem rancores, cuja alegria nada consegue destruir, cuja esperança nunca esmorece, cuja bravura ninguém domou, cuja honra ninguém escarneceu, cuja fibra ninguém destroçou, cujo entusiasmo ninguém abateu. Somos o povo que rechaçou o invasor e a coligação dos nativos com ele. Somos o povo que fez as lutas da Independência, completando os esforços dos mineiros, antecipando-se aos dos baianos, consolidando o dos paulistas do Ipiranga. Somos o povo que fez as lutas da Maioridade e da Regência, apoiando e dando ressonâncias às dos nossos irmãos do Pará, do Maranhão, de Pernambuco, do Rio Grande do Sul. Somos o povo dos movimentos liberais, que resgatou o sacrifício dos heróis de 42, de São Paulo e de Minas Gerais. Somos o povo que fez a Abolição, dando uma tribuna ao fluminense Silva Jardim, um pedaço de tempestade ao verbo de José do Patrocínio, uma promessa de eternidade à chama que crepitou no peito do moço pernambucano Joaquim Nabuco. Somos o povo que seguiu Rui Barbosa e que se antecipou aos movimentos de tomada de consciência do Brasil, pela Federação. Somos o povo que doou um palácio à princesa Isabel porque ela aboliu a escravidão e viu um palácio fazer-se escola pela mão de seu pai, o Imperador. Somos o povo que fez a República, desde que a propuseram os paulistas de 1870. Somos o povo que sustentou e compreendeu todas as lutas de formação da primeira e contra a deformação da segunda República. Somos o povo que destruiu a ditadura, que retomou a liberdade para a imprensa e acaba de reconquistá-la no rádio e na televisão. Nossos heróis são nacionais. Nosso pensamento, profundamente brasileiro, é internacional – porque somos um povo ecumênico, povo litorâneo, voltado para o nosso tempo, abraçado com o futuro.

Somos o povo dos 18 do Forte, do brigadeiro Eduardo Gomes. Somos o povo que elegeu Maurício de Lacerda na prisão porque ele se sacrificou pela liberdade e consagrou Pedro Ernesto porque ele lhe deu escolas e hospitais. Somos um povo carnavalesco, mas um povo sofrido; um povo de sambas e de reações profundas. Somos um povo com senso de humor e com repentes de ira sagrada. Somos um povo impetuoso e generoso, capaz de disciplina e de indocilidade; povo que não gosta de se curvar, mas se inclina diante da beleza – que nasce aos nossos olhos todas as manhãs – como aqueles guerreiros que, lembra a *Ilíada*, baixavam suas lanças para ver passar, sobre as fortificações de Troia sitiada, a beleza de Helena[219].

Integrado a esse espírito, Lacerda também pretendia fazer com que seu governo à frente da Guanabara fosse um manifesto pela pujança do sistema federativo, desafiando o centralismo da União. Sabia que o desafio seria grande; anunciava desde o princípio de sua declaração aos udenistas e eleitores cariocas que pleiteava governar uma *"terra devastada"*[220] pelos governos anteriores e por essa disfunção organizacional do Estado brasileiro, que precisaria de investimentos de grande vulto para ser rearranjada, para que se dissipasse a desordem do espaço urbano, dos fundamentos da infraestrutura e do fornecimento dos serviços básicos.

A capacidade de contar com esses recursos começaria por uma atitude responsável frente ao orçamento, a fim de não alimentar o drama da inflação. O governo precisaria definir um programa de investimentos para captação de recursos baseado em bons projetos e exploração das vantagens comparativas da cidade. Para isso, Lacerda desde então formulara uma sequência esquemática de trabalho: definir os objetivos com base nas análises de seus técnicos e especialistas, calcular o investimento necessário para lidar com cada um e promover alterações cruciais na estrutura administrativa do estado, tais como as que comentamos anteriormente. Boa parte do plano levava em conta que a Guanabara teria boas relações com o governo federal em um governo Jânio Quadros afinado com a UDN, mas, como se sabe, depois Lacerda teria que romper com o presidente e ele renunciou, criando dificuldades imprevistas para o governador equacionar.

A ordem de prioridade básica, na concepção lacerdista, era Transporte, Educação e Abastecimento. *"Para ativar a economia do estado, através de um planejamento global, recorreremos à iniciativa privada"*[221], introduzia. *"Em linhas gerais, e no que cabe à nossa situação de mero*

---
[219] LACERDA, Carlos. *O Poder das Ideias*. Op. cit., p. 167.
[220] Idem. *Ibidem.*, p. 151.
[221] Idem. *Ibidem.*, p. 163.

estado, procuraremos seguir o exemplo do que foi feito na Alemanha Ocidental depois da derrota do nazismo e da catástrofe que destruiu o país"[222]; ou seja, em outra oportunidade Lacerda reafirmava sua admiração profunda por Adenauer e Erhard.

> Substituiremos a corrupção administrativa e política e o desalento e a relaxação, que marcam a administração dos prepostos do governo federal no Rio, por um governo sóbrio, modesto, pobre e severo. Em vez do delírio de tudo atribuir ao Estado, para que o Estado afinal se ocupe de tudo e nada faça, atribuiremos à iniciativa privada o que ela tem de fazer e pode fazer, na obra comum da reconstrução e da prosperidade. Com as características de uma região desenvolvida segundo os padrões habituais, que são as da Guanabara, a crise que passamos não é a das regiões subdesenvolvidas, onde o primarismo ou o desespero podem levar às soluções simplistas do Estado Leviatã, do Estado absorvente e onipotente. No caso da Guanabara, o que falta é precisamente um Estado honestamente dirigido, que possa planejar o progresso com base na iniciativa livre e criadora dos cidadãos[223].

O transporte era considerado o primeiro lugar em sua lista de prioridades porque era o problema que mais cotidianamente afetava os cariocas, em seu maior número, apresentando obstáculos delicados ao progresso do estado, além de agravado pela topografia da cidade. Não é de se estranhar que as suas maiores realizações como administrador tenham sido nesse campo.

Embora não se tenha destacado nessa área em seu governo, Lacerda acreditava na utilidade da energia atômica, sem que para tanto o impressionassem o gigantismo estatal e as obras faraônicas. Afinal, as diversas obras que fez ou projetou fazer no Rio são mais impressionantes pela quantidade que pela envergadura individual, e não se poderia apontar uma só, com justiça, que não fosse realmente necessária, que fosse apenas um "elefante branco".

---
[222] Idem. *Ibidem.*, p. 163.
[223] Idem. *Ibidem.*, p. 163.

Ainda sobre a energia, Lacerda acreditou – e, como vimos, esta foi uma de suas desavenças com Roberto Campos –, que o serviço da Light era ineficiente e as condições da empresa para continuar a operar não eram aceitáveis. Na convenção do Partido Libertador, constante aliado da UDN, em junho de 1960, Lacerda opinou:

> Num país inflacionado, mais do que em outro país de finanças normalizadas, o capital privado não se deixará atrair para o investimento numa atividade que paga, mal e mal, muito menos do que rende o dinheiro posto a juros nos próprios bancos do governo desse país. Num país em que a indústria automobilística paga o seu capital num abrir e fechar de olhos, graças a favores excepcionais de um governo que com ela se associa, ninguém aplicará dinheiro em construção de usina elétrica para vender eletricidade a preço tabelado. A não ser quando não tenha outro remédio, e ainda assim, formando seu capital exclusivamente à custa do próprio consumidor, sem investir do seu bolso, sem nada arriscar do seu próprio pelo[224].

Era assim que Lacerda justificava sua ideia de uma solução estatal, recorrendo ao governo federal para construir uma usina de energia térmica, já que considerava este último o imediato responsável pela crise de energia na cidade; porém, já julgava que a integração do sistema elétrico da Guanabara na região Centro-Sul como um todo seria a solução de longo prazo.

No campo da saúde, mais uma vez a receita lacerdista era apostar em descentralização e em criticar o centralismo asfixiante da União. *"A responsabilidade pela saúde do povo é de caráter eminentemente local"*, disse na convenção do Partido Democrático Cristão, também em 1960.

> O Governo Federal usurpou as funções dos estados e, ao mesmo tempo, privou-nos de recursos até para exercer legítimas atribuições que lhes restaram. (...) O Governo Federal ocupou, ao longo desses anos de usurpação e de confusão mental, de gigantismo totalitário e de incompreensão mais ou menos generalizada, a delicada área

---

[224] Idem. *Ibidem.*, p. 198.

da assistência médica, que constitui responsabilidade precípua da administração local[225].

A meta de Lacerda era garantir que as verbas pudessem chegar satisfatoriamente até as localidades, sem tanto controle da burocracia centralizadora. O principal foco do Estado deveria ser na prevenção das doenças e epidemias, permitindo a realização de convênios para articulação dos serviços médicos oficiais. Para tanto, ele esperava contar com a iniciativa privada:

> Pela mesma razão de contar com a inteligência do povo, (...) vamos aplicar também ao problema da assistência médica e hospitalar na Guanabara a nossa política de apoio à iniciativa privada. Uma lei federal proibiu o médico de dar consultas na farmácia, partindo do princípio de que o farmacêutico, figura indispensável da comunidade, e o médico, figura decisiva da comunidade, eram sempre e necessariamente mancomunados na venda de remédios. Esqueceram-se de que no consultório da farmácia começaram doutores como Miguel Couto. Não voltaremos a ele, se o governo federal não permitir. Mas, nesses milhares de instituições beneficentes que prestam assistência médica, tantas vezes vivendo de contribuições devidas exclusivamente ao trabalho do médico, daremos não somente a simples subvenção como uma esmola eleitoreira ou distraída, mas sim, também, a ajuda técnica, para melhorar o seu rendimento e o seu padrão médico. Os aparelhamentos do governo do estado rendem pouco porque funcionam geralmente pela manhã. Por que não entrosá-los com as instituições de cada local, para ficarem também à sua disposição? Por que não estimular a formação de clínicas particulares ou institucionais, pela ajuda financeira que já é dada de modo dispersivo e sem fiscalização ou critério de padrão científico, em proporções financeiras enormes? Por que duplicar serviços oficiais em locais onde haja serviços médicos de instituições beneficentes, de formações industriais ou comerciais dedicadas ao mesmo trabalho? Por que não usar melhor o devotamento dos médicos, seu desejo de manter-se treinados e desenvolver suas técnicas, dando maior rendimento ao seu trabalho, pelo apoio às organizações a que prestam a sua colaboração?[226]

---

[225] Idem. *Ibidem.*, p. 205.
[226] Idem. *Ibidem.*, p. 215.

Lacerda acreditava no dever social de conseguir que ninguém estivesse privado do acesso aos serviços de saúde necessários ao bem coletivo, mas acreditava que isso seria muito mais eficaz e facilmente atingido através de uma rede de cooperação entre o poder público e a iniciativa privada, não através de uma estatização completa do setor, desejada pelos socialistas de plantão. Em vez de apenas desejar oferecer aos médicos algum cargo público, ele queria que fossem valorizadas as clínicas particulares e os esforços individuais, bem como a aspiração dos médicos por seu próprio crescimento profissional.

Definidas essas prioridades, Lacerda reprisou, ainda em *A Cidade Devastada e sua Reconstrução*, suas críticas à construção de Brasília:

> Feita na desonestidade dos meios e na desonestidade dos fins, roubada de nascença e roubada ao nascer, mórbida cidade de exílio e desterro, onde só existe pioneirismo no sacrifício dos candangos e na voracidade dos especuladores, cidade feita com o dinheiro que falta às favelas e às escolas do Rio, às famílias do Norte e do Nordeste, às indústrias e à criação do Sul e ao verdadeiro desenvolvimento do Oeste, que não depende de arranha-céus e sim de lavradores[227].

Como se pode ver, a indignação e os rancores com a construção da atual capital brasileira e com o abandono do Rio de Janeiro ainda estavam muito abertos no coração do tribuno udenista.

IX.3 - O problema da remoção das favelas

Podem caber aqui, para encerrar, algumas palavras sobre a polêmica da remoção de favelas, um dos aspectos mais levantados pelos detratores, contemporâneos e póstumos, para desumanizar a figura de Carlos Lacerda. Novamente, nos socorreremos do brilhante apanhado

---
[227] Idem. *Ibidem.*, p. 167.

realizado por Maurício Perez. Ele se lembrou bem de que, ainda em seus tempos de colunista do *Correio da Manhã*, Lacerda escreveu uma série de artigos sob o título *A Batalha do Rio*, em que apontava como uma das tarefas primordiais a que se deveria dedicar a sociedade carioca atentar para os dramas vividos nas favelas pela população mais carente. Ao mesmo tempo em que escrevia, Lacerda também ia à *Rádio Mayrink Veiga* – exatamente o trajeto que fez quando sofreu um atentado, provavelmente em razão de suas pesadas críticas ao prefeito Mendes de Moraes – defender a exortação de todos a essa batalha, cujas proporções não seriam medidas, como escreveu em 16 de maio de 1948, *"pelo número de mortos e sim pelo número de vivos que tenha feito"*.

A convocação não foi feita tão estridentemente à sociedade em vez de ao governo sem um motivo. Lacerda estava explicitando que confiava mais no povo que na burocracia estatal executiva, que mais atrapalhava que ajudava na resolução dos problemas das favelas. Seu plano envolvia atacar o maior número possível de casos individuais, para tentar varrer do mapa as dificuldades de ao menos 30 mil pessoas, 10% da população total das favelas; encaminhar medidas legislativas para enfrentar as questões mais gerais; estabelecer os alicerces para uma rede de cooperativas de crédito para a construção de habitações populares e, principalmente, mobilizar o espírito de toda a comunidade, de todos os cariocas, para encarar o combate a esse quadro de coisas como a necessidade número um do Rio de Janeiro, o propósito maior a ser perseguido para a paz social. Pontuou no mesmo texto:

> Melhorar uma favela não é contribuir para mantê-la, desde que melhorá-la significa dar aos seus habitantes a melhor oportunidade e possibilidades de comer melhor, de educar-se, de ter mais saúde etc. (...) Dando-lhes assim força para sair da favela. (...) Não se trata de nenhum modo de acabar com as favelas no sentido de adequar os favelados. Trata-se de incorporar aos benefícios e deveres da civilização uma parte considerável da população, aglomerada em barracos indignos da espécie humana. (...) Aqueles que não quiserem fazer um esforço sincero e profundo para atender ao problema das favelas, assim como aqueles que preferirem encará-lo como caso de polícia, têm uma alternativa diante de si: a solução revolucionária (pois) os comunistas

(...) oferecem a expropriação dos grandes edifícios e a ocupação de todo o edifício como solução imediata, redutora e fagueira a quem vive numa tampa de lata olhando o crescimento dos arranha-céus.

Desde então, Lacerda já tinha uma atitude que desagradaria aos cultistas contemporâneos da estética da favela; entendia que a favela era um ambiente muito decantado da sociedade, onde, materialmente, culturalmente e espiritualmente, os indivíduos em grande quantidade estavam privados das melhores primícias da civilização. Seria preciso aproximá-los dela, levá-los a acessar aquilo a que têm direito. A situação das favelas nas décadas futuras, como sabemos, só se agravaria, mas por aí já se via que Lacerda seria o último a merecer a acusação de insensibilidade e desatenção a tão sério problema social. Ao contrário: bradou sozinho, não conseguindo à época incentivar uma mobilização ampla em torno do assunto.

Fato é que, naquele final dos anos 40, Lacerda era contrário a uma saída que passasse pela remoção das favelas, com o translado de seus moradores para outras áreas da cidade. Isso não passava por sua cabeça e julgava que seria inadequado, pela imprudência que seria levá-los para longe de seus locais de trabalho.

Entre os anos 40 e 60, nenhuma das soluções e debates travados em torno das favelas chegou a qualquer resultado sólido. Às vésperas e ao começo de seu governo, Lacerda ainda mantinha o mesmo entendimento de *A Batalha do Rio* acerca da não-remoção das favelas, mas isso mudou durante seu governo. O sociólogo José Arthur Rios (1921-2017) foi sua inspiração teórica para as primeiras propostas que fez, envolvendo uma cooperação entre o governo e os próprios moradores para soerguer a favela. As soluções de Rios começaram a parecer impalpáveis demais para Lacerda e os dois acabaram se desentendendo, com a saída do sociólogo dos quadros do governo e a reviravolta na política pública lacerdista para o setor.

Lacerda ainda resistia à remoção das favelas. Gastou com uma urbanização completa da favela da Vila da Penha, com abertura de ruas, loteamento e registro de propriedades, instalação de redes de esgoto e infraestrutura, conforme relata Perez, para, no entanto, em breve tempo assistir à "refavelização" do local. Quando um dos mais importantes secretários do governo Lacerda, Raphael de Almeida Magalhães (1930-2011), apresentou ao governador um projeto de construção de conjuntos habitacionais que poderia ser replicado por toda a cidade, ele se deixou convencer de que a favela não era essencialmente um lugar bom para se morar e de que a única maneira satisfatória de integrar seus moradores à sociedade seria a remoção.

Apesar da campanha difamatória das oposições, a remoção envolvia um esforço sistemático da assistência social para convencer os favelados da realização do translado, em uma engenharia financeira que funcionou bem no início. Porém, somando-se as suas dificuldades naturais, questão que não nos compete examinar aqui, e as complicações conjunturais de ordem política e econômica, não conseguiu jamais alcançar a meta radical de pôr fim às favelas de toda a cidade.

Os governos seguintes, em especial o de Negrão de Lima (1902-1981), que havia sido um nome importante do Estado Novo e do varguismo e era profundo desafeto de Lacerda, continuaram e ainda intensificaram a remoção de favelas, não ficando, porém, com a mesma pecha vilanesca na língua ferina dos demagogos. Aliás, algumas das projeções do governo de Lacerda em outros departamentos foram seguidas e concluídas, sem problemas, pela administração de Negrão de Lima, o que só demonstra as suas qualidades, a ponto de se imporem mesmo às diferenças políticas entre os dois.

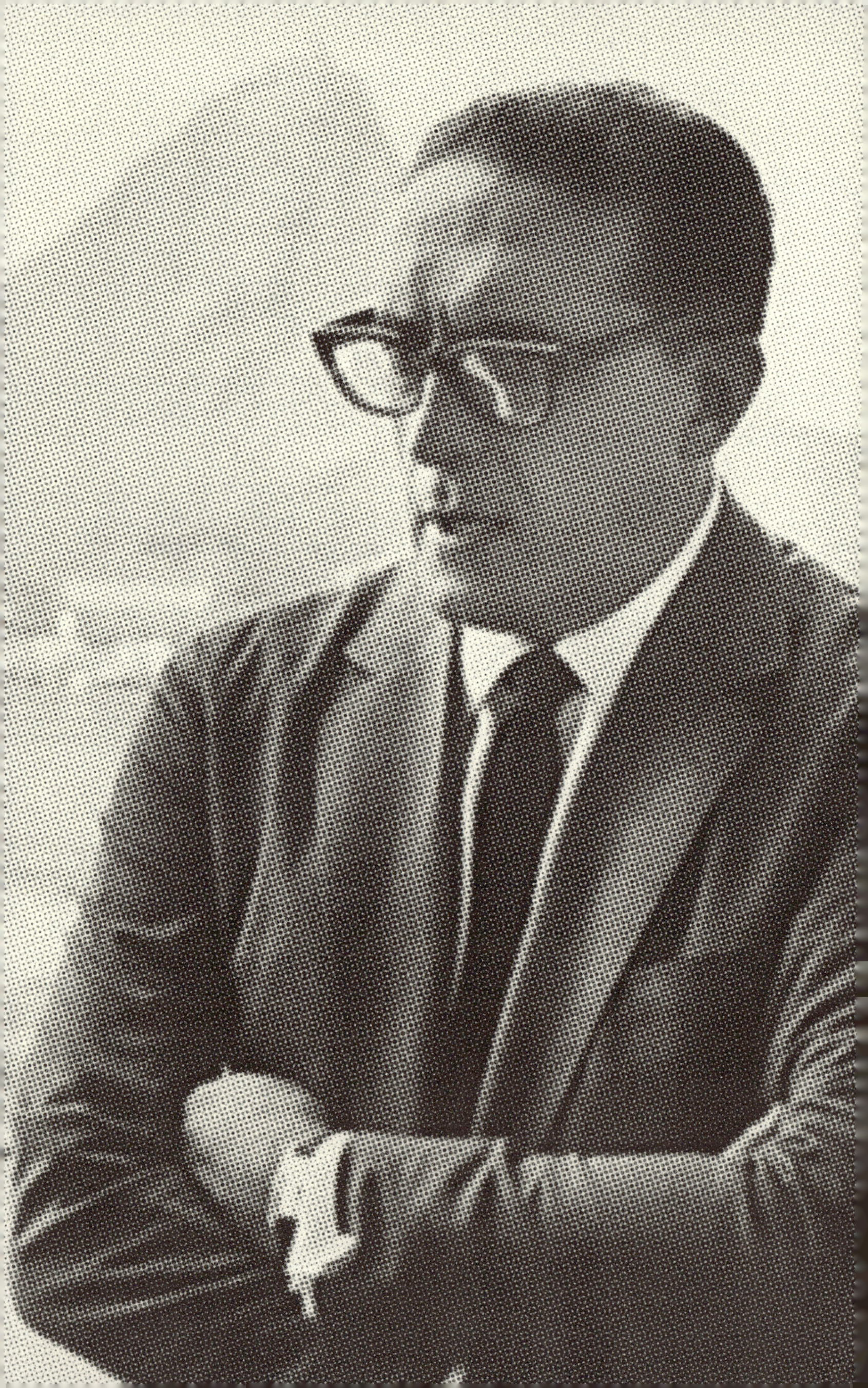

CAPÍTULO X

A necessidade da "desvarguização"

X.1 - A tese da ditadura incompletamente interrompida

É de costume e interesse dos odiadores profissionais de Carlos Lacerda, bem como dos que simplesmente absorveram desses odiadores suas leituras da História, a redução de toda a sua obra, pensamento e atitudes a uma palavra: "golpismo". Tudo que Lacerda fez ou disse teria sempre o objetivo de meramente fazer soçobrar a institucionalidade vigente para permitir sua própria ascensão ao poder, como se fosse uma espécie de gângster político disposto apenas a destruir, nunca a edificar; a dominar, nunca a governar pelo bem público.

A exposição de suas ideias até aqui demonstra, a nosso ver, a substância de princípios que inequivocamente o animavam. Mudou de opinião várias vezes, seu discurso se modificou de acordo com o contexto, ajustou-se politicamente – como, convenhamos, é de se esperar de um político –, mas parece bastante demonstrado que tinha alicerces perenes sobre os quais se sustentar. Se a intenção de apenas destroçar e nunca erguer coisa alguma já se nos revela vazia, estariam, entretanto, certos, os que afirmam que Carlos Lacerda foi golpista?

Não responderemos já diretamente a essa pergunta. Faremos melhor: se nosso propósito aqui é oferecer uma introdução ao pensamento político do personagem histórico, melhor será reconstruir e acompanhar os eventos históricos em que essas acusações e adjetivações se baseiam, procurando simular, através dos excertos de comentários e artigos do próprio udenista, como temos feito até aqui, o ponto de vista dele sobre tais acontecimentos e experiências. Trata-se do modo por que Lacerda avaliou os momentos de auge em seus embates contra seus principais oponentes, de Getúlio Vargas a João Goulart, passando por Juscelino Kubitschek e Jânio Quadros.

Os principais eventos que suscitam o nascimento dessa pecha remontam a uma tese central do lacerdismo, que precisa ser recuperada no contexto em que existiu e construiu seu sentido: a da perpetuação da oligarquia estadonovista no seio da República oficialmente iniciada em 1946, através da manutenção de uma máquina política facilitadora de suas pretensões, bem como de uma legislação eleitoral que demandaria profunda reforma para evitar fraudes e manipulações. Para compreender o que isso quer dizer, é preciso remontar à queda de Vargas.

Já reproduzimos aqui a narrativa do golpe de 1937 com que, apoiando-se no engodo do Plano Cohen e no medo do comunismo, o caudilho de São Borja iniciou sua ditadura completa, desprezando qualquer simulacro de ritual democrático-representativo. Também já apontamos como, a partir da participação da Força Expedicionária Brasileira na Segunda Guerra e do Manifesto dos Mineiros, as circunstâncias que sustentaram essa ditadura se fragilizaram e os próprios militares, em outubro de 1945, depuseram Getúlio.

Ocorre que um regime tão autoritário e fechado quanto o getulista não poderia se verificar apenas com a força de um único homem. Ele era resultado de um acordo entre lideranças que se deixaram capturar pela mesma atmosfera, adaptada ao tempero brasileiro, que conduzia as nações europeias para o totalitarismo fascista. Nos anos 30, por exemplo, parlamentares como Luis Sucupira (1901-1997), ligado a um ultramontanismo e antiliberalismo católico, já diziam, até na própria Constituinte de 1934, que a democracia liberal era um problema e o ideal seria perseguir emendas constitucionais que *"facilitem, mais tarde, o advento do Estado totalitário que desejamos"*[228], o "Estado corporativo". Teóricos como Oliveira Vianna (1883-1951) e juristas como Francisco Campos (1891-1968) defendiam sem qualquer pudor a necessidade de um endurecimento, impondo a conciliação das classes ou segmentos da sociedade para buscar a grandeza nacional. Tudo isso culminou nos discursos desavergonhados de Vargas no Estado Novo, declamando a importância de aniquilar os partidos políticos e as bandeiras estaduais e centralizar todo o país em torno do seu paternalismo com mão de ferro.

 Quando tamanha ditadura desmorona, e é aí que reside a essência do pensamento lacerdista em enfoque, simplesmente o ditador vai se alojar em sua fazendinha em São Borja e todas as figuras que participaram da implantação do regime, que governaram autocraticamente os estados e cidades como interventores de Vargas, os sindicalistas que atuaram em favor de seu regime, todos permanecem exatamente onde estão. A imprensa fabricada por Vargas, particularmente o rádio, permanece, com as estruturas econômicas e sociais criadas por ele. Em suma, toda a máquina da ditadura e as pessoas que a sustentaram e defenderam continuam em posição de destaque na decisão dos rumos da vida pública e na condução do Estado. Agamenon Magalhães (1893-1952), Benedito Valadares (1892-1973), Nereu Ramos (1888-1958)... até Hugo Borghi (1910-2002) e os demais defensores do Queremismo, movimento que queria Vargas como presidente, com ou sem Constituição! O próprio presidente eleito (com a recomendação, nos últimos dias, do próprio Getúlio) era o marechal Dutra, um dos principais braços militares do golpe de 1937. É mais ou menos como se, logo após a execução de Mussolini, o fascismo permanecesse firme e forte na Itália e, após a morte de Hitler, os nazistas continuassem e conduzissem eleições ou uma constituinte logo em seguida, como se nada tivesse acontecido – com a diferença de que aqui o líder central também não estava morto, apenas tirou férias. Essa analogia não é nossa; o próprio Lacerda a faz

---

[228] VIANNA, Luiz Werneck. *Liberalismo e Sindicato no Brasil*. Op. cit., p. 191.

no *Depoimento*, embora fazendo referência ao momento posterior ao suicídio de Getúlio, e não ao momento que sucede o fim do Estado Novo:

> É como se no dia seguinte da morte de Hitler, no *bunker*, se fizesse uma eleição na Alemanha, ou como se no dia seguinte ao que penduraram Mussolini num poste, junto a um posto de gasolina, fizessem uma eleição na Itália. Lá havia uma tropa de ocupação estrangeira que impediu essa loucura. Não deixaram fazer essa loucura. Primeiro, deixaram que o país se desintoxicasse, se desfascistizasse ou se desnazificasse. Fizeram até o Tribunal de Nuremberg, mataram uma porção de sujeitos responsáveis pela guerra e só depois fizeram eleições. Então, Adenauer ganhou, então De Gasperi pôde ganhar. Se as eleições fossem imediatamente após a guerra, tinha ganho um fascista ou um nazista. Aqui não havia tropas de ocupação estrangeiras, nem necessidade disso. As Forças Armadas estavam aí para garantir uma eleição democrática. Agora quem não estava em condições de fazer eleições democráticas, naquele momento, era o povo, que estava profundamente traumatizado, e ainda por cima com uma lei eleitoral toda errada, toda viciada, feita para garantir o predomínio de uma casta e de uma oligarquia política[229].

O trauma popular a que Lacerda fazia referência era o suicídio de Getúlio, e sobre isso falaremos mais adiante, mas o resto do discurso já se aplicaria, dentro da linha de raciocínio que ele estabelece, à situação de 1946. Essa era a luta a que Lacerda queria se dedicar: mostrar que a ditadura caiu, mas todo o edifício que ela ergueu permanecia, uma situação *sui generis* se comparada a todos os regimes similares contemporâneos. As crônicas ferinas que redigiu como colunista do *Correio da Manhã* enquanto acompanhava a Constituinte de 46 visavam todas a tentar apontar isso. No mesmo *Depoimento*, ele resumiu com ainda mais clareza capítulos antes:

> Foi quando eu comecei a defender a tese, que depois desenvolvi na ocasião do suicídio dele, de que não se substitui uma ditadura por uma democracia em 24 horas. Tese que me valeu a fama de "golpista", até de "fascista" etc. A minha tese era a seguinte: a máquina da ditadura

---
[229] LACERDA, Carlos. *Depoimento. Op. cit.*, p. 148.

foi montada em anos de trabalho. Montada tecnicamente, através da censura, através da propaganda, através do monopólio do rádio, através dos órgãos de comunicação de massa, e através sobretudo de uma impossibilidade de a oposição se comunicar porque eram velhos políticos que tinham ainda as mesmas técnicas do tempo em que as oligarquias ganhavam votação: dividiam o país entre si e ganhavam eleição. Um ganhava aqui, outro ganhava acolá etc. Enquanto isso, o Getúlio partiu para a técnica moderna de comunicação de massas, que tinha usado como ditador, através do Lourival Fontes, que era um fascista, um goiano fascista, fabulosamente inteligente e técnico no assunto. O criador do "mito Vargas" no Brasil foi Lourival Fontes. E mais ainda: o prestígio e a máquina do exercício do poder. Toda gente, mal ou bem, devia algum momento de sua vida ao Getúlio. Ou uma nomeação, uma promoção, uma boa palavra, um sorriso, um aperto de mão, um emprego para a família, ou alguma coisa. Ele foi dono do Brasil.

Por tudo isso é que defendi a tese de que é preciso, primeiro, reformar a legislação eleitoral; segundo, desmontar a máquina da ditadura; depois, convocar as eleições. Convocar eleições em cima disso é apenas coonestar a volta da ditadura com o voto popular. Coisa que se deu depois com o Perón[230].

Lacerda ironizava a presença de Getúlio como senador, o que para ele era um tremendo absurdo. O ditador não deveria ter qualquer vez ou voz na política brasileira novamente, porque a sua presença, por natureza, era um acinte à democracia e contaminava a atmosfera pública de anseio pela instauração de uma autêntica democracia liberal. Também, não sem reconhecer que o próprio presidente Dutra era uma dessas figuras, tentava pressioná-lo a se afastar dos demais nomes que mantinham fidelidade irrestrita aos "ideais" do regime de 37.

Lacerda identificou 3.500 emendas que os estadonovistas tentaram, na sua avaliação, acrescentar à Constituição para adorná-la de vantagens para os seus projetos. Ao mesmo tempo, figuravam na elaboração do "novo regime" integralistas e comunistas, outras

---

[230] Idem. *Ibidem.*, p. 101.

forças antiliberais e antidemocráticas concorrentes dos estadonovistas. Preocupava a Lacerda esse contingente de protótipos de tiranos que perfaziam a Constituinte, ainda que a tendência formalista fosse pela democracia. Dizia Lacerda em julho de 1946 que *"a culpa maior vem do governo do sr. Dutra. Pela inépcia porque foi constituído, pela incapacidade indisfarçável dos seus membros, esse governo compromete a democracia"*[231] e acabaria reabilitando Vargas, *"que para isso instalou os seus profissionais da traição no próprio bojo do novo governo"*[232]. Essa talvez tenha sido a primeira "profecia" de Lacerda, posto que de fato Vargas voltaria ao poder logo em seguida como presidente eleito.

Ao mesmo tempo, figuras como Nereu Ramos, com a maior desfaçatez, expressaram seu orgulho por terem servido "ao regime de 37" na Constituinte, em tese feita precisamente para sepultá-lo. Dizia Lacerda em 14 de março de 46 no *Correio da Manhã*:

> Constituição é coisa que qualquer agrupamento legislativo pode fazer. Mas Constituição democrática não é para qualquer bico. Não basta que duas centenas de homens se reúnam numa sala, escolham 39 expoentes e lhes digam: bem, senhores, agora façamnos o projeto de uma democracia... Como dizia um eminente bispo americano, não basta governo do povo e muito menos governo para o povo; é preciso, para que haja democracia, o governo exercido pelo povo. Essa presença do povo na obra constitucional só se efetua pela participação dos seus representantes nos temas fundamentais da vida popular, a sua vida em comum com o povo, na comunhão de sentimentos, de aspirações, de necessidades e reivindicações.
>
> Não é a Constituinte uma lagarta (...) a tecer meticulosamente o casulo que há de encerrá-la, para depois surgir metamorfoseada em mariposa que se acasala com o sr. Dutra e põe, em média, quatrocentos e cinquenta ovos – todos democratas autênticos... O processo não é assim tão simples; e só o primarismo ou, para ser exato, o oportunismo desavergonhado de uns quantos falsificadores da opinião pública poderia concordar com o *slogan* mistificador do líder da maioria.

---

[231] BRAGA, Sérgio. *Na Tribuna da Imprensa: Crônicas sobre a Constituinte de 1946. Op. cit.*, p. 499.
[232] Idem. *Ibidem.*, p. 499.

Que é o governo do sr. Dutra, em última análise, senão o filho legitimado da ditadura? Que se há de fazer para redimi-lo do pecado original? Adoçar para com ele as nossas expressões contribuiria para que se mantenha e se generalize no país o logro de 2 de dezembro? Temos de enfrentar com seriedade este problema: foi o povo culpado do erro de 2 de dezembro? É claro que não. Não se poderia esperar que depois de praticamente 15 anos sem eleições, e de toda uma década de desmoralização, propaganda envenenada, corrupção e medidas opressivas, o povo saísse à rua com plena consciência dos seus direitos e inteira percepção dos melhores meios de atingir a maioridade política. Neste sentido, isto é, numa obra de esclarecimento da consciência pública, a Constituinte encontra função mais importante do que a da própria elaboração constitucional. E isto por um motivo muito simples: é que só através desse esclarecimento, dessa vigilância indormida e cotidiana, teremos possibilidade de arrancar dos *zombies* da ditadura alguma coisa parecida com uma Constituição democrática".

O malogro de 2 de dezembro de 1945 havia sido a eleição de Dutra, em que este derrotara o brigadeiro Eduardo Gomes – aliás, a primeira em que as mulheres efetivamente votaram. Apesar de, diante do clima formado, Dutra ter "traído" Vargas e apoiado sua deposição militar – repete-se, sem maiores consequências para a liberdade do deposto –, o ditador decidiu apoiar o candidato do PSD para garantir a permanência das forças estadonovistas e impedir que a UDN chegasse ao poder, desfizesse seu legado e ainda o punisse. Toda a máquina queremista e varguista começou a trabalhar por Dutra e Hugo Borghi, espertamente, deu a cartada final. Eduardo Gomes fez um discurso, em 19 de novembro, em que dizia: *"Não necessito dos votos dessa malta de desocupados que apoia o ditador para eleger-me presidente da República!"* O propagandista do queremismo registrou a fala e adulterou seu sentido, afirmando, nas rádios e panfletos, que Eduardo Gomes estava menosprezando os votos não dos próceres do Estado Novo, mas de todos os marmiteiros, ou seja, estava formulando uma declaração elitista e antipopular. O somatório de todo esse edifício de mentira garantiu a vitória das forças continuístas, para que, por detrás de toda a transformação formal do regime, elas se perenizassem. Eis as razões da fúria de Lacerda, que ficava, então ainda apenas um jornalista, profundamente inconformado com os setores da UDN que achavam aquilo perfeitamente tolerável e se acumpliciavam com os restolhos da ditadura.

      Essa impressão péssima, esse horror ao continuísmo dos elementos da ditadura, de personalidades que não tiveram quaisquer peias ao se somar ao poderio de um ditador que tratou Constituições como lixo – e não veriam problema algum em fazê-lo novamente –, precisam ser levados em conta, por dever de justiça, sempre que se apreciar, com o olhar de nossa época, as posturas ditas "golpistas" de Carlos Lacerda. Eram esses a experiência e o contexto imediato que o moviam quando fazia suas declarações e sustentava suas teses publicamente. A opinião de Lacerda sobre Dutra até evoluiu favoravelmente com o tempo. Ele achava admirável, a despeito do lamentável passado do presidente, o respeito que ele passou a exibir pelo "livrinho", isto é, pela Constituição, e sua disposição por passar o governo a outras mãos, o que ele poderia perfeitamente ousar não fazer. Infelizmente, para mãos que Lacerda jamais aceitaria ver a assumi-lo novamente... As mãos do próprio ditador que havia acabado de ir "passear" e já queria retomar o comando da nação que iludiu!

X.2 - "Devemos recorrer à revolução para impedi-lo de governar"

Com isso, chegamos a 1950, quando acontece o primeiro episódio em que Lacerda é acusado de golpismo. Diante da candidatura de Getúlio Vargas à presidência da República, como se quinze anos de história não tivessem existido, Lacerda é apontado como autor das seguintes palavras:

> O sr. Getúlio Vargas, senador, não deve ser candidato à presidência. Candidato, não deve ser eleito. Eleito, não deve tomar posse. Empossado, devemos recorrer à revolução para impedi-lo de governar.

São verdadeiras; ele realmente as proferiu. Disso deduzem seus críticos ser ele um monstro moral que não tolerava a vitória eleitoral de um adversário. Direito que lhes assiste, naturalmente. Porém, fariam bem em completar o parágrafo com a frase final, que delineia o sentido mais completo das palavras de Lacerda: *"Ele já fez várias, isso para ele não é novidade"*. Melhor fariam como faremos, diante da importância histórica desse artigo, intitulado "Advertência oportuna", publicado na *Tribuna da Imprensa* de 1º de junho de 1950, para uma compreensão adequada do pensamento lacerdista, se o reproduzissem na íntegra:

> A esta hora terá o sr. Getúlio Vargas recebido uma advertência oportuna. Não se trata de retirar-lhe os direitos políticos, pois o que não foi feito a 29 de outubro não teria cabimento agora. Menos ainda se trata de proibir-lhe o acesso a assembleias legislativas, para uma das quais, a mais alta de todas, foi eleito e à qual não se dignou de comparecer.
>
> Trata-se, isto sim, de advertir o antigo ditador sobre os perigos que ele faz correr a nação, e os que ele próprio terá de arrostar, se insistir em se prevalecer das armas democráticas que negou aos seus concidadãos para voltar ao poder de que se havia apropriado pela força.
>
> Essa advertência feita agora com ponderação e equilíbrio pelo ministro da Guerra, sem arreganhos de força, mas sem o açodamento ignóbil com que alguns políticos e outros tantos militares desmandados procuram fazer reverdecer a árvore seca da ditadura, deve calar fundo no espírito do sr. Getúlio Vargas.
>
> Ele bem sabe que não tem o direito de protestar contra qualquer aparente cassação de seus direitos de ser candidato à presidência da República. Candidato ele pode ser, o que não pode é ser presidente. Absurdo? De nenhum modo. O sr. Getúlio Vargas bem sabe que não é absurdo, uma vez que não fez outra coisa senão beneficiar-se dele.
>
> Em 1930, derrotado na eleição – ainda que esta não fosse das mais lisas – prevaleceu-se de uma revolução para assumir a presidência. O candidato legalmente eleito era o sr. Júlio Prestes. Quem subiu ao poder foi o sr. Getúlio Vargas.
>
> Em 1934, quando a eleição deveria ser feita pela consulta direta ao sufrágio direto e universal, o sr. Getúlio Vargas manobrou de modo

a que se escamoteasse a decisão das urnas – e se fez eleger pelo voto indireto da Constituinte. Com isso, evitou o debate, a campanha e a concorrência nas urnas livres. E não houve candidato – pois quem estava lá ficou.

Em 1937, quando se devia efetuar uma eleição livre e honrada, o grande benefício da Revolução de 30 ao Brasil, a qual deveria ser, apesar dos pesares, a consagração do seu governo, ele traiu a Constituição e, mentindo, fez-se ditador – cancelando a eleição e, portanto, suprimindo os candidatos.

Em 1945, preparava-se para fazer o mesmo quando foi apeado do poder. Com um governo provisório, ele se rebelou? Mostrou-se, acaso, inconformado? Nada disso. Concorreu muito bem comportado às eleições. E à última hora fez valer todo o peso de sua propaganda e da confiança que de boa-fé depositava nele uma grande parte do povo para eleger o seu candidato, o candidato de Getúlio Vargas, chamado Eurico Gaspar Dutra. Aceitou, portanto, o novo estado de coisas, submeteu-se às regras e princípios que informaram a nova situação, surgida do 29 de outubro. E fez das franquias que lhe foram concedidas o uso que se sabe: elegeu o general Dutra.

Agora, premido pelos famintos do poder e da volta à comilança, por todos os coronéis Teles, por todos os Artures Pires deste país, ele conta utilizar o honrado apoio de muitos brasileiros dignos que nele creem como tantos bons italianos acreditaram em Mussolini, ele se dispõe a ser candidato – e ainda pretende tomar posse.

Não. Mil vezes não. Ainda que para isso seja preciso fazer uma revolução no Brasil, tenhamos a coragem de dizer claramente ao sr. Getúlio Vargas: desista, porque não voltará à presidência da República.

Isso desgostará muitos brasileiros? É pena. O que não é possível é ver o governo que tem governado tão mal, por culpa do próprio sr. Getúlio Vargas, que o elegeu, servir afinal à volta do seu antigo amo, do ditador fantasiado de democrata.

A campanha divide opiniões. A existência de mais um candidato divide salutarmente as correntes partidárias, provoca um choque útil – aquele que o Estado Novo procurou eliminar. Mas, uma vez terminada a campanha, cessa a luta e o que existe ou deve existir é apenas governo e oposição numa emulação, numa concorrência útil ao país.

A eleição do sr. Getúlio Vargas, porém, seria diferente. Ela não dividiria opiniões dos brasileiros, ela dividiria os brasileiros. Verdadeiramente não seria uma luta política, seria uma luta de vida ou morte, entre os que acreditam na democracia com democratas e os que acreditam na democracia com antidemocratas.

A divisão não seria de opiniões e sim de concepções de vida, do Estado, da sociedade, da nação. O sr. Getúlio Vargas deixaria de ser aquele velhote galhofeiro e churrascal do Itu para ser, então, na prática, o símbolo de uma empreitada monstruosa de destruição do regime em que pretendemos viver, e que ele já traiu mais de uma vez.

O sr. Getúlio Vargas, senador, não deve ser candidato à presidência. Candidato, não deve ser eleito. Eleito, não deve tomar posse. Empossado, devemos recorrer à revolução para impedi-lo de governar. Ele já fez várias, isso para ele não é novidade.

Sentimo-nos no dever de lealmente lhe dizer que a advertência do ministro da Guerra não é apenas a do oficialismo, a do governo, a das Forças Armadas. É a de uma parte considerável e também responsável da nação, que está pronta a se unir com o governo ou com quem quer que seja para evitar que ele, o traidor de 10 de novembro de 1937, volte a governar o Brasil com a sua camorra.

O sr. Getúlio Vargas já teve tudo o que podia esperar do Brasil – e muito mais. Deixe-o agora em paz, se quiser ter paz. Pois, se quiser guerra, ele a terá também, e não poderá se queixar dos resultados.

Dito em outras palavras: já se havia aceitado que, ao mesmo tempo em que se prometia a instauração da democracia, todos os próceres do regime autoritário permanecessem ocupando posição de protagonismo. Já se havia aceitado que o próprio ditador, aquele que transformou Constituições em leis ordinárias, fantasias quiméricas que se podiam rasgar sob qualquer pretexto, que havia feito do país coisa sua, saísse intacto e livre, sem sequer ser exilado, influenciasse as eleições, favorecesse a vitória do seu candidato e até se elegesse senador. Aquilo tinha que ser o limite. Permitir que, com toda a estrutura armada e fazendo uso dela, o ditador retornasse ao poder? Acreditar que o esforço de reconstrução democrática do país poderia sobreviver a isso, poderia lidar com isso, sem maiores traumas? Não; isso Lacerda não conseguia aceitar. Por isso mesmo, admitia sim a possibilidade da rebelião armada, da insurreição, do que quer que fosse preciso, para impedir que Getúlio Vargas retomasse à presidência da República. Retomamos a analogia anterior: se Mussolini ou Hitler tirassem férias numa fazenda quando se tentava reestabelecer a democracia em seus respectivos países, um substituto fosse eleito sob a influência do ditador e depois o próprio, com toda a atmosfera e a estrutura poupadas no processo, se utilizasse delas, ressurgisse triunfal e fosse eleito, seria uma aberração moral que uma liderança de oposição admitisse a hipótese da revolta para impedir tal disparate? Fosse ou não fosse, a juízo do leitor, era esse o raciocínio de Carlos Lacerda.

Não obstante, Lacerda queria evitar que a solução de força fosse necessária. Em 7 de junho, dizia, procurando afastar esse recurso: *"O que se impõe é o restabelecimento da lei, da paz, da ordem que a candidatura do senhor Getúlio Vargas virá perturbar, porque é a de um traidor da lei, de um inimigo da paz, de um fomentador da desordem e da desunião dos brasileiros".* As juras de respeito à democracia e à Constituição por parte dele não poderiam ser dignas do crédito legal e institucional, diante do seu histórico recente.

Em 16 de junho, complementou:

> Se os getulistas são minoria, não têm – está claro – o direito de pretender a volta do ditador. Mas, se são maioria, supondo que o sejam, terão eles o direito de se impor à própria Constituição?
>
> A Constituição não tem apenas artigos encostados. Ela é viva e não apenas se subdivide em parágrafos, ela é um todo. É como um todo que ela deve ser principalmente entendida e preservada.
>
> O ponto fundamental da Constituição é este: ninguém pode, por si só, modificá-la. Nem mesmo a maioria. Nem mesmo a totalidade do povo poderá alterá-la e, muito menos, substitui-la por outra.

Assim sendo, o ponto principal da defesa da Constituição consiste em não tolerar que chegue ao governo quem comprovadamente já destruiu uma Constituição, votada como foi esta de agora, jurada como esta foi também, impondo em seu lugar uma carta fascista, a de 10 de novembro de 1937.

Acresce que, sobre ser o traidor da Constituição votada pelo povo, o sr. Getúlio Vargas, eleito para ajudar a fazer uma nova Constituição votada pelo povo, que substituísse a sua carta fascista, não quis trabalhar por ela e nem sequer a assinou. Portanto, não tem com ela nem mesmo a sombra dos compromissos que tinha com a de 1934, que traiu.

Se acaso a maioria do povo brasileiro quiser mudar de Constituição, está no seu direito. Mas, para isso, tem de eleger um Congresso cujos membros, em sua maioria, tenham por programa a mudança da Constituição.

O que o povo brasileiro não pode, nem por maioria, nem mesmo por unanimidade, quanto mais pela minoria que todos sabem ser certa, é eleger um candidato cujos antecedentes de matador de constituições são notórios e cujos compromissos com a atual Constituição são nulos.

A democracia não dá a ninguém o "direito" de atentar contra o regime. Dá, certamente, o direito de pleitear a reforma e até a mudança da Constituição. Mas não lhe confere o direito de renegar a Constituição jurada numa assembleia de representantes do povo para impor outra, feita em casa.

Portanto, se muitos brasileiros julgam ainda que o sr. Getúlio Vargas deve ser candidato, apenas porque ainda confiam nele, todos os brasileiros hão de reconhecer que ele não pode ser candidato – porque não há neste país quem negue que ele trocou, de surpresa, a Constituição votada de 1934 pela Constituição imposta de 1937. (...)

Basta que se decida que o sr. Getúlio Vargas não pode ser candidato – e tudo estará sanado. Seria uma violência? Se fosse, seria apenas uma economia de violência, pois evitaria muito maiores num futuro próximo. Mas não é, nem pretendemos justificá-la desse modo.

A candidatura Getúlio Vargas não deve ser registrada porque é a de um inimigo comprovado do regime democrático. É certo que ele alega que o general Dutra também foi. Também. Mas quem elegeu o general

Dutra? Não foi o mesmo sr. Getúlio? E um erro menor justifica um maior? E por tolerar o ajudante se premia o principal responsável? O principal inimigo da democracia no Brasil chama-se Getúlio Vargas. Pois não é um inimigo potencial, alguém que pode vir a ameaçar as instituições democráticas. Não. É alguém que já as destruiu uma vez e que nada autoriza a crer que não virá a destruí-las oura vez como fez em 1930, para depois trair o ideal tenentista que teria justificado a supressão da Carta de 91, em 1932, quando sufocou o movimento constitucionalista para ao mesmo tempo enfraquecer os homens de outubro, em 1935, para "sufocar" uma quartelada que não valia mais que um susto, em 1937. (...) Diante de tais antecedentes, acreditar na "democracia" a ponto de permitir que o seu inimigo se apose do poder para destrui-la é o mesmo que destruir, com as próprias mãos, a democracia cujo nome assim se degrada. (...) O que realmente não se entende é um democrata que não esteja pronto a repelir, por todos os meios, até pelos mais heroicos, a volta do traidor.

Lacerda fez um movimento para tentar conter a solução dentro de vias que mantivessem a continuidade institucional – ou, por outra, do processo de conformação de uma institucionalidade que então ainda se verificava, tendo pouco tempo de vigência a Constituição de 1946, mais uma sob risco de virar uma fantasia. No entanto, continuava a insinuar a possibilidade de uma ação revolucionária. Isso porque, de fato, para ele, Getúlio Vargas não era apenas uma pessoa, apenas um candidato; era uma força destrutiva da democracia, uma representação viva de algo que era por natureza incompatível com a atmosfera que se processava e tentava construir. Sua presença evocaria a fragilidade institucional e aquilo que Lacerda desejava encerrar de uma vez por todas: a sequência de golpes e contragolpes, a sequência de intervenções militares e ações de ruptura em que se transformou, por quase todo o século XX, a República brasileira.

Ao mesmo tempo, enquanto tentava convencer os democratas a não se fracionarem entre as candidaturas do brigadeiro Eduardo Gomes, novamente representante da UDN, e do pessedista Cristiano Machado (1893-1953), Lacerda não deixou de censurar seu próprio partido e clamar ao brigadeiro que não concedesse apoios ou cargos aos integralistas, que sinalizavam seu apoio à sua candidatura, sob pena de a legenda que deveria sustentar o liberalismo político e o sistema representativo ceder fôlego, no combate à promessa de tirania de Vargas, a outra força de vocação totalitária. Preocupava-se em que, mergulhando na incoerência, a UDN perdesse legitimidade para travar a verdadeira batalha contra o inimigo mais poderoso. Antevia a preparação do cenário para que, desunidas, trocando tiros e perdidas em seus erros, as forças liberais-democráticas cedessem o Palácio do Catete ao caudilho.

Já em 4 de setembro de 1950, Lacerda trazia um princípio de descrição mais minuciosa daquilo que chamava *"a máquina do Estado Novo"*, a *"máquina da oligarquia"*, e que influenciaria nas eleições que aconteceriam no mês seguinte:

> As eleições de 3 de outubro próximo serão as mais corruptas da história política do Brasil. O uso indiscriminado do rádio para a propaganda insidiosa de candidatos à base de *slogans* em que, no dizer expressivo de Adhemar de Barros, "vale tudo"; o emprego desvairado do dinheiro do jogo para contrarrestar o dos cofres públicos, na atração e até na compra de votos; a corrida deslavada dos candidatos estaduais e municipais para os adversários dos seus próprios candidatos no plano federal; a influência esmagadora da órbita municipal e, quando muito, da estadual sobre a federal, de modo a tornar a escolha do presidente da República mera dependência das disputas locais; o duelo entre o dinheiro de São Paulo e do governo federal; a aliança de Borghi com o senador Vitorino Freire, que assim obtém a neutralidade do presidente da República para com o ignóbil aventureiro que pretende o governo do maior estado da Federação; o vil requestar de votos ao preço de qualquer concessão; a excessiva paga pelos serviços dos mandatários da soberania popular convertendo a vereança, a deputação e a senatoria numa espécie de boa colocação para gente malograda na sua profissão ou descrente de outro modo de ganhar a vida; o uso descarado de emissoras, jornais e revistas pertencentes ao patrimônio nacional para a propaganda de um candidato à presidência da República e de vários candidatos a várias coisas, o que tudo redunda na desmoralização da autoridade, desde então impotente para conter a onda que o seu exemplo desencadeia; o uso até de empresas industriais e comerciais incorporadas à União

para financiamento da propaganda de determinados candidatos, além de institutos e outras autarquias; a organização de empresas de publicidade, como a Propago, em São Paulo, controlando numerosas fontes de anúncios, para corromper jornais, revistas e emissoras em favor de Adhemar e seus cúmplices; essa competição na ignomínia, esse páreo de infâmia, essa partida de degradação, tornam a eleição de 3 de outubro um episódio profundamente triste e carregado de consequências que se anunciam trágicas para o país.

A essa altura, já lamentava perceber que o brigadeiro fora incapaz de arregimentar as forças democráticas e que as forças que apoiavam Cristiano Machado já o sabotavam, com vistas a levar Vargas de volta ao poder. Acusava ainda os outros dois candidatos de "poupar" Vargas de críticas mais contundentes por não quererem perder o apoio de "adeptos" que faziam alianças regionais e estaduais com o ditador presidenciável – graças aos problemas da lei eleitoral envolvendo as coligações, de que trataremos no próximo capítulo.

Já em 9 de outubro, Lacerda estava admitindo a enorme probabilidade de vitória de Vargas na *Tribuna*, vitória que, entre outros fatores, atribuía ao translado dos votos comunistas e pessedistas – estes últimos em traição a Cristiano Machado – para o gaúcho. Sobre essa vitória, assim insistia, no mesmo espírito de seus artigos anteriores à eleição:

> Uma parte considerável do povo brasileiro, digamos mesmo a maioria, resolveu que o país deve – seria mais prudente dizer que essa parte decidiu que ele pode eventualmente – voltar à ditadura. Não lhe interessa a liberdade senão para aclamar o responsável pela escravidão. Existe esse direito da maioria condenar a minoria – e que minoria! Não uma parcela insignificante, mas uma parte considerabilíssima da nação – à escravidão política? Pode o eleitorado, por majoritário que seja, decidir que o país não precisa de liberdade de pensamento e de palavra e não precisa do Congresso senão na medida em que ele for subserviente à demagogia do "chefe nacional"? (...) Nem a maioria, nem a totalidade do povo pode abrir mão de sua liberdade, que não é apenas um direito, mas é igualmente um dever. Existe o dever de ser livre. Não existe o direito de ser escravo. (...) A divisão que se operou

no país não foi a de facções, a de parcialidades políticas, fundadas na diversidade de programas fieis, no entanto, à essência de uma mesma concepção do Estado e da sociedade. Não. O que atingiu o país foi uma ruptura que o rachou quase de meio a meio. De um lado estão os que não se incomodam com a liberdade e que, portanto, não dão um doce pela Constituição com todos os seus direitos, porque malbarataram o seu direito desde que não cumpriram o seu dever – que é o de seguirem e fazerem seguir a Constituição que é a norma fundamental da comunidade política. De outro lado, aqueles também numerosos, miseravelmente traídos, ou levados, tantos deles, no engodo de campanhas falsamente conduzidas e pessimamente desenvolvidas, mas sempre e com direitos muito mais firmemente estabelecidos, dispostos a não viver na escravidão política, a usar e reclamar os seus direitos porque cumprem o seu dever de respeito à Constituição e às normas que ela estabelece para a convivência nacional. A casa, portanto, está dividida. Não é uma separação ocasional do jogo político, mas uma divisão fundamental, que atinge a própria concepção da sociedade e do Estado, para não dizer a própria concepção da vida.

Propôs, então, que as forças se arregimentassem para determinar o fim dessa divisão – ou para que caminhemos inteiramente para a ditadura, "que as eleições sejam inteiramente suprimidas, a liberdade de imprensa cancelada, o Tribunal de Segurança restaurado, e Getúlio Vargas se aposse da máquina que ele montou e que aí está intacta – a Agência Nacional, a rádio do mesmo nome, a *Rádio Mauá*, a *Rádio Roquete Pinto*, a *Rádio Ministério da Educação*, os jornais oficiais, o Banco do Brasil, a máquina de fazer dinheiro, a Ordem Política e Social, a Polícia Especial, os cassinos etc., etc.", ou que se assumisse de vez a democracia, incompatível com uma réplica brasileira do peronismo, em que uma articulação oligárquica de vocação antidemocrática justificaria "uma atitude de resistência legítima e indispensável". A admissão dessas premissas justificaria a oposição virulenta, fundamental, encarniçada e inegociável que Lacerda faria ao governo Vargas. Não se tratava, para Lacerda, da disputa entre políticos de partidos adversários; era uma guerra, dentro de uma democracia frágil e ameaçada, entre dois exércitos que não poderiam coexistir indefinidamente.

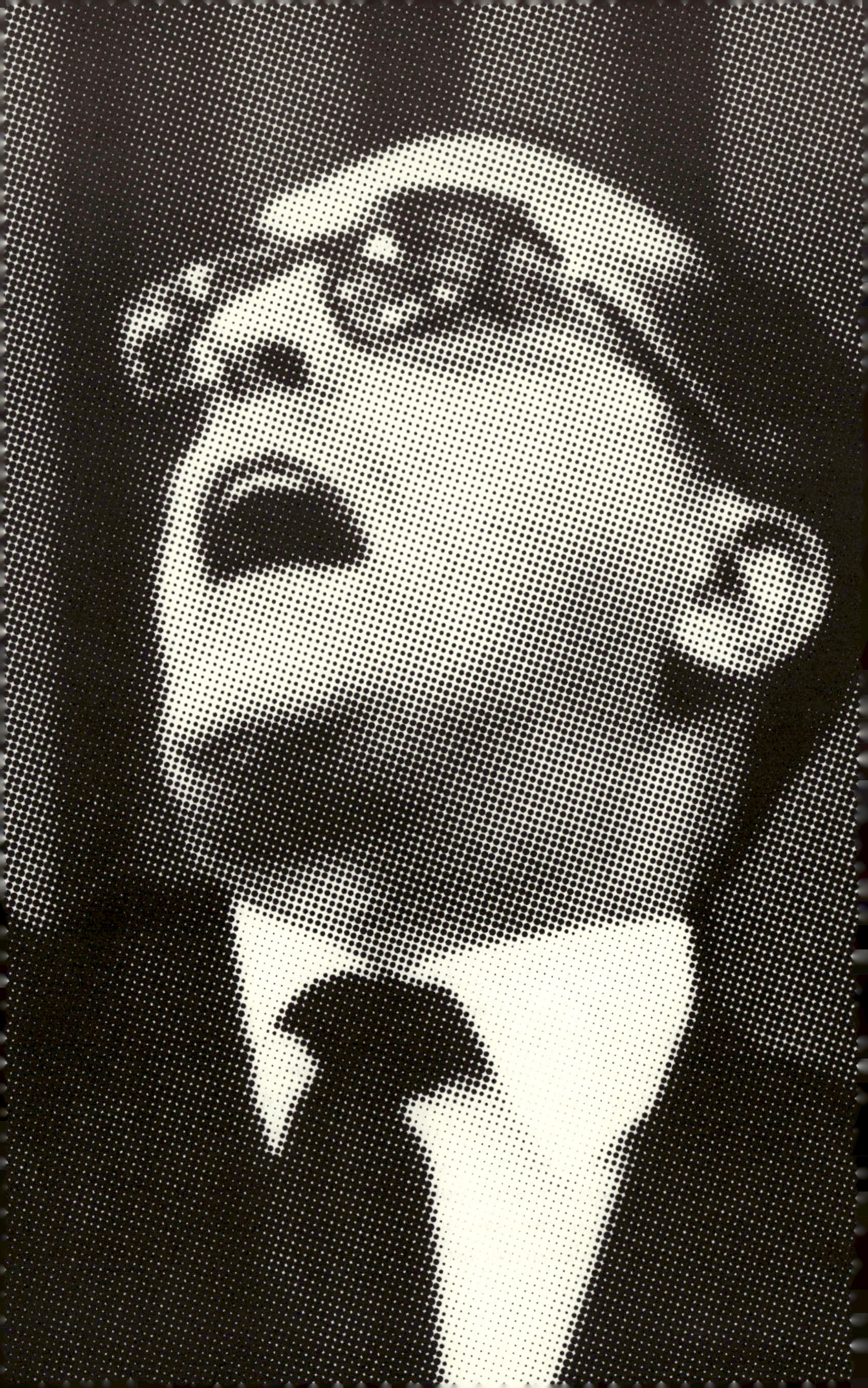

CAPÍTULO XI

A luta contra Vargas

XI.1 - Diagnóstico da similaridade com o peronismo e primeiros enfrentamentos

Apesar da gravidade com que julgava o quadro, em 12 de outubro de 1950, Lacerda já havia sepultado qualquer possibilidade de apoio a uma rebelião armada. Concluiu que muitos democratas que fizeram calorosas manifestações favoráveis a manter a candidatura de Vargas não teriam legitimidade moral, agora, para liderar uma revolta militar contra a sua posse. A saída única que restava era mesmo fiscalizá-lo e enfrentá-lo por cinco anos, fazendo de tudo para impedir que implantasse e perenizasse um regime de caráter peronista.

> Se perguntarem "que fazer?". Nossa resposta deve ser: continuar. Continuar a luta pela preservação e aperfeiçoamento da democracia dentro da lei. Continuar vigiando esse perigo agora instalado no próprio coração da República. (...) Getúlio sem Alemanha é Getúlio apenas com Perón, um ajudando o outro, porém os dois juntos sendo pouco para vencer a força dos próprios acontecimentos. Se tratarmos de

organizar a resistência cívica contra qualquer bote ardiloso de Getúlio, teremos conjurado o perigo.

Que a UDN tentasse então usar os instrumentos institucionais para controlar o presidente antidemocrático, ponderou Lacerda, seria o melhor procedimento a seguir; ele temia que as forças militares que viessem a impedir uma posse, se ligadas ao PSD e a alguns dos antigos interventores do Estado Novo, terminassem por não ser muito mais democráticas que o próprio Vargas e a emenda saísse pior do que o soneto. Vale lembrar que o "golpe" que derrubou Getúlio em 45 tinha apoio de Dutra e Góis Monteiro (1889-1956), que haviam percebido a atmosfera interna e internacional e que o Brasil deveria dar uma sinalização democrática, mas tinham sido coautores de 1937. O resultado disso Lacerda então já sabia, e não gostaria de repetir essa sequência *ad infinitum*.

Assim como os juristas da UDN, que criticou bastante por sua inércia diante do quadro que se formava, ele ainda deu abrigo por um tempo à tese de que Vargas só poderia ter sua eleição reconhecida legalmente se tivesse sido eleito com maioria absoluta de votos, uma última tentativa argumentativa de impedi-lo de assumir sem recorrer a um golpe armado. Porém, no *Depoimento*, o próprio Lacerda confessou que não estava convicto da própria bandeira e que era apenas um recurso desesperado que ele usava para tentar evitar o que julgava ser o prenúncio de uma guerra civil:

> Depois que perdiam eleição, (os juristas da UDN) diziam para a gente assim: "Vamos fazer uma campanha pela maioria absoluta. Só quem ganhar com maioria absoluta que ganha". Eu reclamei: "Agora, depois da eleição? Eu vou defender. Mas é uma tese estúpida e perdida de antemão. Então o sujeito já ganhou e você muda a regra do jogo depois do jogo? Como é?" Era tudo inviável. Quem ia resistir a uma vitória daquelas?[233]

---

[233] LACERDA, Carlos. *Depoimento*. *Op. cit.*, p. 102.

Nos primeiros dias após a eleição, atacou a pressão econômica sobre o papel dos jornais com o controle da sua importação, um mecanismo que governantes como Vargas e Perón usariam para domar a imprensa, e a proximidade entre os dois ditadores então no poder – tanto a proximidade literal entre eles quanto em ideias e pretensões. A pressão econômica podia ser feita através do Banco do Brasil, órgão que de há muito recebia as investidas de Lacerda, para quem era um instrumento de favorecimento dos aliados do governo, lamentavelmente mantido assim pelo governo Dutra, e seria arma oportuna para as artimanhas varguistas.

A tese de Lacerda, admitida a inevitabilidade do governo Vargas, era de que ele faria um esforço por minar a oposição de dentro do Catete, sem a necessidade de um golpe de Estado formal, e seria não mais tão próximo dos autoritarismos dos anos 30, cuja época estava finda, mas do nacional-populismo peronista, "cavalgado" pelos comunistas. Assim ele se expressou na edição de 24 e 25 de dezembro da *Tribuna*, descrevendo esse fenômeno:

> Não somente o sr. Getúlio Vargas não quererá desligar-se do "esquerdismo" que o levou ao poder, pois sabe que não tem com que substitui-lo, uma vez que jamais poderá confiar naqueles que tantas vezes ele já traiu, como, se quisesse, não poderia. E não poderia por esta simples razão: o Partido Comunista está capitalizando a popularidade, as promessas, os arroubos demagógicos do sr. Getúlio Vargas. À medida que ele for desiludindo o povo, aquela maioria (relativa) que ainda acredita nele, essa mesma maioria já não terá para onde ir, pois terá chegado ao extremo limite de sua credulidade nas soluções paternalistas e dos "guias da nacionalidade". Então, por desespero, por frustração e amargura, cairão nos braços do Partido Comunista, que aí estão, abertos, para receber os desiludidos do paternalismo getulista. O getulismo, em resumo, é a desordem. E esta só aproveita ao Partido Comunista.

Já em 1951, Lacerda vociferava contra boatos e sugestões de uma reforma constitucional, o que só poderia ser armação de Vargas, sendo ainda tão jovem a Constituição de 1946. Também alvejava suas "soluções" para o problema da inflação, que não podia deixar de ser, ao menos em parte, herança do seu próprio regime e de seu sistema de industrialização forçada, bem como seu discurso de desprestígio aos partidos, voltado a engrandecer seu poder pessoal.

XI.2 - A máquina varguista, o Banco do Brasil e a *Última Hora*

Em 2 de maio, voltou a criticar o controle de órgãos de imprensa pelo Estado, o que queria dizer, na prática, por Vargas.

> Ao lado dos órgãos pagos pelo Tesouro, que ele usa para a propaganda totalitária, como a *Rádio Nacional*, a *Rádio Mauá*, a *Rádio do Ministério da Educação*, a *Rádio da Prefeitura*, *A Manhã*, *A Noite* etc., há a pressão econômica que tais órgãos exercem contra as emissoras e a imprensa independentes. Quem pode resistir, entre os matutinos, quando o governo se dispõe a ter, como no caso de *A Manhã*, um prejuízo – que o povo paga com impostos – de 13 milhões de cruzeiros por ano? Se a rádio do governo transmite anúncios comerciais, quem pode concorrer com ela, se ela pode fazer preços de concorrência e oferecer instalações compensadas pelos impostos que o povo paga?
>
> Ainda por cima, (...) (outra) forma de absorção do pensamento popular surge em campo: os órgãos custeados pelo Banco do Brasil para neutralizarem e abafarem o efeito das vozes independentes que se levantam, à custa de todos os sacrifícios, para alertar o povo. Assim é que, agora mesmo, os srs. Lafer, Simões Filho, Lodi e outros custeiam, ou melhor, emitem "papagaios" contra o Banco do Brasil, que é quem realmente custeia a formação de órgãos de informação para o sr. Vargas acentuar a demagogia totalitária no país.

Na edição de 5 e 6 de maio, Lacerda ironizou a retórica, pelo visto nada inédita, de o populista tratar por "povo" somente aqueles que o elegeram, lembrando que a maioria absoluta não havia votado em Vargas. Temia novamente a manipulação dos sindicatos para tentar criar algum tipo de autoridade paralela, "por fora" do Congresso, de que Vargas se queixava, não obstante tivesse o apoio do PSD e do PTB. No dia 8, Vargas já estava propondo o congelamento de preços, para novo repúdio de Lacerda.

Em 1952, cabe ressaltar mais um embate de Lacerda com as instituições e poderes do país, menos no campo das ideias que da pura e simples reportagem. Em setembro daquele ano, ele publicou na *Tribuna* documentos que denunciavam remunerações ilícitas recebidas por policiais que não coibiam a prostituição. Conforme registra Dulles, a polícia fez um cerco forte, persuadindo as duas mulheres que elaboraram a lista de corruptos a afirmar no tribunal que forjaram tudo. Lacerda foi intimado a comparecer, mas disse, revelando estar recebendo ameaças, que os documentos eram prova suficiente dos crimes. Garantiu ao ministro da Justiça e velho desafeto, Negrão de Lima, que só compareceria preso. O juiz usou a Lei de Segurança Nacional da época do Estado Novo para prender Lacerda, que se deixou levar, amealhando ainda mais admiradores. Lacerda se declarou honrado por ser preso com base em uma *"lei fascista do Estado Novo"* e por ser punido pelo *"crime de defender os interesses da população do Distrito Federal"*[234]. Defendido pelo famoso jurista Sobral Pinto (1893-1991), Lacerda foi libertado por decisão unânime do Supremo Tribunal Federal.

Do final de 1951 para o começo de 1952, também começou o duelo intenso que Carlos Lacerda, pela *Tribuna da Imprensa*, travou com Samuel Wainer, pela *Última Hora*, apontada por ele como o ápice da aventura varguista no jornalismo para predominar na imprensa: um jornal novo, criado em junho de 1951, com crédito facilitado e aporte de verbas conseguidas pelo governo. Esse enfrentamento se estenderia por meses e se transformaria em uma Comissão Parlamentar de Inquérito contra o jornal de Wainer, um marco na história do jornalismo brasileiro. Tudo ganhou um peso ainda maior quando um jovem repórter da *Tribuna*, em 20 de maio de 1953, publicou uma entrevista denunciando uma irregularidade no Banco do Brasil, entrevista que jamais aconteceu. Em seguida, o mesmo repórter se transferiu para a *Última Hora* e lá

---

[234] DULLES, John. *Carlos Lacerda: A Vida de um Lutador*. Op. cit., p. 148.

declarou que foi pressionado por Lacerda a forjar a matéria. Revoltado diante da acusação, Lacerda decidiu declarar guerra à *Última Hora*, no que se tornou um confronto quase tão emblemático quanto seu próprio enfrentamento ao presidente Vargas. Instalou-se uma CPI para investigar o apoio governamental e do Banco do Brasil ao jornal de Wainer, tornando-se patente que ele e seu grupo deviam 200 milhões de cruzeiros ao generoso Banco – generoso, naturalmente, com os seus. A campanha contra a *Última Hora* e também, por óbvio, a campanha a favor, não se limitaram ao Congresso, invadindo a televisão e o rádio. John Dulles registra que Wainer foi condenado a 15 dias de prisão e foi libertado pelo mesmo juiz que havia colocado Lacerda na prisão em dezembro do ano anterior. O Supremo Tribunal Federal depois o colocou novamente na cadeia para terminar de cumprir a pena. Os defensores de Vargas e da *Última Hora* prontamente responsabilizaram obscuros interesses de empresas americanas pela condenação, como sói acontecer.

Nesse contexto de duelo entre os dois jornais, um caso interessante da época que mostra o espírito solidário de Lacerda se deu mais especificamente em 1953. Essa é uma história que merece ser reproduzida na íntegra, nas palavras de seu protagonista; é Lacerda quem conta no *Depoimento*:

> Estava havendo no Nordeste uma seca terrível e os órgãos oficiais (...) negavam a existência da seca. "Essa seca não tem importância, não é nada disso, é exploração de jornal". Eu fui ao Nordeste, fiz uma excursão pelo Nordeste... Isso foi por volta de 1952. (...) Foi aí que lancei na *Rádio Mayrink Veiga* e no jornal uma campanha que se chamou "Ajuda teu irmão" [na verdade uma entre várias outras campanhas que a *Tribuna* organizou em prol da população]. Lancei esse *slogan* e começamos uma coisa que teve bastante êxito; houve uma mobilização de recursos, de gêneros, de roupas e, naturalmente, comida: arroz, feijão, charque. (...) Para evitar aquele habitual desvio de material que ia para os flagelados da seca, acertamos com algumas pessoas lá do Nordeste que em cada localidade que o material chegasse, seria distribuído pelo juiz local, pelo farmacêutico e pelo vigário ou por autoridades equivalentes, quer dizer, o escrivão. Nunca o prefeito, para não dar um caráter político

à distribuição. E nem político algum, nem mesmo da UDN. (...) Nessa altura, na *Última Hora*, que já existia, aconteceu um episódio que precisa ser contado: o Samuel Wainer fez publicar um artigo assinado pela Dona Darcy Vargas, na qualidade de presidente da Legião Brasileira de Assistência, dizendo que não era necessário nada disso, que a Legião Brasileira de Assistência estava perfeitamente aparelhada para socorrer as vítimas da seca, que tudo se tratava de uma manobra sórdida da oposição e que a seca não tinha essa importância. (...) Então conversando eu disse: "Será possível que a gente não consiga se entender nem em torno da fome dos sujeitos do Nordeste? Não será possível um entendimento que permita a gente ajudar e o governo ajudar também?". (...) Paulo César em dado momento me disse: "Olha, o Dr. Getúlio está em Petrópolis, no Rio Negro, mas Dona Darcy quebrou um artelho, um dedo do pé, e está sozinha no Palácio do Catete nesse momento. Você aceitaria um encontro com ela?" Respondi: "a pergunta não deve ser feita a mim, deve ser feita a ela". (...) Confesso que duvidei muito que ela quisesse. O Paulo Celso foi à cabina telefônica do Bife de Ouro, telefonou para o Palácio do Catete e veio com a resposta: "ela está à sua espera". (...) Cheguei, cumprimentei. O Sérgio, muito galante, beijou sua mão, e ela me mandou sentar numa banqueta que tinha do lado e disse: "O senhor é que é esse demônio que vive nos atacando?" Eu digo: "É, dona Darcy, mas a senhora vê que o diabo não é tão feio quanto o pintam. Tanto que eu vim e fiquei muito honrado porque aceitou conversarmos sobre o assunto". Ela disse: "então o senhor pode falar". Eu disse: "mas antes queria dizer que tenho o maior respeito pelo seu trabalho na LBA". Ela disse: "Ah, isso não, porque o senhor me tem feito ataques muito sérios. O senhor atacou a Cidade das Meninas". Eu disse: "não senhora, não é culpa minha se a senhora só lê esses jornais aí. O que eu disse é que o empreiteiro que fez a Cidade das Meninas, para adulá-la, fez o portão mais caro do que a obra; fez um portão monumental que não tem nada que ver com a modéstia das instalações da Cidade das Meninas. Não tem nada a ver com a senhora, que não tem culpa nenhuma disso. Nem eu disse isso. Tenho consciência de que tenho respeitado rigorosamente a sua dignidade, a sua pessoa e jamais a envolvi nas minhas críticas a seu marido". E ela respondeu: "mesmo porque eu não tenho nada que ver com a política do meu marido". Aí, mais tranquilo, fui adiante: "bom, então vamos conversar sobre a situação da seca". Ela respondeu: "com muito prazer". (...) "Eu queria lhe propor um acordo, um entendimento; trabalharmos paralelamente, não precisamos nem trabalhar juntos. A senhora, com todo o seu poder de mulher do presidente da República, de presidente da LBA, de uma senhora respeitável, de um órgão conhecido, manda tudo que puder e eu mando também o que puder. Eu já tinha até oferecimento de aviões da FAB para transportar material, mas a FAB já se encolheu, evidentemente, porque entre a LBA e um jornal de oposição, a FAB vai transportar os óbulos da LBA. (...) Então por que nós não fazemos isso: eu continuo a mandar o que eu arranjar e a senhora manda o que puder?". Ela disse: "não há nenhum arrependimento. Fique tranquilo que eu não criarei nenhum obstáculo, desde que o senhor também não crie obstáculos à LBA". "É evidente que não". Aí ela virou-se para mim e falou: "se o senhor pusesse a sua simpatia e a sua dialética a serviço de causas mais construtivas, poderia prestar um grande serviço ao Brasil". Eu disse: "dona Darcy, a senhora me obriga a dizer o mesmo de seu marido. Como a senhora já disse que não tem nada a ver com a política do seu marido, prefiro calar a boca e ouvir o seu 'carão', o seu 'pito'... Mas acho que estou cumprindo o meu dever, acho que presto um serviço maior, talvez ao próprio governo, do que esses jornais que a senhora lê, que lhe mentem e mentem ao povo, mostrando uma realidade completamente diferente da verdadeira". Ela disse: "bem, mas o que o senhor pretende? Que eu leia o seu jornal?". Eu disse: "seria uma boa ideia, mas não tenho essa pretensão"[235].

Esse evento tocante de 1953, infelizmente, foi muito isolado. A tônica mesmo era bem outra... Meses antes, em 28 de julho de 1952, a *Tribuna* confrontava uma série de projetos no Congresso – em suas palavras, tocados por "social-comunistas" alinhados com o governo Vargas – que colocariam, se aprovados, diversos setores da atividade econômica sob controle do Estado, das etapas de preparação e comercialização da borracha até o algodão.

Já em 7 de agosto, Lacerda organizou em detalhes sua crítica ao Banco do Brasil. Definindo o Banco como *"sociedade anônima, portanto privada"*, mas, *"ao mesmo tempo o agente financeiro da União"*, o jornalista pregou que o Banco tinha autoridade absoluta para agir sem nenhuma responsabilidade, alheio a qualquer fiscalização do Congresso. Dando

---
[235] LACERDA, Carlos. *Depoimento. Op. cit.*, p. 113.

detalhes sobre esse questionável poder, Lacerda ainda delineou outros detalhes de sua visão de país que estariam atrelados a essa necessária reforma do papel do Banco do Brasil:

> Existe, no Brasil, um poder econômico e financeiro sem controle, absoluto e absolutista, para o qual trabalham a Casa da Moeda, emitindo, os ministérios, submetendo-se, os estados e municípios, implorando. Esse poder econômico e financeiro escapa completamente ao exame e fiscalização dos órgãos da soberania popular. É, portanto, a negação da democracia. Exerce de fato uma ditadura econômica e financeira, com inevitáveis repercussões na política e na vida moral e cultural do país. Enquanto a simples verba para uma escola ou a da compra de algodão hidrófilo para um hospital tem de passar pelo exame do Congresso e vai a registro do Tribunal de Contas, a verba de Cr$ 500 milhões para o algodão ou a autorização para uma política financiada pelo Executivo, exercendo-se através do Banco do Brasil, depende apenas de um telefonema da Presidência da República. Com a série de controles (CEXIM, FIBAN, Carteira de Câmbio, Redesconto, Superintendência da Moeda e do Crédito etc.), tudo rigorosamente defeso à apreciação pública, criou-se uma zona de privilégio dentro da qual uma parte do governo da República pode, numa atmosfera conspirativa, privar as outras partes, e qualquer cidadão, até dos meios de sobrevivência. (...) As necessidades dos municípios, os interesses dos estados que representam, a pressão do próprio eleitorado, além, é claro, dos negócios dos grupos de que alguns cabeças ou porta-vozes, exigem que eles (os políticos) estejam com um olho na República e outro no Banco do Brasil, prontos a servir àquela em tudo o que não significar um desafio, real ou aparente, ao poderio deste.
>
> Ninguém, em tais condições, pode pretender que estejamos numa democracia e, ainda menos, que seja o nosso um regime são e honrado. Estão criadas e vivas as condições de degradação do regime e de envilecimento dos homens. A grande reforma a fazer no Brasil tem que começar pela quebra do poder econômico incontrastável, absoluto, irrecorrível, nas mãos do Estado, pior ainda, nas mãos do Executivo, e ainda mais, nas de um grupo que o domina.
>
> Na ordem política, a mudança a fazer é a adoção do parlamentarismo, que institui o governo responsável. Na ordem econômica, entre outras

providências, o restabelecimento da confiança na iniciativa privada, pela abolição do estatismo crescente que aqui se adota e que é um socialismo sem grandeza, nefasto e idiota, com todos os inconvenientes do capitalismo sem as vantagens, cada dia mais evidentes, da confiança na capacidade criadora dos cidadãos. Na ordem financeira, é a reforma bancária, de modo a que um banco central, oficial, se enquadre no sistema vigente no país e não seja, dentro da nação, uma fortaleza de privilégios à venda, trocados por submissão política ou por lucros ilícitos.

Em 18 de novembro, ia Lacerda no mesmo sentido, atestando o quanto isso lhe soava importante:

> Onde quer que a iniciativa privada possa desincumbir-se de uma função, não deve o Estado substituir-se a ela. Deve, sim, fiscalizá-la, regulá-la, para melhor conveniência da coletividade, impedir, em suma, a "liberdade da raposa no galinheiro". Não é, pois, o liberalismo manchesteriano o que pregamos. Mas é, sem dúvida, tem que ser, e quem não tiver a coragem de afirmar isto deve demitir-se de jornalista ou de homem público e alistar-se, de uma vez, nas colunas nacionalitárias, o liberalismo moderno, o liberalismo (econômico) esclarecido, que é o contrário do totalitarismo sem ser a mesma coisa que a indiferença pelas consequências sociais dos atos econômicos.
>
> No caso do Brasil, esta orientação é mais evidentemente necessária. O Estado, no Brasil, não dá para as encomendas. Nem tem capital para tantas coisas, porque a população não suporta novos encargos, nem pode desviar os recursos mobilizáveis para atender a tantas coisas, quando não atendeu ainda a questões básicas e indispensáveis à elaboração do progresso, como a educação, a saúde, o transporte – atividades geralmente desdenhadas pelo capital privado porque não dão lucro imediato e certo. A questão de princípio, pois, pode ser assim enunciada: tudo aquilo que o particular pode fazer bem, não deve o Estado fazer por ele. (...) Essa tendência diabólica a destruir o Brasil pela sua estatização é que precisa terminar. Se não tivermos a coragem de enfrentar a injúria e desmascarar a demagogia, teremos falhado ao que de melhor poderíamos dar ao país, que é a nossa disposição de desembaraçá-lo do seu complexo de inferioridade e encarar o seu futuro

com plena confiança. (...) Chega de dar poderes ao Estado. Chega de lhe entregar força econômica para exercer pressão sobre todo o povo, desde a pressão econômica sobre a imprensa até a pressão política sobre as consciências.

Ao mesmo tempo em que acusava o governo Vargas de ser carro-chefe do estatismo, Lacerda apontava o fortalecimento dos comunistas, agitando greves e contando com a complacência do ministro do Trabalho, ninguém menos que o futuro presidente João Goulart, revigorados precisamente porque haviam apoiado a eleição de Getúlio. Na edição de 13 e 14 de dezembro, reclamava de uma greve de tecelões que reivindicava um aumento de nada menos que 60% sobre os níveis de salário de janeiro de 1949, negado nos tribunais. João Goulart, disse Lacerda, reconheceu que a greve era provocada pelos comunistas, mas ainda assim a definiu como justa, porque teria sido motivada por um erro judiciário.

> Ao propósito de desmoralizar a Justiça do Trabalho, convertendo-a, como no passado ditatorial, em mera justiça administrativa, sem as prerrogativas de poder autônomo, do Executivo, parte que é do Poder Judiciário, veio juntar-se o interesse em forçar os empregadores a aceitar condições acima da própria decisão do tribunal – para assim garantir o triunfo da demagogia e da ameaça. É um processo de coação tipicamente totalitário.

Goulart, como ministro de Vargas, estaria estabelecendo com os comunistas o mesmo tipo de relacionamento que, na leitura lacerdista, voltaria a estabelecer em seu então futuro governo: um e outro lado tentam *"cavalgar-se"* mutuamente, na esperança de prevalecerem no final, ao mesmo tempo em que, para atingirem seus objetivos particulares, fragilizam a respeitabilidade e a credibilidade dos poderes Legislativo e Judiciário.

O ano fatídico foi 1954. Lacerda deu guarida, em seu jornal, à pregação dos deputados da "banda de música" udenista, denunciando a corrupção na concessão de licenças de importação por parte do Banco do Brasil, em uma CPI que levou ao fechamento da Carteira de Exportação e Importação (CEXIM). A corrupção, a agitação dos operários e as condições nas Forças Armadas ensejaram um manifesto de 82 coronéis e tenentes-coronéis do Exército em fevereiro, fazendo com que Vargas nomeasse Zenóbio da Costa (1893-1962) como ministro da Guerra e demitisse Goulart da pasta do Trabalho – apenas oficialmente, porque o petebista manteve o poder, defendendo um aumento pornográfico de 100% no salário mínimo, medida totalmente demagógica e economicamente destrutiva, que despertou a indignação de Lacerda.

Os indícios de relações entre Vargas e Perón despertaram na UDN o desejo de pedir um *impeachment* do presidente, que só teve 35 votos favoráveis, 136 contrários e 132 abstenções, outra iniciativa frustrada principalmente por aqueles que Lacerda considerava os "chapas-brancas" da UDN. Intensificavam-se também denúncias contra o filho mais velho de Vargas, Lutero Vargas (1912-1989), que já tinha sido considerado o principal intermediador dos empréstimos ilícitos do Banco do Brasil a Wainer, não tendo sido processado porque a maioria getulista na Câmara negou autorização, já que ele possuía mandato como parlamentar. A *Tribuna* deu destaque a denúncias de que Lutero havia sonegado impostos e de que tinha comparecimento desprezível ao Congresso.

XI.3 - A Aliança Popular contra o Roubo e o Golpe, o combate ao dirigismo e a defesa do municipalismo

Nesse momento, Lacerda estava apoiando e assumindo posição de expoente simbólico, bem como futuro candidato a deputado, de uma frente pluripartidária, a Aliança Popular contra o Roubo e o Golpe, unindo a UDN, o Partido Libertador e o Partido Republicano no

Rio de Janeiro, cujo manifesto, redigido por ele, foi divulgado nos primeiros dias de julho. O programa da Aliança contemplava algumas das principais e melhores bandeiras que Lacerda vinha defendendo em seus editoriais. Seus pontos essenciais, anunciados em 6 de maio na *Tribuna*, estavam todos ancorados na base do municipalismo. Definiu Lacerda:

> No município se forma a consciência nacional. Atualmente, a União é rica, o estado é pobre e o município, paupérrimo. É preciso inverter a ordem, tornar rico o município, dar-lhe força econômica e administrativa. Somente à base de um municipalismo autêntico será possível resolver os nossos problemas.

Ao mesmo tempo, desfraldaria a bandeira da autonomia do Distrito Federal, que Lacerda vinha sustentando desde o seu breve período como vereador. O nome do grupo, naturalmente, se voltava a confrontar a corrupção no Banco do Brasil e a preparação de um ambiente para instaurar um regime peronista.

Já em 12 de julho, a *Tribuna* ressaltou os princípios fulcrais da Aliança, estampados como sendo o Planejamento democrático, a Livre Iniciativa e, novamente, o Municipalismo. Os candidatos da Aliança, divulgados pelo udenista em seu jornal, deveriam todos defender, além da destinação da maior parte dos impostos aos municípios, o estímulo à iniciativa privada e individual, a abolição do imposto sindical (com a libertação dos sindicatos da tutela do ministério do Trabalho), a independência do Banco do Brasil em relação ao governo e uma reforma agrária baseada em créditos agrícolas e assistência técnica em vez de simplesmente em desapropriações demagógicas de terras.

> Certamente ele [o planejamento] não é esse "dirigismo" econômico e social vagabundérrimo que caracteriza as pedantes tiradas demagógicas do sr. Vargas. O planejamento exige unidade e continuidade de ação. Para isto, só um órgão permanente, fora e de certo modo acima das intromissões do presidente da República, poderá oferecer segurança da continuidade de planejamento e de sua execução. A Aliança Popular, em seu programa, acentua estes aspectos fundamentais do planejamento;

sem o atendimento desses aspectos, o planejamento é uma impostura – e tal é o caso do "dirigismo" econômico do sr. Vargas. Tais aspectos são: a) a vitalidade do governo local, ou seja, do município; b) a dinâmica da iniciativa individual (que só ela poderá tirar ao planejamento seu perigoso inimigo, sua sombra, que é a burocratização das atividades nacionais). Daí os dois outros pontos de partida: estímulo à iniciativa individual, municipalismo.

Vejamos o segundo: estímulo à iniciativa individual. Corajosamente os candidatos da Aliança Popular comprometem-se a lutar, no Congresso, para "tirar o Estado de tudo quanto o cidadão possa e queira fazer melhor do que ele e sem perigo para a coletividade. Aproveitar ao máximo a capacidade de cada pessoa contribuir para o bem comum com a sua imaginação, a sua energia e a sua legítima aspiração de progredir na vida". Faltava na vida brasileira a presença de uma aliança política que afirmasse, com essa clareza, o seu apreço pela iniciativa individual. O medo de parecer liberal é tamanho que muitos acabam por se tornar, na prática, inimigos da liberdade. (...) Quando o vice-presidente Café Filho, em sua conferência que tivemos o prazer de divulgar aos leitores deste jornal, critica esse hábito tão brasileiro, falta apenas acrescentar o que o sr. Café Filho deixou de dizer desde 1950: quem agravou esse mal foi o inventor do mito do "Pai dos Pobres", o criador do Estado Novo, que é o Estado Papai Noel dos discursos e o Estado Papão das perseguições e das torturas. O Estado não dá para tudo. Deve, pois, concentrar-se no que tem ele mesmo de fazer porque o particular não encontraria estímulo ou recursos para fazer. (...) A livre iniciativa, assim revista e atualizada, é a grande novidade a aplicar a este país. Tudo o que ele é, tudo o que ele, apesar de tudo, vai sendo, deve à livre iniciativa. Basta um exemplo: São Paulo. Desde a imigração à energia elétrica, e podemos ir mais longe: desde o desbravamento dos sertões, pois as bandeiras e entradas nada mais foram do que epopeias do homem, à margem e, em tantos casos, até contra o Estado, em busca de espaço e de riqueza.

O que acontece é que este país tem vivido assombrado por frases feitas, por tiradas de sobremesa, por ideias mal digeridas e conceitos de farsantes e simuladores de cultura, a serviço das ambições caudilhescas de um primário dotado de astúcia política – e somente disso, pois de outra coisa não cuida senão de aplicar esse dom nefasto.

Valorizar a iniciativa privada é, pois, um ponto programático da maior atualidade e importância. Basta ver a reação que vai surgir contra ela – e ver de onde partirá. (...)

Finalmente, o terceiro ponto de partida: o municipalismo. Num pequeno e admirável estudo sobre "Política do Município", o professor Orlando M. Carvalho historiou as forças e os reveses do poder local no Brasil. No seu movimento de admirável tenacidade, o sr. Rafael Xavier tem despertado o Brasil para a ideia municipalista, que encontra no general Juarez Távora o seu mais autorizado entusiasta.

Atualmente, de cada 100 cruzeiros que o contribuinte paga em impostos e taxas, ficam no município apenas 6 a 7 cruzeiros. O resto divide-se entre o estado e a União, ficando a União com grande parte dos 93 a 94 cruzeiros restantes. Ora, isto é, desde logo, a negação da Federação. Em seguida, é a negação do poder local, sem o qual não pode haver verdadeira democracia nem verdadeiro progresso. Com aquele poder de síntese em que de dia para dia se aprimora, o sr. Juarez Távora definiu: *"A União norma, o estado adapta, o município executa"*. Mas ninguém executa sem dinheiro. É na pobreza do município e na relativa opulência da União que se deve procurar a deserção dos campos, o gigantismo perigosíssimo das cidades; em comunas desprovidas de recursos, os habitantes, especialmente os moços, não encontram oportunidade de abrir o seu caminho. Recorrem à fuga para a cidade, onde encontram, no empreguismo, na especulação, suas atividades lícitas ou ilícitas, dignas ou indignas, produtivas ou apenas parasitárias, outros tantos caminhos que não lhes são franqueados, porque não existem, na vida municipal. (...) No município está a fonte do poder democrático. No estado, a sua segunda fase, indispensável à coordenação em base regional, que nos garante a unidade na variedade. Na União, a síntese, a culminação – e não o pormenor, a odiosa e infecunda pormenorização que ao mesmo tempo mata o município e dá uma vida monstruosa à União.

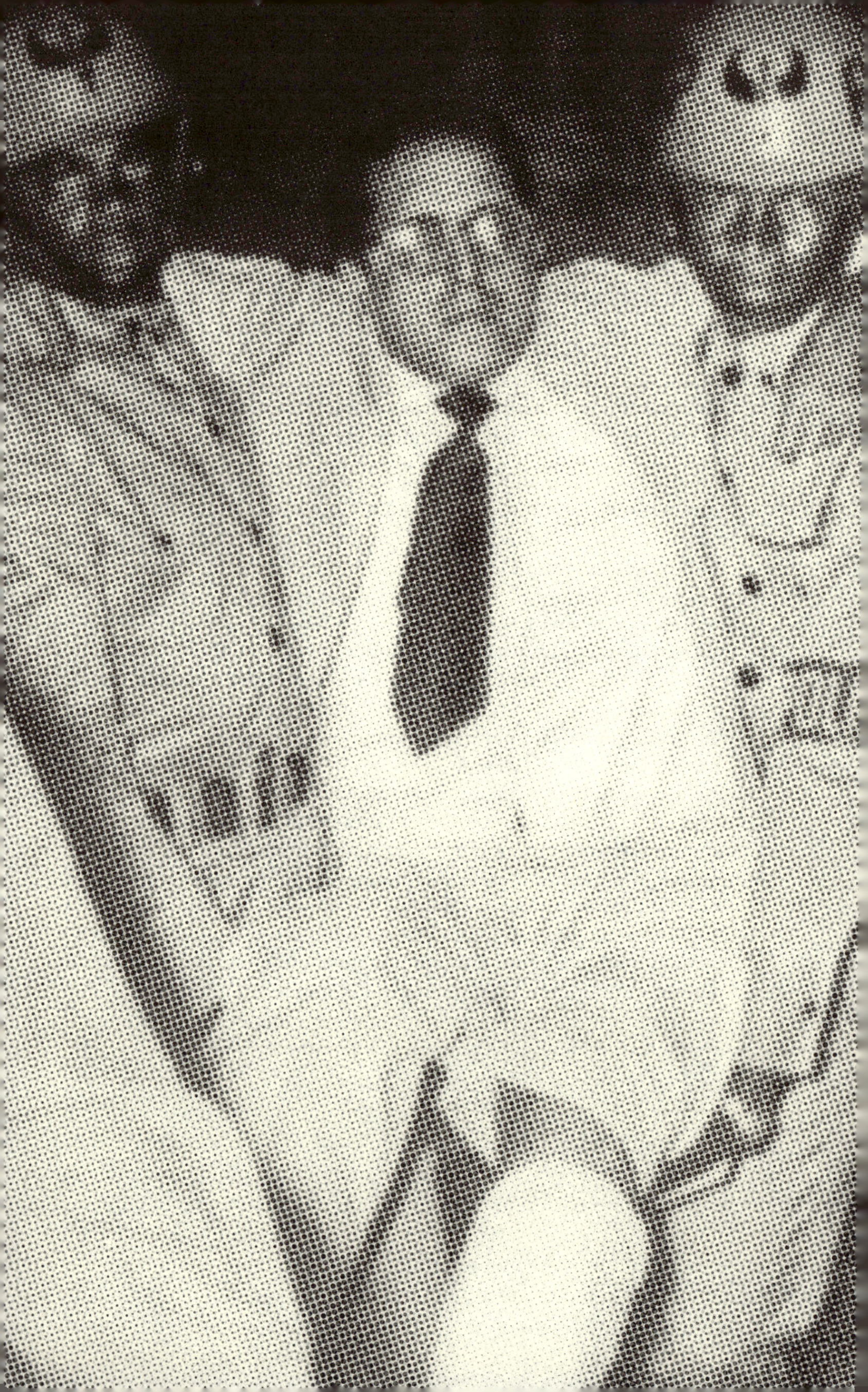

CAPÍTULO XII

A crise de Agosto

XII.1 - O atentado de Toneleros e a República do Galeão

Dada a disparidade de visões com que apreciavam temas tão fundamentais, a luta do lacerdismo contra o varguismo era uma luta de princípios, de visões de mundo, uma luta entre forças moral e politicamente incompatíveis em todos os aspectos, mas o clímax desse confronto se daria na derradeira Crise de Agosto, um dos momentos mais emblemáticos da história do Brasil. Diante da luta de Lacerda, um grupo de oficiais da Aeronáutica, em geral majores do Comando de Transportes Aéreos, se entusiasmou e se ofereceu para protegê-lo pessoalmente em esquemas de revezamento, temerosos que estavam por sua vida. Um deles era o major Rubens Florentino Vaz (1922-1954), da triste sorte de que falaremos logo a seguir.

  O primeiro provável atentado daquele ano contra o udenista ocorreu ainda em 4 de julho, quando Lacerda e alguns dos oficiais foram a um comício em Paquetá e houve uma explosão de dinamite no cais da ilha – felizmente, ninguém se feriu. No fatídico agosto, no dia 3, Lutero Vargas era mais uma vez criticado na capa do jornal de Lacerda, devido a outra denúncia feita contra ele pelo jornalista Amaral

Netto (1921-1995). No dia 5, já dizia a capa: *"A nação exige os nomes dos assassinos"*. Um grupo de capangas tinha atacado Lacerda e seu filho Sérgio na rua Toneleros, próximo à sua residência. Lacerda levara um tiro no pé, mas o major Vaz fora ferido mortalmente. Lamentava e incensava o editorial:

> "Rubens Florentino Vaz, herói do Correio Aéreo Nacional, pai de quatro crianças, caiu esta noite ao meu lado. Meu próprio filho correu, com ele, o risco a que estão sujeitos os brasileiros entregues a um regime de corrupção e terror. Os que não cedem à corrupção caem sob a ação da violência. Temos dito isto. Há neste país quem não saiba que a corrupção do governo Vargas gera o terror do seu bando?
>
> (...) perante Deus, acuso um só homem como responsável por esse crime. É o protetor dos ladrões, cuja impunidade lhes dá audácia para atos como o desta noite. Esse homem chama-se Getúlio Vargas.
>
> Ele é o responsável intelectual por esse crime. Foi a sua proteção; foi a covardia dos que acobertaram os crimes dos seus asseclas que armou de audácia os bandidos. Assim como a corrupção gera a violência, a impunidade estimula os criminosos. Penso nessas crianças e no meu filho. Rubens Vaz morreu na guerra. Morreu, esse querido amigo, na mais terrível, na mais insidiosa das guerras: a de um povo inerme contra os bandidos que constituem o governo de Getúlio Vargas.

Era o começo do fim do governo. O que era até agora um jogo de palavras e intimidações tinha se materializado em sangue, e daí para frente não haveria retorno. Promovido pelo próprio irmão de Getúlio, Benjamin Vargas (1897-1934), o chefe da guarda pessoal do presidente, o influente Gregório Fortunato (1900-1962), o *Anjo Negro*, também há muito alvo das críticas de Lacerda, se tornou o principal suspeito do crime, no qual também se aventava a participação de Lutero. Os círculos mais próximos do presidente, que fora ditador, estavam diretamente envolvios.

O plano de Fortunato para matar Lacerda era antigo e tinha havido outras tentativas. A lentidão das investigações policiais enfureceu os oficiais da Aeronáutica, que montaram sua própria investigação. Um quartel-general secreto de operações foi montado no Aeroporto Santos Dumont para descobrir quem matou Rubens Vaz, no que ficou conhecido como "República do Galeão". Só foi possível condenar Gregório e os capangas, embora vários nomes ligados ao Estado Novo e a Getúlio, de seu irmão a seu filho, passando pelo prefeito Mendes de Moraes, tenham aparecido no inquérito e nos depoimentos como mandantes, uns lançando a culpa contra os outros. A falta de materialidade fez com que tudo parasse na guarda pessoal – mas já era o bastante para um estrago político e moral retumbante no governo. Iniciou-se uma intensa campanha para que o governo reconhecesse que esse estrago era definitivo e renunciasse. No dia 11, já era esse o apelo do próprio Lacerda, ressaltando que a guarda pessoal do presidente, criada ainda durante a ditadura do Estado Novo, era ilegal, e que não era tolerável que o presidente precisasse da morte de Vaz para dissolvê-la e não quisesse ser responsabilizado por isso:

> Ele [Gregório Fortunato] é o chefe da malta, ou antes, o seu lugar-tenente, pois o chefe é aquele que se beneficia dos seus serviços e se chama Getúlio Vargas. Falta ouvir também o depoimento deste último, essencial ao esclarecimento das origens do crime. Mas não nos compete traçar rumos ao inquérito. Temos o dever de esclarecer à nação que falecem ao delegado Pastor isenção e independência para presidir este inquérito. Ele é íntimo amigo e comensal do indivíduo Amando Fonseca, comparsa de Lutero Vargas e sócio da mulher de Gregório Fortunato num grande armazém de Copacabana. (...)
>
> Mas o que aqui mais importa definir é a situação em que se encontra o país. O presidente da República tem ainda um resquício de autoridade, mas não tem nenhum poder para exercê-lo. Por outro lado, tem ainda alguns poderes na mão, mas lhe falta autoridade moral para desempenhar-se deles. A nação traumatizada clama por paz e segurança. Como resposta, Getúlio Vargas solta nas ruas do Rio de Janeiro duzentos homens formados na escola da impunidade e, agora, desesperados, muitos deles dispostos a tudo. É preciso que se restabeleça no país a autoridade legítima, Getúlio Vargas não é mais o chefe legítimo do governo. É o espectro dos seus crimes que paira sobre a nação. A figura trágica em que se converteu, no seu sibaritismo

licencioso, é hoje como uma promessa de maldição sobre o rosto puro e aflito do povo brasileiro.

A Getúlio Vargas, dirijo, de todo coração, um apelo supremo: presidente da República, renuncie à presidência, para salvar a República. Getúlio Vargas, deixa o poder para que o teu país, que é o nosso país, possa respirar nos dias de paz que os teus lhe roubaram. Sai do poder, Getúlio Vargas, se queres ainda merecer algum respeito como criatura humana, já que perdeste o direito de ser acatado como chefe do governo. A nação está sem governo e exige um governo constitucional. A proclamação dos Chefes do Exército, pela palavra do general Zenóbio, é uma garantia de que também eles anseiam por paz e liberdade dentro da Constituição.

Façamos a revolução pela paz. A revolução sem sangue e sem desgraças. Civis e militares, Congresso, igrejas, universidades, escolas, trabalhadores das cidades e dos campos, funcionários públicos, homens e mulheres, profissões liberais, homens da produção, do transporte e do comércio, por nossos filhos, por nossas mulheres, por nossa vida e por nossa honra, pela paz do Brasil, pela segurança da família brasileira, exigimos a renúncia de Getúlio Vargas e a sua sucessão, dentro da Constituição, pelo seu substituto legal.

No mesmo dia 11, tumultos tomavam as ruas durante a missa pela alma de Vaz e cartazes de Lutero Vargas eram rasgados. Lacerda tentou conseguir que Café Filho prometesse a Zenóbio da Costa a manutenção dos quadros militares a não ser em casos de crimes, caso assumisse, mas Café não queria fazer nada que o levasse à presidência. Então, Lacerda foi até o próprio Zenóbio tentar extrair dele o compromisso de convencer Vargas a renunciar ou mesmo, em caso extremo, de depô-lo para evitar o caos, pois, em sua opinião, ou Zenóbio traía seu presidente, ou traía seu país.

Vargas tentava desdenhar de tudo, dizendo que os mentirosos estavam semeando a anarquia, ao que Afonso Arinos respondeu indagando se a mentira era o atentado de Toneleros, o escândalo da *Última Hora*, a submissão a Perón ou a corrupção nas licenças de importação junto ao Banco do Brasil. Clamou, em seu histórico discurso, para que o *"ex-ditador"* reconhecesse ser seu governo *"um estuário de lama, um estuário de sangue"*[236]. Manifestações se multiplicaram, algumas insufladas pelos comunistas, que já bradavam tanto contra Vargas quanto contra a UDN. Os militares já estavam se inclinando a exigir a renúncia de Getúlio – afinal, um dos seus fora morto por bandidos contratados pela guarda presidencial e agora o país estava em tensão definitiva. Trinta brigadeiros assinaram um documento exigindo a renúncia depois que o oficialato concordou com apelo nesse sentido, feito pelo brigadeiro Eduardo Gomes.

Era o fim. No entanto, o presidente tinha uma última cartada – literalmente a última – e cometeu suicídio em 24 de agosto de 1954.

XII.2 - Consequências do suicídio de Vargas e defesa do "regime de exceção"

Lacerda foi eleito deputado com muitos votos, mas o varguismo recobrou sua força com o "sacrifício" de seu mentor. Em *Rosas e pedras de meu caminho*, Lacerda expressou que o governo Café Filho, assumindo de acordo com a Constituição logo após a morte de Getúlio e o trauma popular, portou-se equivocadamente, e de novo aparece um episódio usado para fazer-lhe acusações de golpismo.

> Foi o que chamaram o meu golpismo: reconhecer que tinha havido uma solução violenta, que havia começado um processo de transformação do país, que era preciso não perder aquela crise para começar as reformas de que a nação carece. Mas, não. Manteve-se no poder a oligarquia, aperfeiçoada pela tranquilidade de quem afasta do poder os aliados indesejáveis. (...) Na realidade, o suicídio foi um meio desesperado pelo qual Getúlio Vargas procurou libertar-se dos erros acumulados e do grupo que o cercou, impedindo-o de compreender as nossas duras, mas

---

[236] DULLES, John. *Carlos Lacerda: A Vida de um Lutador. Op. cit.*, p. 186.

úteis advertências. À sua volta conspirava-se, roubava-se, pilhava-se o Brasil. (...)

Movido por um misto de medo e de piedade, o governo que se seguiu ao suicídio de Vargas induziu o presidente Café Filho a botar uma pedra em cima do inquérito e convocar as eleições no prazo marcado, sem qualquer alteração na legislação e no ambiente, tumultuado e convulsionado. Era como se nada houvesse acontecido. No entanto, naqueles dias de não-decisão, decidia-se a sorte do Brasil, assim condenado a novos movimentos militares, a novas crises, que se repetirão enquanto o país não encontrar seus rumos, que não podem mais ser escamoteados[237].

No *Depoimento*, Lacerda foi mais minucioso.

Comecei a defender a tese que me valeu o título de golpista e até de fascista. Comecei a defender a tese de que a eleição de outubro de 55 – a sucessão de Café Filho – não poderia ser realizada com a lei eleitoral em vigor, toda cheia de defeitos, como esse do vice-presidente poder ser adversário do presidente eleito. Eu dizia que era necessário não só uma reforma da lei eleitoral, mas uma reforma profunda no país, e que essas reformas, além de necessárias, ainda teriam a vantagem de dar um tempo para desintoxicar o Brasil, que vinha de vários anos de ditadura, de vários anos de demagogia, de vários anos de propaganda pessoal de um mito. Convocar eleições para o ano seguinte só porque estavam marcadas era na minha opinião um erro gravíssimo, que consistia em levar um povo traumatizado por um drama daquela ordem a tomar uma decisão que não tomaria num tempo normal. (...) o clima do país tinha mudado completamente. Vargas, que num certo momento era, não digo odiado, mas desprezado pela maioria do povo, ao morrer, ou por sentimentalismo, ou por causa desse tipo de exploração, ou ainda por um natural pudor nosso de continuar a atacar um homem que tinha se suicidado – eu, por exemplo, não voltei ao assunto –, passou a ser o Júlio César de Shakeaspeare. Os amigos de Vargas, vamos dizer claramente, toda aquela curriola que tinha dominado o país tantos anos, viram no cadáver a grande chance de continuar o seu domínio. E o Café Filho imperturbável,

---

[237] LACERDA, Carlos. *Rosas e pedras de meu caminho*. Op. cit., p. 248.

governando o país que, na opinião dele, estava completamente pacífico e tranquilo![238]

Lacerda acreditava, em resumo, que o desfecho trágico e caótico da Era Vargas precisava ser marcado por uma reforma ampla, antes de eleições, que fizesse o que não foi feito, nem em 45, nem em 50, mas que não deveria ser mais adiado. Ao contrário do que um conspirador tradicional faria, ele expôs essa ideia publicamente, tanto da tribuna do Parlamento brasileiro quanto nas páginas da *Tribuna*. Não fez segredo de uma proposição que, por discutível que seja, não guardava incoerência com a linha que vinha adotando desde o começo de sua carreira: o objetivo era o mesmo e os inimigos eram os mesmos, só que agora desprovidos de sua maior encarnação individual. A ameaça não era mais Getúlio Vargas, mas um varguismo sem Vargas, a manutenção da oligarquia estadonovista, a oligarquia de 1930, apenas sem o seu maior líder. Acreditava que era preciso o que ele chamava de "regime de emergência". Explicou no *Depoimento*:

> Sobretudo através de artigos na *Tribuna*, eu recomendava o que chamava na ocasião, e talvez tenha errado em dar esse nome, o "regime de exceção". Eu não chamava "regime de exceção" por ser um regime sem garantias para os cidadãos, nem um regime, enfim, autoritário-fascista. Eu o chamava de "regime de exceção" por ser um regime de transição, durante o qual seriam feitas reformas que permitissem ao país entrar num regime democrático mais autêntico: eleições de verdade, com o povo mais receptivo ao raciocínio do que à emoção. Dizer que numa eleição não há sempre fator emocional seria dizer uma tolice, é evidente que sempre há. Mas quanto mais esse fator predomina sobre o outro, isto é, sobre o fator raciocínio, mais o povo está inclinado a votar até contra seus próprios interesses. Foi assim que Hitler ganhou as eleições, foi assim que Perón ganhou as eleições. Foi assim que nós temos visto ditadores chegarem ao poder através do voto popular, porque aproveitavam a emoção e mobilizavam o povo nesse sentido, impedindo-o de raciocinar[239].

---

[238] LACERDA, Carlos. *Depoimento. Op. cit.*, p. 147.
[239] Idem. *Ibidem.*, p. 151.

Lacerda confessou que falava do assunto com colegas políticos e com alguns militares, na esperança de que a tese fosse "comprada", mas tudo se encaminhava para a continuidade das eleições. Nunca admitiu a existência de nenhuma conspiração sofisticada, até porque se houvesse, não seria publicamente defendida, em todas as suas manifestações. Ele enxergava que os egressos do Estado Novo, o PTB e o PSD, acabariam "costurando" novamente uma aliança invencível e a máquina estadonovista preponderaria. O nome que conseguiria ligar essas duas pontas e se impor, até mesmo a contragosto de muitos dos caciques pessedistas, era um antigo alvo de críticas de Lacerda, o governador de Minas Gerais, Juscelino Kubitschek de Oliveira. Extremamente carismático e simpático, ele era, apesar de estar desafiando seus "criadores" políticos no partido, um instrumento poderoso para ressuscitar a antiga aliança varguista com todo o vigor e impedir todas as transformações de que o Brasil, aos olhos lacerdistas, necessitava.

A expressão simpática de JK e a perspectiva histórica distanciada podem facilmente levar o leitor a acreditar que essa interpretação de Lacerda era completamente despropositada, mas na época é preciso recordar quem eram os companheiros e impulsionadores da carreira política de Juscelino, em especial o maior deles, Benedito Valadares (1892-1973). Ele representava tudo que Lacerda mais detestava. Havia sido presidente nacional do PSD e durante muito tempo fora interventor federal em Minas; Lacerda o enxergava como um traidor da candidatura democrática de José Américo (1887-1980) em 1937, um dos vendidos de primeira hora à ditadura de Getúlio. "Serviu incondicionalmente à ditadura do referido senhor, eminentemente centralizadora, unitária, confessadamente inimiga da autonomia estadual e das franquias que compõem o quadro político, econômico, cultural, moral e histórico da Federação", ele o definia já nas crônicas sobre a Constituinte de 46, especificamente em 7 de maio daquele ano, no *Correio da Manhã*.

Em 1955, Lacerda via em Juscelino o filhote de Benedito Valadares, que somaria seu carisma pessoal à máquina da ditadura, à exploração emocional do suicídio de Vargas, à aliança PSD-PTB, e garantiria o atraso do Brasil. Sua prevenção radical fazia, então, todo sentido. Ressaltou no *Depoimento*:

> Juscelino conseguiu juntar as duas pontas novamente, impondo-se ao PSD e aliando-se ao PTB, dando a vice-presidência ao João Goulart. Mas não só a vice-presidência: dando-lhe também o Ministério do Trabalho, todos os institutos e alguns postos-chaves da máquina trabalhista, montada no tempo de Getúlio[240].

Paralelamente à pressão de Lacerda pelo seu "regime de emergência", setores da UDN tentaram obter algumas das reformas eleitorais tão reclamadas através do Congresso, praticamente sem nenhum sucesso. Lacerda também queria a desmontagem da máquina do peleguismo sindical, a serviço da volta do PTB ao poder, sob a orientação de Goulart, e também mobilizada pelos comunistas, que mais uma vez, claro, prefeririam o candidato do nacional-populismo, ou do nacional-desenvolvimentismo (como mais propriamente se apresentaria JK) em vez do candidato udenista, Juarez Távora.

No *Depoimento*, Lacerda sintetizou que o apoio de que dispunha, sem haver nenhuma real conspiração em andamento – sua esperança era que Congresso e Exército se conciliassem em torno da sua tese –, era de alguns poucos oficiais que

> Achavam que o país não poderia voltar por uma farsa eleitoral à situação anterior. Eles, como eu também, pensavam que não poderíamos continuar nesse ciclo ininterrupto de conclusões periódicas, nascidas do que um escritor francês chamou *"a diferença entre o país real e o país legal"*. O país legal era esse do PSD, da eleição, do PTB etc.; e o país real era o país que carecia de reformas profundas, inclusive para acabar com o poderio dessa gente; para acabar com as oligarquias; para acabar com o peleguismo. Enfim, dar à democracia aqueles instrumentos sem os quais o simples ato de votar não significava um ato democrático, porque era precedido por uma tal máquina antidemocrática, que o resultado só poderia ser contrário ao interesse legítimo do progresso da democracia. Em outras palavras, para resumir, isso seria a *avant-*

---
[240] Idem. *Ibidem.*, p. 154.

première de 64. E nessa época, evidentemente, a minha posição não era nada simpática, sobretudo a uma grande parte do eleitorado que queria votar e não entendia o que pregávamos.

Nesse sentido, eu era golpista. Foi a mesma coisa em 64. Eu era a favor de um golpe que evitasse o golpe por via eleitoral. Porque aquela eleição, na minha opinião, era um golpe, que significava a volta da máquina, era o uso da máquina existente para coonestar por via eleitoral o golpe que havia contra o país[241].

Já em 27 de dezembro de 1954, Lacerda criticava JK por dar início à propaganda eleitoral ainda no governo de Minas, violando a Constituição. Em julho de 55, Lacerda já estava defendendo a concessão de poderes especiais ao Executivo para produzir as reformas necessárias antes que a máquina que Dutra e Café não desmontaram e da qual Vargas se beneficiou desse a vitória a Juscelino e Goulart, mantendo tudo exatamente como estava. Em reunião em memória do major Vaz, no Clube da Aeronáutica, em 5 de agosto, o general Canrobert Pereira da Costa (1895-1955) fez um discurso intenso de viés lacerdista, atacando a "pseudolegalidade", os escândalos não solucionados e o perigo das fraudes eleitorais, decorrentes da não consumação das reformas.

Ao mesmo tempo, Dulles registra que *"Carlos recebeu uma sensacional ajuda do líder trabalhista Ari Campista"*[242] que abandonara o Movimento Nacional Popular Trabalhista (MNPT) diante do domínio dos comunistas e declarou que eles foram comprados pelos correligionários de JK por 8 milhões de cruzeiros, dando mais embasamento à pregação de Lacerda. Em 10 de setembro, Luiz Carlos Prestes e o PCB, ilegal, divulgaram um apelo para que o povo votasse em JK e Jango. Todos esses argumentos municiaram Lacerda em sua certeza de que as principais forças antidemocráticas do Brasil estavam unidas para manter a estrutura institucional e legal e eleger a chapa de Juscelino, e por isso sua retórica drástica tinha sua razão de ser.

---
[241] Idem. *Ibidem.*, p. 161.
[242] DULLES, John. *Carlos Lacerda: A Vida de um Lutador*. Op. cit., p. 213.

Mesmo assim, a eleição aconteceu e, novamente sem maioria absoluta, Juscelino Kubitschek foi eleito presidente e João Goulart, vice. Em 10 de outubro, escrevia Lacerda na *Tribuna*:

> Quem aceitou fazer parte do governo de 24 de agosto assumiu, perante a consciência nacional, um compromisso que nenhum sofisma pode esconder: o compromisso de impedir a volta dos gregórios ao poder.
>
> Ali estava a obra dos gregórios: uma nação dolorida e perplexa, roubada, envergonhada, sacudida no mais íntimo pelo horror daquele "rio de lama". Esse crime há de ser punido, disse o Brigadeiro – e um ano depois, em vez de punição, os principais responsáveis, que são os beneficiários daquela atmosfera pestilencial, recebem como prêmio – o poder.
>
> (...) Um ano após, um governo de tergiversação e de desconversa, um governo que em vez de expor os crimes da Oligarquia Vargas, expôs o quarto de Vargas no Catete à visitação pública, um governo que em nome da paz manteve as sementes do ódio, um governo que nem sequer mandou investigar a autenticidade do "testamento político" datilografado e atribuído a Vargas, à custa do qual foi feita a campanha eleitoral de João Goulart e Kubitschek, um governo que permite a participação do Partido Comunista na vida política do país a pretexto de que ele, sendo ilegal, não existe, um governo que nada fez no sentido das reformas de que carece a nação, a pretexto de não ter tempo, e não criou condições para que tais reformas se fizessem, a pretexto de não desejar interferir no governo seguinte; um governo, em suma, que traiu os compromissos morais iniludíveis de que resultou a sua formação, compromissos dos quais são fiadores os chefes militares que de tal governo participam, é um governo que traiu as suas origens, que faltou ao seu dever fundamental. A verdade é que os chefes militares estão a descoberto no seu compromisso para com as Forças Armadas e a nação inteira. Participam de um governo formado para acabar com a oligarquia e, no entanto, veem esse governo preparar-se para entregar o poder de volta à oligarquia, na pior de suas formas, rejuvenescida, reforçada por esse ano fora do poder, sem os ônus e desgastes das responsabilidades pelas dificuldades do povo e com redobrada energia, porque animada pela impunidade e pela possibilidade de explorar, a seu talante, a demagogia, a aliança com os comunistas, os insultos aos

adversários, a passividade do governo e a desunião dos chefes militares, divididos precisamente pela alegada "neutralidade" do general Lott. Essa neutralidade consistiu em conversar sempre com os líderes do PSD, em assumir compromissos com a gente do PTB sobre o inquérito do peronismo, em fazer declarações que serviram, desde a primeira até a última, aos interesses políticos de Juscelino Kubitschek.

O peronismo, isto é, o varguismo, cavalgado pelo comunismo, estava, através da dupla JK e Jango, voltando a ameaçar o Brasil, era o que pensava Lacerda. No dia 11, ele acrescentava: *"Repete-se assim, e desta vez com maior gravidade, o erro de 20 de outubro de 1945. Mais um ato incompleto, mais uma providência parcial, favorece a restauração da indignidade nacional"*, ou seja, o argumento lacerdista sempre resgatava a tese original de que a "desvarguização" não fora feita quando o Estado Novo caiu. Novamente, no dia 28, ele dizia que era preciso lembrar aos autodeclarados e falsos amantes da democracia que eles eram filhotes da *"ditadura getuliana, origem de todas as mazelas que nos infelicitam e flagelam"*. E continua:

> (...) Por que tudo isto? Por que defendem estes democratas convertidos a legalidade? Defendem-na porque sabem que uma legalidade enfraquecida, confessadamente incapaz de se impor ao suborno e à corrupção, e por isso mesmo artificial e viciada, lhes convém como sistema de vida pública, sendo condição de sua sobrevivência política. Esperar que estes homens promovam as reformas estruturais de que carecemos é o mesmo que exigir deles que ponham a pique o barco em que flutuam sobre o "mar de lama". A eles cabe, como atitude de legítima defesa, sustentar até o último alento esta legalidade de fachada, este regime artificial, como condição de sobrevivência. (...) Democracia é instrumento de ação política; democracia é meio de governar. Nunca pode ser considerada como um fim supremo, um ideal. O método, o instrumento, jamais contém, em si mesmo, o seu fim. Pelo contrário, é exatamente a realização desse ideal superior que determinou a adoção do método democrático de governo, cuja realização condiciona e justifica o respeito ao método, ao instrumento. É ilógico e irracional extremar-se na defesa do instrumento, do meio, quando os fins são, não somente negados, mas inteiramente desvirtuados e desnaturados

pela complacência e pela promiscuidade, pela impunidade e pela irresponsabilidade. O que é contraditório é adotar-se o regime democrático em nome de ideais éticos e defende-lo com fervor quando estes ideais são traídos ao confiar-se a sua realização a homens sem qualquer imputabilidade moral.

O ministro das Relações Exteriores, Raul Fernandes (1877-1968), endossou a alegação de que a ação ilegal do PCB justificava uma impugnação da eleição, seguido pelo *Diário de Notícias* e *O Estado de S. Paulo*. Lacerda, por sua vez, disse na sua coluna de 14 de outubro que não acreditava na respeitabilidade da Justiça Eleitoral como solução, pois ela havia permitido a violação de dispositivos categóricos, tolerando o voto do analfabeto (então proibido), *"os títulos rubricados em branco, as cédulas rubricadas e marcadas antes de entregues ao eleitor de cabresto, os 'currais' etc."*, além de estar postergando sem limites o prazo de julgamento da participação dos comunistas no processo eleitoral, apesar do que alegava serem provas indiciárias e testemunhais, desde gravações de conversas do MNPT até documentos oficiais.

A isso tudo ainda se somava a ligação entre Goulart e Perón; em *Rosas e pedras de meu caminho*, Lacerda ressaltava que o próprio Goulart não negou essas relações quando os dois se encontraram em 1951.

> Se o governo brasileiro não houvesse interferido junto ao argentino, que derrubou Perón, em 1956, para evitar que este confirmasse as provas que vi nas mãos de alta personalidade argentina; se a maioria, na Câmara, não houvesse abafado o inquérito parlamentar sobre a venda de pinho brasileiro à Argentina como fonte de receita para o custeio de campanha política no Brasil, como ficou provado em inquérito do governo militar argentino, que negou diplomaticamente o fato; se a própria UDN não tivesse preferido acomodar-se e o Exército prestigiasse a apuração da verdade, em lugar de perfilar e bater continência como fez de 1954 a 1964, em dez anos nos quais – para usar as palavras do Marechal Castelo Branco – lutei 'muitas vezes sozinho', provavelmente o sr. João Goulart não teria chegado à presidência da República[243] [e, por óbvio, nem a vice].

---

[243] LACERDA, Carlos. *Rosas e pedras de meu caminho*. Op. cit., p. 262.

Entretanto, o que de fato aconteceu foi que, em 31 de outubro, o general Canrobert, que, como vimos, era mais afeito às ideias de Lacerda, faleceu. O coronel Jurandir de Bizarria Mamede (1906-1998) discursou no Clube Militar no funeral, voltando a dizer que havia uma *"mentira democrática"* no país, o que enfureceu o então general e futuro marechal Henrique Teixeira Lott (1894-1984), que também não gostou de ver o presidente da Câmara, Carlos Luz (1894-1961), também presente, parabenizar Mamede por suas palavras. Lott era ministro da Guerra e quis punir Mamede, que lecionava na Escola Superior de Guerra, diretamente sob as ordens do presidente da República.

Café Filho, que ainda era o presidente, sofrera um distúrbio cardiovascular. Em 5 de novembro, sem solução para o desejo de Lott de punir Mamede, os udenistas Juarez Távora e Milton Campos (1900-1972), que raramente adotava as retóricas mais drásticas da UDN, declararam que as fraudes e pressões sobre os eleitores na eleição de 1955, somando-se à ação ilegal dos comunistas, haviam sido tão amplamente praticadas que o boicote às reformas eleitorais parecia um plano deliberado de falsificação da vontade popular. Houve protestos dos candidatos da Frente de Renovação Nacional quanto à ausência de juízes eleitorais em muitas regiões do interior do país, permitindo as chicanas dos caciques do PSD.

Café Filho passou a presidência interina a Carlos Luz em 8 de novembro e Lacerda acreditou que ele poderia agir para impedir a posse de Juscelino e Jango, escrevendo no dia 9:

> Esses homens não podem tomar posse, não devem tomar posse, não tomarão posse. É preciso dizer toda a verdade. O governo inaugurado ontem, sob o aspecto legal de uma sucessão rotineira, é um governo que só nasceu e só se manterá pelo consenso dos chefes militares responsáveis pelo 24 de agosto.

Carlos Luz decidiu não punir Mamede e recebeu, acolhendo, o pedido de demissão de Lott. Lott, então, organizou, junto com o general Odílio Denys (1892-1985), o famoso "contragolpe" de 11 de novembro de 1955. Os militares tomaram a *Tribuna*, o Catete, os quarteis da polícia e as centrais telefônicas e telegráficas, derrubando o governo Café Filho e Carlos Luz, julgando que haveria um golpe em curso para impedir JK e Jango. Mais tarde, Lacerda ironizaria Lott, o militar legalista que queria punir Mamede por quebra de disciplina e hierarquia e que se insurgiu ele próprio, ao derrubar um presidente da República e seu substituto interino. De uma coisa jamais se poderá acusar nosso tribuno: de ter sido covarde. Tendo defendido a tese do regime de emergência publicamente por tanto tempo, Lacerda foi até o deposto Carlos Luz e uma equipe de seus ministros, julgando que era seu dever, depois de tudo que tinha escrito, apoiá-los contra Lott. Eles permaneceram a bordo do cruzador *Almirante Tamandaré*, indo para Santos, onde talvez organizassem uma resistência ao golpe. Lott dominou Santos e Mamede convenceu a quase todos a bordo do cruzador de que levar o plano adiante provocaria uma guerra civil e impediria a unidade militar. Lacerda foi um dos que se convenceram, preferindo evitar a carnificina. Quase sempre – não sempre, mas muitas vezes –, aliás, apesar das quarteladas, escapamos do pior em nossa História e as crises passam sem grandes morticínios.

    Lacerda asilou-se na embaixada cubana, pois o general Flores da Cunha (1880-1959), um dos arautos do golpe de Lott, que tinha atuado na UDN ao lado de Eduardo Gomes, mas naquele momento estava ao lado de Lott e assumira a presidência da Câmara no lugar de Luz, havia dito que o governo não se responsabilizaria por sua vida.

    Estivesse certo ou errado nas atitudes polêmicas que tomou, Lacerda decidiu que deveria se afastar do Brasil por um tempo. Afastar-se por temer por sua vida, afastar-se porque seu desgaste seria improdutivo, afastar-se porque precisava reunir elementos para continuar a combater Juscelino, João Goulart e os comunistas quando passasse o furacão daquele novembro de 55, que admitiu várias vezes ser o pior ano de sua vida, o ano em que seu apego a suas teses e à sua ânsia por "desvarguizar" o Brasil fez com que fosse encarado como traidor de seu país e como pregador da ditadura. Fora, no entanto, sensato, como os demais a bordo do *Tamandaré*, a ponto de não permitirem que as fraturas morais profundas no mundo político daquele momento se convertessem em um banho de sangue.

Retornaria no final de 1956 ao Brasil para dentro em pouco assumir a liderança da UDN no Parlamento e, desafiando a cláusula governamental que o censurava no rádio, enfrentar o governo Juscelino e o "peronista" João Goulart.

Uma pergunta, no entanto, permanece: que eram as reformas estruturais que queria fazer? Quais as reformas eleitorais para evitar a fraude e o engodo? Em que consistiria o "regime de exceção" ou "regime de emergência" que sustentava? Eis as questões que examinaremos no próximo capítulo.

CAPÍTULO XIII

O "regime de emergência" e a reforma eleitoral

XIII.1 - Descrição do "regime de emergência"

Não é segredo para qualquer um que percorra suas apaixonadas linhas que Lacerda era virulento com seus alvos. No enfrentamento com o presidente Castelo Branco, por exemplo, ele evidentemente se excedeu e muito ao chamá-lo de "feio", o tipo de adjetivo que não é muito decoroso quando se trata de discutir os rumos do país.

Ele mesmo admitiu, em 5 de junho de 1956, em uma carta publicada na *Tribuna* e dirigida a Dom Helder Câmara (1909-1999), que demonstrou, ao comentar as ações e trajetórias de homens públicos, *"certa intransigência, até mesmo certa violência"*, muito embora seu erro decorresse de *"tomar demasiada responsabilidade"* sobre seus ombros *"que não comportam tanto e aceitá-las, às vezes, no lugar também dos outros. Por isso, por exemplo, deixei que me considerassem responsável pelo suicídio de Vargas, embora não o houvesse traído nunca e houvesse sempre jogado com ele o jogo franco e leal".*

O que o movia, no entanto, como vimos, era seu sentido de urgência, sua convicção em que os restolhos de um regime ditatorial indevidamente encerrado emperravam a vida democrática e seria preciso tomar certas medidas mais contundentes e amplas para concluir o que não fora concluído. Enxergava no PSD uma casta que empregava os recursos públicos para conquistar uma clientela, explorando sobretudo o poder local. O PSD se tinha provado *"uma confederação de oligarquias locais que sufocam o poder local, fonte e ponto de partida da democracia no mundo"*, e *"não existe democracia onde o poder local é sufocado por um poder oligárquico"*, poder que vive *"da clientela que faz no Tesouro Federal, nos Estaduais e nos Municipais"*. Já no PTB imperariam manipuladores dos institutos de previdência social e do peleguismo, com a UDN castrando-se a si mesma, fazendo com que o Brasil carecesse de partidos orgânicos, enraizados e autênticos.

Na carta a Helder Câmara, que o havia criticado, afirmou que o fato de o presidente Café Filho ter dito que o país estava com a democracia assegurada, em absoluta normalidade, para logo depois, não importando o pretexto, Lott aplicar-lhe um golpe militar e depor seu governo e a gestão interina de Carlos Luz, era uma prova de que essa "normalidade" era uma grande ilusão formal.

Seu desejo, também já o dissemos, era que se implantasse o "regime de emergência". Quais seriam, entretanto, as suas características? O que Lacerda tinha em mente quando formulava essa estranha proposta aos colegas deputados e à imprensa? Na edição de 4 e 5 de fevereiro de 1956, portanto bem depois do golpe de Lott e de sua temporada no exterior, Lacerda ainda dizia que desejava *"que se façam no Brasil reformas profundas, sob a autoridade de um regime de emergência, dotado de poderes definidos, por prazo determinado, para restabelecer a confiança do povo em si mesmo, criar condições para a vida democrática, desintoxicar o Brasil dos métodos e vícios da oligarquia que o degradou e o corrompeu, e assim assegurar o bem-estar dos brasileiros e a dignidade da pátria"*, punindo *"os ladrões públicos"* e afastando os demagogos do poder. Esse *"regime de emergência"* seria o equivalente brasileiro à intervenção em países como a Alemanha no pós-guerra, feita pelos próprios brasileiros, para de uma vez por todas sepultar a herança do Estado Novo.

Os detalhes mesmo, no entanto, viriam apenas na edição de 13 de julho, em uma longa carta de sugestões direcionada nominalmente ao próprio general Lott sobre o assunto. Lacerda principiou com um diagnóstico, alegando que:

> O Brasil tem leis, mas não tem legalidade. Tem a mímica da democracia, mas não tem democracia. Existe um governo que se beneficiou, muito mais do que de uma eleição duvidosa, de um golpe de força que o pôs no poder e, assim, fez da força a sua única justificação. Em toda revolução, a vitória desta institui a legalidade que lhe corresponde. Nos golpes de novembro, a "legalidade vigente" é que justificou a sua própria subversão. Fácil é perceber o absurdo das conclusões a que tais premissas, implícitas nos golpes de novembro, necessariamente conduzem. Usou-se a força militar para dividir as forças militares. Usou-se o comunismo para "defender" a democracia. Usou-se a masorca, a baderna, para restaurar uma legalidade "vigente". (...) O Brasil precisa de uma reforma de regime. O Brasil não está democratizado.

Descreveu então algumas das providências que acreditava necessárias para tanto, que esperava reunir em um livro, jamais escrito, provavelmente porque os acontecimentos políticos se sucederam e tal pretensão se tornou passado. Seguem listadas as ideias que Lacerda chegou a registrar na carta:

> 1) Promover a união nacional com a instituição de um regime de emergência, pelo prazo necessário às reformas institucionais e de estrutura de que o Brasil carece;
>
> 2) Para tanto, promover a reunião das Forças Armadas, por V. Exa. divididas em 11 de novembro. E ainda o desarmamento dos espíritos, pelo restabelecimento da confiança do povo nas armas do seu Exército, perdida pela surpresa e traição com que foram manejadas por alguns de seus chefes contra dois honrados presidentes e contra uma revolução – a de 24 de agosto – promovida pelas próprias Forças Armadas, para honra sua e do Brasil;
>
> 3) Essas providências não têm cabimento nem encontram crédito, o indispensável crédito junto ao povo, se não der V. Exa., em

primeiro lugar, o exemplo – os exemplos a que me referi, de que carece a nação, vindos do alto.

Esses exemplos de desinteresse, de abnegação, de ausência de ambição personalista, de sacrifício em favor do bem comum, são:

(a) Renúncia dos atuais governantes. Só V. Exa. está em condições de obtê-la sem recorrer ao uso das armas, bastando cobrar o endosso que deu a esse governo, ao constitui-lo pela força. Kubitschek e Goulart são, afinal, criações de V. Exa. Em benefício da união nacional, saiam do governo os que agravam a divisão e tornam impossível a reconstrução pacífica da nação brasileira;

(b) Encerrada essa parte de sua missão, deixaria V. Exa. o ministério da Guerra, no qual a sua missão estaria finda e o seu erro corrigido e superado. Esse exemplo de desinteresse é necessário, para ressalvar a sua dignidade pessoal – fator indispensável na restauração da confiança do povo nos seus líderes, civis ou militares.

Tendo V.Exa. dividido as Forças Armadas, é um gesto desses, de desapego e desambição pessoal, a grande arma, mais poderosa do que os tanques, para restaurar a união quebrada e refazer o respeito que, antes, cercava o nome de V. Exa.;

(c) Antes de entregar o ministério da Guerra ao sucessor, organização do novo governo, para a execução de tarefas predeterminadas. Esse governo deve constituir-se de um gabinete sob chefia de um líder de inequívocas responsabilidades no prosseguimento das reformas intentadas no Brasil desde Rui Barbosa. Fica aos supremos responsáveis a escolha, entre si, desse líder. Mas parece-me evidente que ele deve ser, de preferência, um chefe de Estado militar, com um chefe de governo civil;

(d) Para tanto, a fim de preparar o país para a reforma parlamentar – atendendo, assim, até mesmo às objeções de V. Exa. contra o sistema parlamentar, pois uma boa preparação e adequadas disposições de lei podem obviar os inconvenientes que levaram V. Exa. a forçar o Congresso a recuar dessa reforma – recomenda-se a instituição de um Conselho de Estado, constituído de representantes dos principais partidos e correntes que tenham responsabilidade nessa reforma – melhor dito, nessa verdadeira revolução;

(e) Destituição de todos os oficiais comunistas dos comandos que exercem e reforma de todos aqueles que, na forma da lei, respondam a inquérito como fieis soldados de uma pátria que não é a sua. Neste ponto, devo dizer francamente que V. Exa. está agindo com uma leviandade de estarrecer, ao abrir o Exército à infiltração, já agora impudente, da quinta-coluna comunista. Não querendo admitir que V. Exa., a esta altura da história do mundo e da sua vida de oficial com todos os cursos, seja ingênuo a ponto de confundir a existência de comunistas com o delírio anticomunista de que tanto se beneficia a quinta-coluna manejada pelos ingênuos e pelos oportunistas, devo dizer-lhe que V. Exa. está praticando um erro gravíssimo contra a paz de sua pátria ao permitir que os comunistas, aliando-se aos seus subalternos e servidores no Exército, adquiram uma ascendência que os brasileiros vão pagar, daqui a pouco, com sangue – pelo qual será V. Exa. o grande responsável;

(f) Erradicação da influência comunista na administração pública;

(g) Intervenção na Justiça, pela destituição de juízes venais e daqueles que, comprovadamente, não tenham qualidades para exercer tão altas funções, como os que se deixam intimidar, os que se deixam corromper. Designação de substitutos por concurso, mediante indicação dos órgãos do Poder Judiciário, com os membros que ali permanecerem, e que, sem dúvida, serão a maioria;

(h) Suspensão de vários artigos da Constituição que estão em flagrante contradição com suas próprias disposições fundamentais. Preparação de uma Constituinte a ser convocada em eleições regidas por nova lei eleitoral a ser decretada pelo governo de união nacional;

(i) Reforma cambial. Restituição do confisco cambial aos lavradores. Estímulo efetivo e direto à produção pela concessão de medidas, mais que favores, de estrita justiça aos produtores agrícolas;

(j) Início da reforma agrária, tendo em vista a recuperação da terra, a sua melhor distribuição, o aproveitamento do trabalhador nacional para a formação da classe média agrícola, a intensificação da imigração com medidas efetivas de atração, especialmente de elementos mais identificados com as características brasileiras e, entre todos, os portugueses. Expropriação, com indenização, das terras em redor das grandes cidades, para a formação da "cintura verde" de abastecimento por pequena lavoura e pequena criação;

(k) Inquérito, processo e prisão contra os especuladores, os negocistas, os administradores desonestos. Também aí, general Lott, não se trata de ódio nem de obsessão, mas de estrita justiça para com os que são roubados, espoliados e prejudicados, e exemplos que restituam a confiança ao povo, justamente desmoralizada pelos golpes militares que asseguraram a volta dos ladrões e, portanto, a continuação da pilhagem;

(l) Revisão da política exterior do Brasil, com base numa atitude de maior firmeza, mas de inabalável lealdade, para com o mundo ocidental a que pertencemos. Por outras palavras, maior firmeza na nossa aliança com os Estados Unidos, e por isso mesmo, modificação profunda na política que este país tem seguido em relação ao governo de Washington. Acabar com a mendicância contraproducente, além de humilhante, em que uma nação com a força potencial e o futuro da nossa se decompõe e se degrada em pedir empréstimos pelos quais cada vez mais se empobrece e "auxílios" que nada auxiliam e mais servem aos negocistas internacionais do que à solução dos problemas fundamentais do país. Para tanto, reforma do corpo diplomático, com melhor aproveitamento deste e restituição do Itamaraty ao seu verdadeiro sentido, que é o da negociação diplomática e não o da pretensa atividade de "técnicos" mais ou menos improvisados ou meros charlatães;

(m) Reorganização dos ministérios, por meio da instituição de estáveis subsecretarias de Estado, permitindo aos ministros realizar uma política enquanto a sua execução fica a cargo de corpos estáveis, protegidos da politicagem e da inflação de burocratas;

(n) Redução do corpo de funcionários públicos, sem demissões injustas, pela exigência de que cada um execute as funções para as quais foi nomeado, seja aproveitado em vagas que se abram, cessando as nomeações de "interinos", obediência estrita ao concurso como método de seleção, ressalvados, unicamente, os cargos técnicos, por contrato de duração determinada;

(o) Reforma da educação e do ensino retirando-lhe o atual caráter falsamente enciclopédico. Esforço concentrado na educação popular como o supremo e mais urgente dever de um regime democrático;

(p) Concentração dos recursos federais em vez de sua pulverização resultante de influências regionais momentâneas, como as determinadas na Constituição vigente;

(q) Constituição do município como fonte primeira do poder democrático. Voto, no escalão municipal, reservado ao chefe de família, como tal chamado o que tem sob sua responsabilidade pelo menos a sua própria subsistência, inclusive o analfabeto que pague certa cota de impostos por atividades que exerça. Eleição indireta dos escalões superiores. O sufrágio universal, tal qual vem sendo praticado no Brasil, importa, na prática, uma ditadura da ignorância e da irresponsabilidade, sobre aqueles, já numerosos, que adquiriram consciência dos seus deveres cívicos e não fazem do voto objeto de mercancia ou de mera desforra;

(r) Como corolário da preeminência do município e, em segundo escalão, do estado – para restituir à Federação o seu pleno, histórico e salutar sentido –, reforma do sistema tributário. Reforma do imposto de renda, para sanar as iniquidades de que está inçado o sistema vigente. Reforma tarifária, para facilitar a importação legítima, tornar inoperante, porque inútil, o contrabando e, ao mesmo tempo, dar à indústria nacional autêntica a necessária proteção sem prejudicar a formação de hábitos de consumo e, portanto, de incentivo à produtividade.

Esses procedimentos guardam relação com o cenário em 1956, em que Juscelino e Jango estavam em pleno exercício dos mandatos, e, portanto, Lacerda pressupunha que seu "regime de emergência" só poderia ser alcançado se todos renunciassem e as elites políticas e militares do país entrassem em acordo. Quando a tese do regime de emergência apareceu originalmente, porém, ela foi proposta no Parlamento, bem antes das eleições, como uma conclamação a dar consequências aos impasses institucionais da crise de agosto de 1954 e como forma de purgar o país dos efeitos do poderio da oligarquia de 30. Naquela ocasião, Lacerda sustentava não a renúncia dos ocupantes do Executivo – o governo transitório de Café –, mas uma concessão de poderes, provavelmente para a formação do que na carta a Lott ele chamou de Conselho de Estado, por iniciativa dos próprios parlamentares, por um prazo restrito e pré-determinado, cuja obediência deveria ser garantida, naturalmente, pelas Forças Armadas.

XIII.2 - Considerações lacerdistas sobre a legalidade e as instituições brasileiras

Todas essas discussões, por mais que se apontem méritos, deméritos, argumentos "datados" e idiossincrasias nas teses de Lacerda a respeito, construíram-se em um país bem diferente do atual, em que eram frágeis e viciadas as instituições – filhotes, repita-se, de uma ditadura mal terminada – e eram proeminentes, na participação política, por isso mesmo, as Forças Armadas. Vargas subiu ao poder com as Armas, assim também dele saiu por ação delas. Da mesma forma, foi só por isso que Dutra se tornou presidente, com a ajuda do próprio Vargas, a quem as Armas trataram com muita generosidade; o "ex-ditador" voltou ao poder, do qual saiu apenas com a morte, mas não sem antes, em uma crise moral, institucional e política de desbragadas proporções, as Armas novamente agirem, fazendo-o saber de seus anseios por sua renúncia e instaurando a República do Galeão, diante da guarda pessoal que fulminou um dos seus. Sob a égide dessa pressão das Armas que antecedeu o suicídio de Vargas foi que, em consequência, Café assumiu o governo e, depois dele, novamente em consequência do aparato deixado pelo ditador e do trauma provocado por sua morte e a Carta Testamento, chegaram ao poder JK e Jango, cuja posse só se efetivou novamente sob a ação das... Armas, com o golpe ou contragolpe, como prefiram, de Lott.

Educado na geração do tenentismo, é de se compreender que Lacerda assistia a esse ciclo de repetições e intervenções com verdadeiro horror. Concorde-se ou não, não parece difícil compreender que tenha achado que apenas um esforço conjunto, por vias pouco ortodoxas, para uma grande elaboração de bases nacionais, com conciliação de civis e militares, poderia acabar com essa confusão interminável. Faz sentido também que, em 1964, ele tenha acreditado que o movimento de 31 de março poderia seguir esse caminho, embora coisas como o Ato Institucional Número 2, o AI-5 e as cassações sem direito de defesa passassem longe de suas proposições dos anos 50.

No Parlamento de 4 de julho de 1955, quando a proposição do "regime de emergência" foi defendida na Câmara dos Deputados, Lacerda recorreu a analogias internacionais e a uma reconstrução da história do país. Ele começou mencionando um editorial de *O Estado de S. Paulo* que lamentava profundamente a ineficiência do Congresso em aprovar a reforma eleitoral, sem a qual as eleições brasileiras, na avaliação de vários especialistas da Justiça, permaneceriam sendo *"um escândalo pelo domínio da fraude e da corrupção"*[244]. Essa incapacidade reforçaria o descrédito do Parlamento brasileiro, o que o próprio jornal e o próprio Lacerda consideravam um enorme prejuízo ao enraizamento de instituições sólidas e democráticas.

Seu argumento partiu então de uma reconstrução histórica, fazendo alusão ao fato de que o país vivia em constante inquietação desde a revolta de 1922 e o tenentismo. Primeiro, disse Lacerda, tivemos no Império um liberalismo coexistente com o latifúndio e a escravidão e um Parlamentarismo *"paternal, desvirtuado em certo sentido e, noutro sentido, glorificado pelo chamado Poder Moderador do Imperador Pedro II que, durante meio século, garantiu a existência de uma nação fictícia sob a realidade da nação real"*[245]. Logo em seguida, quando os impulsos positivistas participam da emergência da República, surgiu *"uma oligarquia mitigada, através da qual o voto de bico de pena, o voto do chefe político do interior, fiel à palavra empenhada, embora infiel no sentido e à substância da democracia, garantia*

---
[244] LACERDA, Carlos. *Discursos Parlamentares. Op. cit.*, p. 116.
[245] Idem. *Ibidem.*, p. 119.

uma normalidade institucional que, se não nos dava a democracia autêntica, nos dava, pelo menos, a ilusão, a aparência, o antegosto da democracia"[246].

A Revolução de 30 havia sido positiva, sob essa ótica lacerdista, pela introdução do voto secreto e universal – não tanto tempo depois, em 1956, como se viu, Lacerda já não estava tão animado com essa experiência –, mas, como vimos, houve um desvio nessa participação das massas, canalizada *"para outros rumos, quais sejam os rumos de um paternalismo republicano, os rumos de uma ditadura inspirada na degeneração do positivismo de 89"*[247], conforme vimos no capítulo referente a Getúlio Vargas e ao populismo latino-americano.

> O que tivemos foi a instrumentação da propaganda moderna, a utilização dos processos totalitários de deformação da consciência das massas, que usava o voto contra ela própria, convencida de que o utilizava para salvar-se, dignificar-se, elevar-se ao comando supremo da Nação. De tal forma este processo se apurou que golpes sucessivos e sucessivas revoluções continuaram o ciclo dos movimentos de exceção, ainda não encerrados até hoje neste país, pois esta Câmara é filha de dois golpes: o de 37, na sua maioria, e o de 45, na sua minoria[248].

Com base nesse histórico e em toda a sua fragilidade, Lacerda apelava à necessidade de cautela ao se falar em legalidade no Brasil naquele momento. *"O que há no Brasil, hoje, chamando-se de legalidade, é, na realidade, a sucessão de golpes interrompidos pelo nosso desejo de manter a todo preço uma experiência ao menos, ou um começo, ou um projeto de legalidade democrática no país"*[249]. Por isso, *"as oligarquias estratificaram-se, os partidos não surgiram das correntes de ideias, mas, sim, das máquinas estatais, das máquinas da propaganda que lhes asseguraram maiorias sólidas que até hoje aí estão inabaláveis"*[250].

---

[246] Idem. *Ibidem.*, p. 119.
[247] Idem. *Ibidem.*, p. 120.
[248] Idem. *Ibidem.*, p. 120.
[249] Idem. *Ibidem.*, p. 120.
[250] Idem. *Ibidem.*, p. 121.

Dessa situação, decorreu uma incapacidade dos partidos de se assentarem em bases orgânicas e um entrave ao desenvolvimento do sistema político. Lacerda lamentava que, em nove anos da Constituição de 46, nenhuma lei complementar havia sido até então promulgada.

> O resultado dessa inviabilidade do sistema imposto em 46 – e imposto precisamente pelos ressaibos, pelas marolas da oligarquia que durante esse tempo dominou o país, desviando a massa de seu sentido educativo e construtivo democrático – o que se passou neste país, a partir de 46, foi a progressiva impossibilidade de os governos governarem. O pouco que fizeram foi à custa dos arranjos, que significavam sacrifícios fundamentais de seus pontos de vista programáticos. (...)
>
> Eis que estamos novamente diante de uma dessas catástrofes periódicas que, em nosso regime presidencial, se chama sucessão da presidência da República. (...) Tenho ouvido aqui dizer-se ser preciso que os militares dispam a farda para opinarem sobre os assuntos internos da nação. Desde quando, em que época, em que momento da História nacional essa exigência foi feita? Num país sem partidos verdadeiros, num país sem partidos que correspondem de fato às correntes da opinião nacional, num país em que a opinião nacional, no momento em que se desencadeou e pôde opinar e decidir, foi desviada por um traumatismo até e tem sido conduzida, não pela razão, mas pelas emissões sucessivas de cada crise, de cada momento, de cada paixão, de cada facção, neste país assim constituído é grotesco se venha trazer o exemplo daquelas nações em que, aí, sim, o Executivo é mudo, porque há séculos não existem ali ditaduras[251].

Lacerda se esforçava por transparecer realismo e reconhecimento das limitações da cultura política brasileira, evocando ainda sua crença de que a vice-presidência de João Goulart, que como ministro do Trabalho de Vargas conspirou contra a República, suavizando para os comunistas e articulando-se com Perón, provocaria uma guerra civil.

> Nós vamos para uma eleição que todos os brasileiros sabem não ser autêntica! Nós temos um corpo eleitoral em que quase metade do eleitorado se constitui de defuntos ou daqueles que, pela Constituição,

---

[251] Idem. *Ibidem.*, p. 122.

estão proibidos de votar. Vamos para uma eleição manipulada pelos dinheiros públicos desviados das autarquias e do Banco do Brasil! Vamos para um processo eleitoral deformado, vamos para um processo eleitoral desnaturado, vamos para um processo eleitoral com ladrões públicos impunes intervindo na eleição, vamos para um processo eleitoral com uma Câmara que não teve audácia e a coragem cívica para processar eleitores faltosos. Vivemos num país cujo Congresso (...) não trouxe a público, já não direi para punir com a lei, mas ao menos com a sanção moral da opinião pública, sequer o vulto das operações de Ricardo Jafet (1907-1958) no Banco do Brasil! Dois bilhões e quinhentos milhões de cruzeiros foram afastados indebitamente do Banco do Brasil, entraram no processo econômico, asseguraram monopólios e garantiram uma força política neste país que deu até para comprar legendas de um partido! (...) Nós nos encaminhamos (...) forçosamente a cada novo dia com maior evidência para um processo anormal de solução da crise brasileira[252].

O regime de emergência, para Lacerda, seria a melhor maneira de garantir que esse futuro golpe militar, que essa futura quebra institucional, que essa futura solução anormal que se repetiria, fosse substituído por um "trauma" menor, baseado em um acordo entre as forças políticas, com anuência do Parlamento.

Ele asseverou que a concessão de poderes amplos e legislativos, dentro de certos prazos e limites, ao Executivo – no caso, ao que ele chamaria em 1956 de Conselho de Estado –, era algo que os principais Parlamentos do mundo faziam, como ocorrera com Georges Clemenceau (1841-1929) na França. Ele via como uma limitação a Constituição de 46 proibir a delegação de poderes, que lhe parecia o único mecanismo necessário para sanear o sistema político-eleitoral e os entraves decorrentes no Legislativo.

O Congresso precisa ajudar o país a encontrar uma fórmula pela qual, por um prazo determinado, tenha o Poder Executivo, seja ele qual for, desde que constituído por homens honrados, a possibilidade e a capacidade legal de fazer as reformas políticas essenciais para tornar

---
[252] Idem. *Ibidem.*, p. 126.

viável o regime democrático no Brasil; de fazer a reforma eleitoral, que o Congresso já demonstrou não poder fazer; de retomar os partidos, que na realidade, não estão funcionando como deviam, e isso como preventivo do golpe, para evitar o golpe, para vencer a hipótese de golpe, para tornar o golpe desnecessário, pois, de outro modo, quer se deseje ou não, quer se pregue ou não, quer se recomende ou não, quer se reprove ou não, quer se previna ou não, quer se pretenda, se deseje, se propague, se prefira ou não, este país se encaminhará forçosamente – e eu quase diria, se não tivesse medo dessa palavra, fatalmente – para uma solução de força[253].

Não sendo adotada uma solução como a dele naquele momento, a eleição de 1955 seria uma brincadeira *"em que os candidatos pretendem desafiar tudo aquilo que é a constante da evolução nacional e pretendem encerrar, numa farsa eleitoral, o ciclo revolucionário que se abriu em 30, de cujas sucessivas etapas nasceu este Congresso, de cujas fases sucessivas nasceram três Constituições e que, afinal, ainda não encerrado, está, como os mortos insepultos das Escrituras, à espera de quem se decida a sepultá-los"*[254].

Toda essa teoria da necessidade de um regime emergencial pregada por Lacerda entre 1954 e 1956 ainda apresentou menções esporádicas em 1957, mas foi abandonada por ele depois disso, acomodando-se o tribuno ao seu papel de líder da oposição no Parlamento, dentro das regras de jogo estabelecidas. Como veremos mais adiante com mais detalhes, em 1960, depois do esgotamento financeiro causado pelo governo de Juscelino Kubitschek, exaurindo a própria máquina do PSD, Jânio Quadros se tornou um fenômeno de popularidade com seu discurso de "varrer" a corrupção – é bem verdade que ainda com algum suporte das forças varguistas, porque fez diferença o bizarro "Comitê Jan-Jan", em que militantes do próprio João Goulart paralelamente apoiavam Jânio – e a UDN e Lacerda acharam por bem associar-se a ele, na esperança de que, se ele venceria as eleições de qualquer maneira, talvez pudessem produzir através dele as grandes reformas necessárias e

---

[253] Idem. *Ibidem.*, p. 135.
[254] Idem. *Ibidem.*, p. 136.

dar andamento ao seu programa. Jânio venceu, o que Lacerda chamou de "revolução pelo voto", e então ele e outros udenistas acreditaram que poderiam finalmente encerrar o ciclo de golpes e interrupções e banir os remendos do Estado Novo.

Independentemente de o regime de emergência ter sido ou não uma boa ideia de Lacerda, o fato é que Jânio Quadros também não foi o bastante para obter a solução que ele desejava. Ao contrário: tentou cortejar Lacerda para resgatar as suas teses sobre o assunto, justamente quando Lacerda estava apostando que a popularidade de Quadros permitiria o melhor dos mundos e evitaria a necessidade de aplicação de suas velhas teses. Renunciando Quadros, o país caiu no colo de João Goulart, e aí não foi possível evitar um desfecho em que os militares, cansados das constantes intervenções, decidissem por governar o país indefinidamente, em um regime que duraria vinte e um anos. O desfecho autoritário da previsão lacerdista aconteceu.

XIII.3 - A reforma eleitoral

Cada coisa a seu tempo, porém. Tudo isso se dava, entre outros motivos, porque Lacerda e boa parte dos udenistas eram inteiramente contrários ao sistema político-eleitoral vigente, para eles muito facilmente presa da oligarquia e da fraude. Que reforma eleitoral era essa que eles tanto preconizavam? O que defendiam que precisava mudar tão profundamente?

A legislação eleitoral da época era também um produto da ditadura. Baseava-se no Decreto Lei nº 7.586, assinado ainda pelo presidente-ditador quando sentiu que as eleições teriam que voltar e se rendeu aos fatos – não sem tentar manipulá-las e influenciá-las, por exemplo, através do queremismo e da antecipação das eleições estaduais, sendo seus interventores extremamente poderosos nos estados; não foi por outra razão que uma comissão de militares das três Armas decidiu depô-lo em outubro, forçando-o a renunciar. O decreto tinha o nome de um de seus principais artífices, o pernambucano pessedista Agamenon Magalhães, ministro da Justiça e um dos aliados mais fiéis do regime de Getúlio Vargas. Portanto, uma das leis mais importantes, que regeriam a substituição dos mandatários na República de 46, fora obra do regime anterior, mais um exemplo dessa continuidade que enojava Lacerda.

O Código Eleitoral estabelecido na Lei Agamenon determinava o monopólio dos partidos políticos na indicação de candidatos, impedindo que o Brasil tivesse candidatos independentes. No entanto, determinou que os partidos deveriam ser nacionais, ao contrário do que ocorria na República Velha, quando os partidos eram basicamente expressões das oligarquias regionais, e por isso havia um Partido Republicano de São Paulo, um do Rio de Janeiro etc. Foi assim que o PSD e o PTB, nacionais, nasceram fortes da máquina do governo, e a UDN se organizou para combatê-los.

A Lei Agamenon ainda permitia a candidatura múltipla, fazendo com que um mesmo candidato pudesse concorrer, ao mesmo tempo, para presidente, senador ou deputado federal, em mais de um estado. Juntamente com isso, havia o mecanismo da "sobra de votos" ou, por outra, a introdução do sistema do voto proporcional – em substituição ao voto distrital, que vigorou no Império e na República Velha. No *Depoimento*, Lacerda criticou esse dispositivo:

> Havia na lei eleitoral o dispositivo dos restos de votos. Então, por exemplo, eu, com meu voto, levei para a Câmara cinco ou seis deputados que não se elegeriam, nos quais o povo não havia votado suficientemente para elegê-los. O grande votado beneficiava o segundo, o terceiro colocado e assim por diante, até acabar a lista. Então levava-se realmente para o Congresso gente que não tinha alcançado o nível de votos que a própria lei exigia para que fossem considerados eleitos. Gente que se elegia às custas dos outros[255].

---

[255] LACERDA, Carlos. *Depoimento. Op. cit.*, p. 157.

Se a UDN podia se beneficiar do sistema no caso de Lacerda, era um benefício desigual, comparado à máquina getulista, construída por anos de apropriação do poder. Afinal, aproveitando-se desses dois dispositivos, Getúlio Vargas concorreu, ao mesmo tempo, elegendo-se, ao Senado no Rio Grande do Sul pelo PSD e em São Paulo pelo PTB, bem como, pelo PTB, a deputado federal na Bahia, no Rio de Janeiro, no Distrito Federal, em São Paulo, Paraná, Rio Grande do Sul e Minas Gerais. Em todos esses estados de peso político relevante, ele "carregou" consigo candidatos que reforçariam ainda mais a vantagem e o poder dos partidos que o representavam, e representavam os sucessores de seu regime, sem efetivamente poder ele mesmo assumir todos esses cargos.

Havia outros aspectos que incomodavam Lacerda profundamente. Um deles, para ficar no mais evidente, era a bizarra contradição de a lei permitir, àquele tempo, que o presidente e o vice-presidente fossem eleitos separadamente, podendo representar projetos diametralmente opostos. Que absurdo era aquele de eleger Jânio Quadros e João Goulart ao mesmo tempo para o Executivo Federal? As consequências foram as que se viram: na ausência de um, o outro ameaça a nação com um projeto oposto ao das forças que apoiaram o titular.

Outro, coerente com sua crítica constante ao fato de os partidos políticos serem produtos da estrutura política do Estado Novo, sendo os mais poderosos fabricados diretamente pelo ditador, era a sua defesa de uma reforma dos estatutos partidários, que estabelecesse partidos com programas políticos reais e sólidos. Lacerda oscilou, em suas manifestações ao longo do tempo, entre a defesa de um bipartidarismo – por discutível que seja a imposição desse limite de dois partidos por vias legais, algo que não ocorre sequer nos Estados Unidos, onde a criação de centenas de outras legendas é livre – em que houvesse ampla liberdade de correntes internas dentro dos partidos, e apenas a redução do número de partidos no Parlamento, ambas as sugestões concebidas para viabilizar com mais eficácia a governabilidade e eliminar as legendas de aluguel. Ironicamente, em suas cenas finais, Lacerda estava lutando contra o bipartidarismo do regime militar pela admissão da Frente

Ampla. Evidentemente, no entanto, a simpatia que Lacerda externou em alguns momentos pelo bipartidarismo, decerto influenciada pela sua admiração pela democracia dos Estados Unidos, não incluía as medidas restritivas adicionais impostas pelo Poder Revolucionário Institucional daquela época, bem como a disputa entre o Partido Republicano e o Partido Democrata sempre foi algo muito diferente da disputa regulada entre a ARENA e o MDB.

As listas de eleitores eram outro problema em que se apontavam fraudes e que Lacerda tentou revisar. Em 1950, ainda funcionava o sistema de alistamento *ex-officio*, em que as listas não eram realizadas individualmente, mas através de órgãos e associações públicas, já vindo prontas das repartições. Isso facilitava a inscrição de funcionários ligados aos caciques do PSD e do PTB, que controlavam as instituições públicas, embora o alistamento individual também estivesse liberado.

No entanto, a isso tudo, à máquina de propaganda e ao uso do Banco do Brasil, somava-se outro problema crucial e que protagonizou as discussões parlamentares: a questão da cédula eleitoral e do controle que sobre ela detinham os partidos. O instrumento fundamental do voto na época, como sabido, era a cédula. O que acontecia desde o começo da República de 46 era que as cédulas a serem depositadas na hora do voto eram distribuídas antecipadamente pelos partidos, que as produziam e imprimiam, e elas eram diferenciadas para cada candidato, ou seja, o eleitor levava para o local de votação uma cédula de padrão diferente, inclusive com tamanho diferente, o que tornava o voto secreto uma completa farsa de propaganda.

Carlos Lacerda defendeu ardorosamente que a democracia só estaria viabilizada se houvesse uma cédula única oficial, impressa pela Justiça Eleitoral e acessível apenas nos locais de votação. Sem essa reforma, não apenas o voto das pessoas era perfeitamente identificável como os partidos mais poderosos e os candidatos com mais recursos podiam facilmente imprimir mais cédulas. Segundo o ministro da Justiça em 1955, José Eduardo Prado Kelly (1904-1986), que chegou a ser presidente da UDN e ocupava o cargo no breve governo Café Filho, o número de cédulas distribuídas no interior excedia notoriamente o número de pessoas estatisticamente qualificadas para votar. Talvez esse seja o motivo que mais permite compreender a revolta de Lacerda com a desfiguração do sistema democrático. O poder da máquina varguista, associado a tamanha deficiência de lisura do processo eleitoral, permitiria, com justiça, a colocação de todo o sistema sob suspeição.

Não obstante a obviedade de seus méritos, a proposta de Lacerda foi persistentemente recusada, sob o principal pretexto de que seria impossível implementá-la no tempo extremamente curto que havia para as eleições e de que o sistema de justiça eleitoral não era suficientemente sofisticado para distribuir as cédulas. Como já sabemos, entretanto, Lacerda defendia a instalação do regime de emergência e, principalmente, de uma "pausa" no ritual sucessório, a fim precisamente de que este não nascesse viciado. A implementação dessa medida seria um dos aspectos envolvidos em tal paralisação. O argumento de que ela demoraria para ser tomada se encaixava na tese de Lacerda, afinal, de que aquelas eleições não poderiam ocorrer de imediato e de que o resultado delas, se ocorressem, não era respeitável.

O esforço lacerdista foi frustrado, mas a UDN conseguiu – e em boa parte se deu por satisfeita com isso – uma solução de meio-termo: em vez da oficial, a cédula única foi aprovada, porém ela ainda podia ser impressa e distribuída pelos partidos, fora do âmbito da Justiça Eleitoral, podendo inclusive ser marcada pelo eleitor muito antes da realização das eleições, de casa, em vez de apenas no ambiente secreto e protegido da votação. Essa possibilidade de distribuição acabaria mesmo apenas em 1965, em pleno governo militar de Castelo Branco. Para o udenista, a reforma realizada em 1955, em vez de uma vitória parcial, era uma "derrota total", porque o poder da máquina do PSD no interior permaneceria intocado. Revoltou-se já então com seus correligionários, como Afonso Arinos, que julgaram aquela uma conquista aceitável, e infelizmente para ele a eleição de Juscelino Kubitschek e João Goulart se deu dentro desse figurino.

Em 23 de maio de 1955, Lacerda citara no Parlamento uma declaração do próprio JK, admitindo que o poder econômico violentava as eleições, mas prometendo fazer uma reforma completa da lei eleitoral quando fosse eleito. Tal disparidade do poder econômico ainda se manifestava em outras facetas, como a do transporte dos eleitores mais pobres do interior no dia das eleições para os locais de votação.

O argumento, por óbvio, era incoerente, sendo que, se ele mesmo seria eleito presidente da República com base em um sistema em que predominava a violência do poder econômico nas eleições, esse sistema deveria ser reformado antes que as eleições ocorressem, e a isso o PSD de JK se opôs quanto pôde. Aliás, não faltaria cobrança depois; uma vez derrotado em suas pretensões pelo "regime de emergência", Lacerda, como líder da oposição, cobrou a adoção da cédula oficial sem distribuição pelos partidos ao governo JK – outra cobrança sem sucesso.

Voltando à sessão de maio, um dos que enfrentaram Lacerda foi ninguém menos que o então pessedista Ulysses Guimarães (1916-1992), um dos ícones fundadores da Nova República e da Constituinte de 1988 e que, na época, fora contumaz adversário desse desenvolvimento do processo eleitoral.

Diante do argumento de Juscelino, Lacerda desenvolveu sua posição:

> A fase da impressão de cédulas é, sem dúvida, dispendiosa, também, mas não a mais cara, a mais custosa. A mais dispendiosa e a mais difícil é a da distribuição das cédulas por toda a área eleitoral. Em São Paulo, candidatos houve que, dispondo de aviões particulares, puderam distribuir suas cédulas em todo o território paulista (...). A diferença entre quem tem ou não o poder do dinheiro nas mãos para assegurar-se um aparelho distribuidor de cédulas em toda uma área eleitoral assume tais proporções que não apenas no interior remoto isso se dá, mas por igual aqui no Distrito Federal. Casos excepcionais têm havido, como o do orador que ora ocupa a tribuna, nas últimas eleições, em que o caráter plebiscitário, assumido pelo pleito, de tal modo apaixonou e dividiu a opinião pública que centenas de veículos voluntariamente garantiram essa distribuição, com a qual obteve a votação com que o honrou o povo desta cidade.
>
> Por outro lado, pergunto a quaisquer candidatos, vitoriosos ou vencidos, que de esforços lhes custou a distribuição das cédulas

em todas as seções. Não me refiro apenas à fraude no sentido de violência ou da coação sobre o eleitor, refiro-me àquelas fraudes mais banais, mais corriqueiras, mais encontradiças em todos os pleitos – as cédulas que desaparecem dos guichês eleitorais, chamados, por eufemismo, cabinas indevassáveis; as cédulas que recebem cola em cima dos papeluchos; as cédulas que passam para os bolsos dos cabos eleitorais, na hora em que vão votar[256].

Sobre a apuração de votos, Lacerda ponderou que:

Apuram-se votos no Brasil por processo rotineiro e obsoleto. Tal processo, além de rotineiro e obsoleto, é também propiciador de fraude na apuração. Estivesse aqui presente o sr. Frota Aguiar, poderia depor nesse sentido, sobre as fraudes extraordinárias ocorridas na penúltima eleição desta cidade, pelo simples truque da leitura errada no momento da apuração[257].

Em resumo e retrospectiva, o período de 1950 a 1957, basicamente, foi um período em que Lacerda, em certos diferentes episódios, sendo amplamente crítico do sistema político e das lideranças construídas pelo varguismo, militou por ações que eventualmente incluíam a pressão das Forças Armadas e, em maior quantidade, a desobediência à estrita regra da lei formal. Tais posições foram expostas publicamente, sem a orquestração mais pronunciada de efetivas conspirações, como apelos de alguém que viveu um Brasil diferente, em que os herdeiros de uma ditadura prevaleciam na condução dos rumos políticos e a fragilidade de partidos e instituições fazia com que todos os governos e situações se iniciassem e apoiassem, de alguma forma, em bases militares que "moderavam" e "tutelavam" a configuração institucional frágil. Vale recordar: Vargas chegou ao poder com a intervenção de 30, escamoteou as eleições de 34, deu o golpe de 37; saiu com uma "violência" institucional via ação armada em 45, o que permitiu a eleição de Dutra, sem que, no entanto, fosse o suficiente para

---

[256] LACERDA, Carlos. *Discursos Parlamentares. Op. cit.*, p. 84.
[257] Idem. *Ibidem.*, p. 85.

completar o serviço, viabilizando a volta de Vargas ao poder em 50. Sua queda se deu pelo suicídio, mas igualmente a crise de agosto se acirrou pela pressão militar pela sua saída e pela República do Galeão, diante da perspectiva caótica para o país. Os herdeiros de Vargas novamente chegaram ao poder, em um cenário em que as reformas, inclusive esta gritante reforma das cédulas, não foram feitas a contento, e só tiveram sua posse garantida em consequência de outra "violência" institucional, a de Lott e Denys. Não haveria praticamente qualquer força política em cuja trajetória a ação mais ou menos ostensiva das Forças Armadas para além do que se desejaria em uma democracia não tivesse tido impacto e, nesse sentido, talvez fosse um excesso anacrônico exigir de alguém que "jogasse o jogo" fora das regras reais.

  Lacerda acreditava que uma paralisação nacional para equacionar algumas dessas fragilidades seria o melhor caminho a fim de que o sistema institucional se tornasse sólido o suficiente para que esse quadro de intervenções militares pontuais e Constituições seguidamente abandonadas não se perpetuasse. Pagou preços altos por isso. De todo modo, o objetivo final era e sempre foi, desde que abandonou o comunismo, a garantia de que o Brasil teria uma democracia saudável e vicejante, sem os constrangimentos da máquina do que chamava de *"oligarquia Vargas"*. Seu pensamento não derivava da ideia de que o país precisaria de soluções miraculosas e definitivas alicerçadas em esquemas ideológicos abstratos. Afinal, Lacerda sempre sustentou sua certeza de que a grande força da democracia se manifesta onde haja, ao contrário, a certeza da *"relatividade das soluções"*[258].

---

[258] LACERDA, Carlos. *O Poder das Ideias*. Op. cit., p. 50.

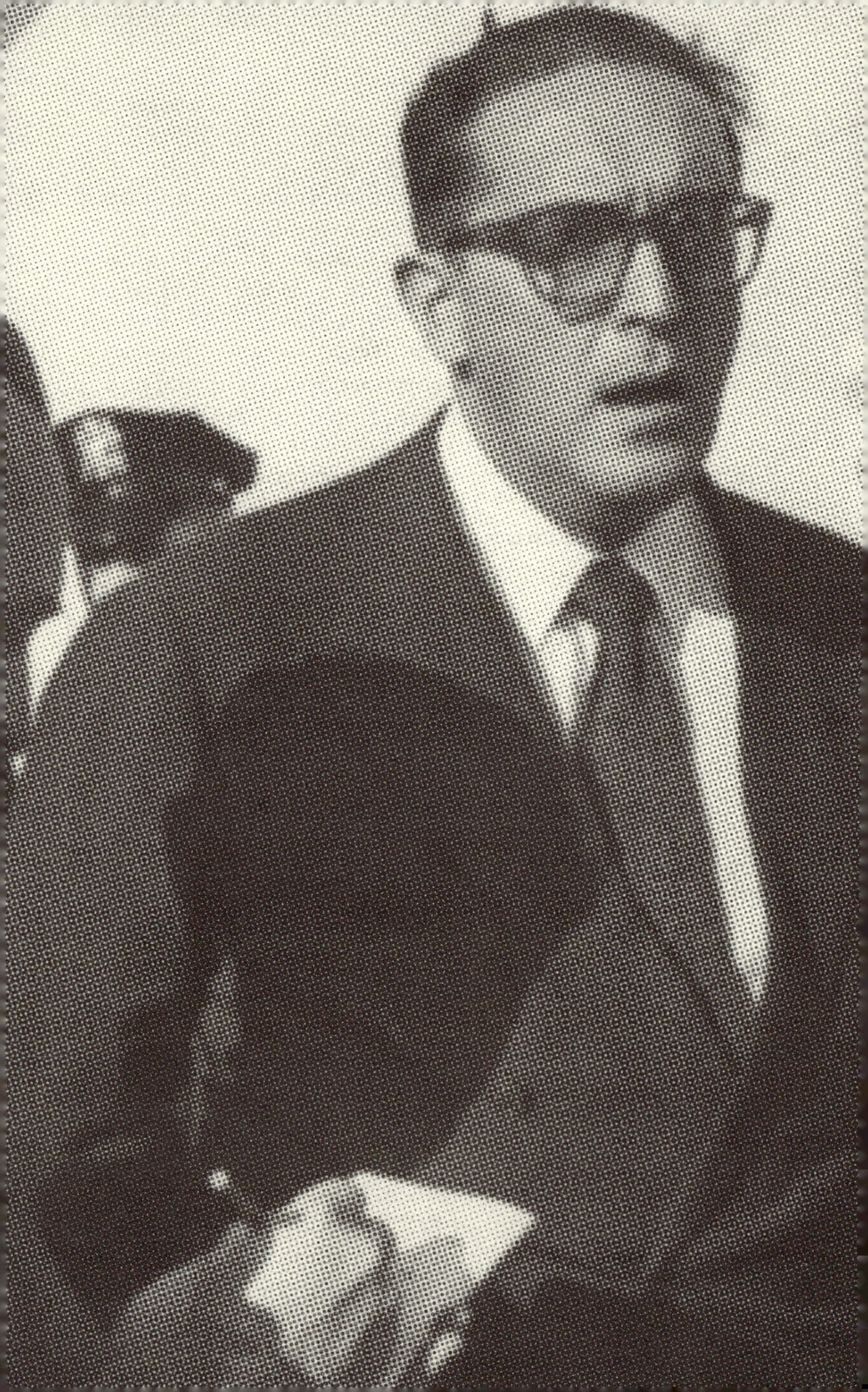

CAPÍTULO XIV

Oposição a JK e Jânio

XIV.1 - A Caravana da Liberdade e a luta contra o desenvolvimentismo e a censura

Como líder da oposição na Câmara dos Deputados durante o governo Juscelino, período em que efetivamente esbanjou da tribuna parlamentar seus talentos de orador, Lacerda se destacou pela militância em favor de muitas das ideias e bandeiras que já aqui expusemos, como a batalha frustrada contra a construção de Brasília – que o próprio não considerava um dos episódios mais felizes de sua carreira, já que a ideia de fazer imediatamente a nova capital tinha apoio na própria UDN e, em dado momento, Lacerda desistiu de tratar o assunto como prioridade diante da certeza de que seria derrotado –, o enfrentamento ao modelo de industrialização desenvolvimentista adotado por JK e às medidas inflacionárias, a sustentação da Lei de Diretrizes e Bases da Educação e a própria defesa de sua inocência na polêmica da leitura do telegrama criptografado dando conta mais uma vez das relações de Goulart e do varguismo com o peronismo.

Em reunião de abril de 1957, a UDN enfatizou um programa que apoiava a autonomia do Banco do Brasil, a reforma cambial e o controle da emissão do papel-moeda pelo Congresso para evitar as aventuras inflacionárias, todas, em geral, bandeiras históricas do lacerdismo. Com essa plataforma e certo de que o "regime de emergência" era uma pregação que havia ficado no passado, o partido se sentiu com caminho aberto para colocar finalmente o lacerdismo na linha de frente. Se era para fazer oposição efetiva, o líder deveria ser Carlos Lacerda.

O governo fez um grande esforço para cassar seu mandato, esforço enfrentado com habilidade e fervor. Lacerda tratou de ampliar a abrangência de seu discurso, dizendo-se em defesa não apenas de seus próprios direitos e de sua própria reputação, mas também de princípios democráticos e republicanos como os da imunidade parlamentar e da inviolabilidade dos mandatos legislativos. Lutero Vargas ainda estava ativo entre os petebistas, acusando Lacerda de ser o homem das potências do imperialismo estrangeiro que infernizara seu pai e ele mesmo quando propunha a nacionalização dos fundos bancários. Todo tipo de retórica nacionalista e varguista foi usada pelos que desejavam a punição do udenista. Quando Lacerda enfim derrotou Juscelino e conseguiu garantir sua permanência no Parlamento, a vitória foi comemorada com o entoar do Hino Nacional nas galerias da Câmara. O deputado inocentado bradou em comemoração: *"se se pode falar de uma vitória do povo brasileiro, é esta de hoje, que lhe garantiu a liberdade da palavra através dos seus representantes"*[259].

Foi também a época da grande excursão por diferentes cidades do país, que ficou conhecida como "Caravana da Liberdade", e da campanha em cima de um caminhão velho pelas ruas do Rio a partir de agosto de 1958, no que ficou conhecido como "Caminhão do Povo" – recursos que Lacerda idealizou utilizar para aproximar a UDN do grande público e driblar a censura que lhe era imposta pela Cláusula R. Essa foi, seguramente, a maior de todas as batalhas de Lacerda no período JK: a luta pela popularização de seu discurso, contra a censura. Ao mesmo tempo em que a *Tribuna* combatia os esforços do PTB para obter verbas da Petrobras para os institutos de Previdência, o que

---

[259] DULLES, John. *Carlos Lacerda: A Vida de um Lutador*. Op. cit., p. 284.

significaria fortalecer a máquina do partido, ele endossou a Campanha Popular Pela Liberdade do Rádio e da Televisão e, na edição de 3 de dezembro de 1957, advogou uma proposta de lei apresentada por Prado Kelly para o setor.

Para Lacerda, o governo JK deliberadamente desrespeitava os dispositivos constitucionais de liberdade de expressão ao monopolizar o rádio para sua propaganda.

> Kubitschek fala à vontade na televisão e nas emissoras. Chateaubriand entrega suas estações a Negrão de Lima e Alkmin, num conluio vergonhoso. Só o governo pode falar no rádio e na televisão. Mas o povo responderá nas urnas votando na oposição. Ao povo brasileiro o governo Kubitschek roubou o direito de ouvir. Ninguém pode mais ouvir no Brasil, a não ser as promessas de Kubitschek, as mentiras de Alkmin sobre a baixa do custo de vida e a propaganda de Negrão, prefeito nomeado do Distrito Federal [este último também alvo de uma batalha para impedir que aumentasse impostos na cidade].

A *Rádio Liberdade*, de Guaratinguetá, foi um dos símbolos da campanha, porque irradiou um comício da Caravana da Liberdade e acabou sendo punida. Na Câmara, em discurso reproduzido também no seu jornal, Lacerda reclamava:

> Estamos num tipo curioso de democracia, no qual os comunistas têm plena liberdade de falar ao rádio, como comprovadamente vemos a cada passo, não um, mas vários, não vários, mas numerosos elementos comunistas, criptocomunistas, paracomunistas ou simpatizantes comunistas terem franco acesso ao rádio, inclusive nas emissoras oficiais. Por outro lado, também se pode usar o rádio para pregar o assassínio de líderes da União Democrática Nacional, como durante toda a semana fez, em emissoras do Rio Grande do Sul, o sr. prefeito Leonel Brizola. O incitamento à violência, a pregação ao assassínio político são feitos pelo rádio, livremente, francamente, desabusadamente, sem que qualquer providência, já não direi repressiva ou preventiva, mas ao menos de neutralização dessa atividade mais que subversiva, seja tomada pelo governo federal.

Mais ainda, vamos entrar num ano de campanhas eleitorais, já praticamente iniciadas, porque, desde o presidente desta casa ao líder da Maioria, estão todos a fundo empenhados em campanhas eleitorais nos seus respectivos estados. Pergunto eu: que belas eleições vamos ter e como vamos justificar este regime que aí está, como vamos dar-lhe o nome de democracia, a começar pelo Distrito Federal, quando o seu prefeito nomeado tem acesso cotidiano à televisão e ao rádio para justificar tudo o que considera do interesse de sua administração, aumento de impostos, acordo com os vereadores, doação de terrenos da Prefeitura a particular, abrangendo inclusive o Campo de Santana, que foi um dos recentes presentes desse Papai Noel antecipado da Câmara dos Vereadores; e nós, eu ou qualquer dos nossos companheiros, se quisermos ser candidatos às eleições para prefeito do Distrito Federal, não contaremos com os mesmos meios para concorrer com esse prefeito nomeado, que dispõe do rádio e da televisão a seu bel prazer? (...) O que estou focalizando é o problema da impossibilidade material e moral, política e social de uma disputa de eleição nessas condições. Aqui é materialmente e moralmente impossível colaborar para coonestar uma farsa, qual seja aquela de uma campanha eleitoral em que o candidato oficial tenha todas as rádios e todas as televisões à sua disposição, todos os dias e todas as noites, e o candidato não oficial, embora o seja de partidos regularmente registrados, de partidos exemplarmente democráticos, contra os quais nada se possa opor na ordem das prevenções possíveis ou impossíveis, não disponha sequer de autorização para frequentar essas emissoras. Isto que se dá no Distrito Federal dá-se um pouco por toda parte. Ai de quem for candidato contra o nobre líder Vieira de Melo na Bahia, ainda que leve o apoio do governo do estado, porque as emissoras da Bahia são concessões do governo federal e estas estão controladas pelo presidente da República. (...) Que se pode esperar de um debate eleitoral, de um processo de formação da opinião pública, de uma campanha política na qual, enquanto alguns percorrem o vasto território nacional para dirigir-se, em horas determinadas, sob chuva e sob as naturais condições de um transporte difícil e penoso, a alguns milhares de pessoas, os candidatos oficiais, ao mesmo tempo, na mesma hora, através das cadeias de rádio e televisão, dirigem-se a mil vezes mais, a um milhão de vezes mais de auditores, de ouvintes, de possíveis eleitores? (...)

O contraste não se faz; portanto, não se faz democracia. O diálogo está proibido; logo, não existe liberdade e, se não existe democracia e não existe liberdade, pergunto: que temos com esse nome no Brasil? Um governo legítimo? Muito menos, porque o que temos, na realidade, é um grupo de homens que se impôs pela força e pela fraude e que agora, pela fraude e pela força, continua a dominar os canais, através dos quais a opinião pública se forma, a fim de deformá-la. (...)

Desde a véspera da nossa chegada ao Brasil – por coincidência, quero crer, pois não pensaria nunca me prestassem tamanha homenagem os donos do rádio e da televisão –, estamos, não somente eu, mas meus companheiros todos, salvo uma que outra exceção ou favor ocasional, impedidos de usar o rádio e a televisão.

Em 25 de novembro de 1957, Lacerda deplorava da tribuna que a UDN não pôde transmitir sua Convenção através da radiocomunicação. Enfatizou que a UDN se reuniu com seus membros *"proibidos de usar o rádio, quer pela sua pobreza em recursos financeiros, quer pela vigência de uma portaria imoral e inconstitucional que veda a grande número de brasileiros aquilo que se concede a outros tantos neste país"*[260]. No mesmo discurso, torpedeava o reforço da União contra a emancipação dos municípios e o desgosto com que via o Brasil *"exaurir-se, abrindo as veias em sua triste receita para desperdícios que sobem a bilhões e bilhões de cruzeiros e o Orçamento, amputado na sua unicidade, como uma espécie de bicho-de-ouvido ou de cauda de lagartixa: corta-se aos pedaços, executa-se na parte que interessa ao governo, para dobrar e vencer as resistências dos estados que ainda ousam afirmar o extinto princípio federativo no Brasil"*[261]. Escandalizava-se com a retórica de Vieira de Melo (1913-1970) – que havia sido um dos apoiadores de Lott e JK em novembro de 55 e um dos principais artífices da campanha para cassar o mandato de Lacerda – ao defender que *"o poder concedente tem o direito de exigir do concessionário toda e qualquer providência ou medida capaz de garantir ao governo o que*

---

[260] LACERDA, Carlos. *Discursos Parlamentares. Op. cit.*, p. 445.
[261] Idem. *Ibidem.*, p. 446.

ele chama de controle administrativo"[262], o que incluiria a famigerada Cláusula R.

Lacerda, com admirável reviravolta discursiva, disse que um contrato de concessão maior se impunha a essa lógica: aquele estabelecido entre a nação e o governo.

> Esse contrato de poder concedente, que é a nação, através do corpo eleitoral, impõe ao concessionário, que é o governo que se constitui, o cumprimento de regras pré-estatuídas, de regras inarredáveis, quais sejam aquelas fixadas na carta constitucional. A carta contratual entre os governos que se constituem numa nação e essa própria nação como entidade permanente, que atravessa governos, indiferentemente, e a eles se sobrepõe na sua eternidade, é a Constituição. Não pode, pois, o governo, concessionário do poder temporário, que é chamado a exercer, furtar-se ao cumprimento das cláusulas do contrato político contraído, quando de sua instituição ou organização, em suma, quando de seu advento no poder. Essas cláusulas estão precisas e seu descumprimento importa naquele crime que é o crime por excelência dos governos, o crime contra o qual Santo Tomás de Aquino (1225-1274), apóstolo da ordem, da lei e da razão, sustentava até mesmo o direito de rebelião e, mais que isso, o dever da insurreição, porque, dizia ele, quando um governo deixa de cumprir seu pacto fundamental com a nação, ele se converte em usurpador[263].

Provavelmente Lacerda diria em retrospectiva que o governo do "presidente Bossa Nova" JK não foi, portanto, nem de longe, exatamente aquilo que por vezes dele se diz, em tintas apologéticas. Seus líderes, como Vieira de Melo, fizeram de tudo para impugnar o mandato do maior líder da oposição e uma portaria absurda reforçou o predomínio governista sobre os meios de difusão e expressão, com a defesa desavergonhada da censura. Suas medidas sedutoras, impressionantes e grandiosas, mas inflacionárias, incluindo a construção de uma nova capital – obra monumental, em local ainda de difícil acesso e acompanhada de reiteradas denúncias

---

[262] Idem. *Ibidem.*, p. 447.
[263] Idem. *Ibidem.*, p. 447.

de corrupção –, alimentaram o crescimento da economia, mas mergulharam o Brasil em grave crise financeira, dobrando o déficit e elevando a inflação, o que deixou um legado complicadíssimo para os governos seguintes e, naquele momento, exauriu seu próprio partido, insatisfeito com a candidatura de Lott para sucedê-lo e sem forças para reaproveitar seu discurso desenvolvimentista.

JK teve, porém, o primordial gesto louvável de, com a candidatura pessedista finalmente derrotada, não oferecer qualquer resistência e não provocar qualquer tumulto militar na transferência do cargo. Naturalmente, apesar de esse ter sido um lapso de maturidade institucional em um país que em regra não a tinha, houve também o nítido cálculo político de deixar que outros se encarregassem do difícil e impopular trabalho de sanear a confusão orçamentária que ele mesmo provocara para que pudesse retornar como candidato triunfal nas eleições seguintes. Juscelino tratou de preservar sua prevalência sobre todas as demais figuras do PSD, evitando que outras lideranças expressivas, inclusive de seu próprio governo, ocupassem seu espaço, mantendo-as sempre à sua sombra.

Chegou-se a cogitar que o PSD não tivesse candidatura própria, ou que conseguisse com a ala "chapa branca" da UDN um candidato de "união nacional" que "aguentaria o tranco", tendo sido cotado o nome de Juraci Magalhães (1905-2001), que inclusive havia sido favorável à construção de Brasília. Com a UDN se recusando, decisão que, por óbvio, contou com o apoio de Lacerda, o PSD acabou acolhendo a pressão da sua ala mais à esquerda e economicamente nacionalista de lançar Lott. Juscelino não estava insatisfeito, afinal previa que o militar não teria chance eleitoral alguma.

A meta era clara: com Lott impopular, sem capacidade comunicativa e boicotado, o PSD perderia a eleição pela primeira vez, para que não ficasse com a "bomba" nas mãos, enquanto o PTB, que conseguiu aumentar o poder de sua máquina eleitoral nos institutos e, consequentemente, nos centros urbanos, elegeria João Goulart como vice de qualquer maneira. Depois de cinco anos de um governo austero e sacrificante da oposição, Juscelino retornaria com seu discurso de promotor do desenvolvimento e governante de uma "idade de ouro" e retomaria o poder nos braços do povo, consagrando novamente o PSD. Um recuo estratégico, portanto. Faltou combinar com os militares, já que, como sabemos hoje, não houve eleição em 1965...

XIV.2 - Por que apoiar Jânio Quadros?

Como, entretanto, foi possível a ascensão de Jânio Quadros e qual o papel de Lacerda e suas percepções nesse processo? Quando Quadros começou a construir sua carreira política, Lacerda foi um grande crítico. Segundo o próprio Lacerda no *Depoimento*, sua disposição por atacar Quadros aumentou depois que, tendo dito ao udenista que apoiava sua campanha contra a *Última Hora* e tendo suas declarações nesse sentido publicadas, Quadros negou tudo, fazendo Lacerda se sentir apunhalado.

Jânio Quadros seguiu uma receita única para transcender os partidos e se transformar em um fenômeno popular. Usou de um populismo diferente do varguista, apelando para a sensibilidade católica e conservadora, mas ao mesmo tempo ao anseio por combater a corrupção e confrontar os danosos efeitos da inflação. Começou como vereador pelo Partido Democrata Cristão, onde se elegeu como suplente e acabou assumindo uma vaga em São Paulo. Em outubro de 1950, ele se elegeu deputado estadual e percorreu o estado, levantando a bandeira da moralização da administração pública, com o combate à corrupção e ao desperdício – bandeiras geralmente udenistas –, conseguindo falar a um público muito amplo na cidade. Em coligação do PDC com o Partido Socialista Brasileiro, Jânio já provou a que veio, conseguindo derrotar a máquina das oligarquias locais e chegando ao poder. Iniciou medidas de demissão de funcionários e corte na máquina, vencendo as eleições para o governo do estado e sendo empossado em 1955. Realizou um trabalho elogiado de recuperação das finanças do estado e catapultou-se para disputar a presidência, em uma ascensão meteórica sem precedentes. Era o ar de novidade capaz de empolgar as massas. Jânio Quadros conseguiu fazer o de que os tradicionais políticos udenistas não foram capazes. Em 1958, chegou a se eleger deputado federal pelo Paraná no PTB, o que estimulou Lacerda a prestar atenção ao janismo como um possível anteparo ao janguismo dentro do partido de esquerda.

Era a senha para, em 1960, a UDN tomar a decisão. Junto a outros partidos, os udenistas entenderam, com a concordância de Lacerda, que Jânio Quadros era um populista capaz de cativar o público e de romper a barreira da máquina estadonovista. Com sua retórica persuasiva da "vassoura" para "varrer" os corruptos e a inflação, ele seria a melhor chance que eles teriam de finalmente chegar ao poder e promover as reformas de que o sistema político e econômico necessitava. Teriam de conseguir atrai-lo para a sua agenda, o que parecia provável naquele momento, já que Jânio estava disposto a acolher seu apoio – até porque as forças antivarguistas eram o único campo político em que poderia abrigar seu discurso. Ele aparecia como aquele que seria contra tudo que ali estava há tantos anos; concorrer por uma chapa PSD-PTB seria um total contrassenso.

Em *Rosas e pedras do meu caminho*, Lacerda confessou que *"a eleição e posse de Jânio Quadros podia ter sido o começo daquela reforma que em 1954 não foi feita"*[264]. Lacerda sabia, como disse no mesmo livro, que Jânio se elegeu vereador originalmente *"como um demagogo esquerdizante, de barba grande e capote esfiapado, professor de português num ginásio público, e uma extraordinária capacidade de comunicação com o público, falando por sílabas marteladas com um sotaque paranaense exagerado"*[265], porque *"São Paulo estava farto de corrupção e de incompetência"*[266], depois de sucessivos governos ocupados por quem não tinha sucesso na iniciativa privada, após a gestão do liberal Armando de Salles Oliveira (1887-1945). Não era um udenista de raiz, nem de longe. Porém, era a única oportunidade de fazer o que Lacerda chamou de *"revolução pelo voto"*.

---

[264] LACERDA, Carlos. *Rosas e pedras de meu caminho*. Op. cit., p. 266.
[265] Idem. *Ibidem.*, p. 271.
[266] Idem. *Ibidem.*, p. 271.

O udenista se convenceu de que era possível fazer, estando ao lado de Jânio, as transformações que havia tentado fazer através do seu tão propagandeado "regime de emergência". A popularidade do paulista, a despeito de ter sido seu desafeto, era um fenômeno tão amplo, tão abrangente, que lhe daria votação tão estarrecedora, que a UDN não poderia perder essa oportunidade única de virar a página. Avaliou:

> Pelo insólito de sua eleição genuinamente popular, pelo estilo novo de sua apresentação, pela linguagem audaciosa que usava, ele uniu o voto das massas trabalhadoras ao das classes médias. Poderia, assim, ser o agente catalítico da fusão do getulismo trabalhista com o udenismo brigadeirista, ou mais amplamente, da nova realidade das massas operárias com a realidade, crescente, da classe média interessada nos valores de democracia[267].

A máquina PSD-PTB continuava poderosa e bastante majoritária no Congresso. O PTB estava em ascensão, causando até uma preocupação no PSD. Jango ainda estava aí. Como Jânio exigiu autonomia para negociar regionalmente com os partidos, criou-se o "Comitê Jan-Jan" – isto é, um movimento de pessoas que, ao mesmo tempo, votariam em Jânio Quadros, aliado à UDN, e em João Goulart, seu inimigo mortal, o filhote de Vargas mais próximo ao peronismo e à extrema esquerda. Ainda era, portanto, um político de fora da máquina, mas que de alguma sorte se beneficiou dela. Mesmo assim, àquela altura, Jânio Quadros estava imposto como realidade. Carlos Lacerda e a UDN não dispunham de uma alternativa politicamente mais interessante. Era ele ou nada. Que fosse ele.

Lacerda contou que Juraci Magalhães chegou a convidá-lo para apoiar uma chapa em aliança com Goulart e Juscelino. *"A frente ampla prematura seria assim a perpetuação, com Juraci, da oligarquia e dos seus erros e vícios. A vitória da UDN em tais condições, naquela fase, com aquela relação de forças, seria a derrota de tudo que eu considerava e considero necessário ao Brasil"*[268], julgou; Lacerda então avaliou que, de

---
[267] Idem. *Ibidem.*, p. 271.
[268] Idem. *Ibidem.*, p. 275.

seu apoio a Juraci e a uma candidatura de "união nacional" da UDN só poderiam resultar três cenários: a "união" se confirmar e Juraci manter tudo como estava, preparando o terreno para a volta de Juscelino e do PSD; João Goulart se unir a Jânio e vencer UDN e PSD juntos, transformando o cenário então em um governo carismático de extrema esquerda; ou ainda Jânio Quadros derrotar a todos os partidos sozinho, enfrentar o Congresso e, provavelmente, partir para a tentativa de instaurar a própria ditadura populista. *"Muito melhor era dar a Jânio um instrumento político e fazê-lo vencer dentro dos quadros normais do processo democrático, não apenas na hora de votar, mas igualmente na hora de governar"*[269], concluiu Lacerda.

      Parecia tudo perfeito quando Jânio venceu as eleições nacionais com 48% dos votos, derrotando Lott e Adhemar de Barros. A UDN estava feliz; ao mesmo tempo, Lacerda ganhava o governo da Guanabara, sua oportunidade de demonstrar habilidade no Executivo e catapultar-se à presidência em 1965, na esteira também de um eventual sucesso janista. *"Logo que começou a governar, se é que chegou a começar, Jânio tinha tudo na mão. O apoio maciço das Forças Armadas, o apoio imensamente majoritário do povo, o apoio ainda que contrafeito de muitos políticos e alvoroçado de outros. Unia expectativa internacional favorável, um vendaval de esperanças no Brasil inteiro"*[270], avaliava Lacerda. Jânio se conformou a uma política econômica austera e anti-inflacionária, conduzida por Clemente Mariani.

XIV.3 - O fracasso da "revolução pelo voto" e o país que andou em círculos

Externamente, contudo, Quadros evoluiu para uma receita sumamente antilacerdista, isto é, contrária ao alinhamento explícito com o Ocidente

---
[269] Idem. *Ibidem.*, p. 276.
[270] Idem. *Ibidem.*, p. 278.

contra o comunismo. Preferiu exibir o Brasil como "independente", contestando, por exemplo, as ideias externadas pelos anticomunistas acerca da ditadura de Cuba, e condecorando o guerrilheiro Guevara, como vimos anteriormente. Tudo isso enfureceu Lacerda e o fez afastar-se de Jânio.

O ápice do rompimento, entretanto, segundo Lacerda – e as possíveis versões alternativas de seus detratores fazem quase nenhum sentido, porque um exame honesto das circunstâncias atesta com facilidade que o governador não teria rigorosamente nada de pessoal a lucrar com essa atitude, muito ao contrário –, se deu quando, através do ministro da Justiça Pedroso Horta (1908-1975), Jânio tentou convencê-lo a, cooptando ministros militares, instalar a ampliação de poderes do Executivo – em outras palavras, o "regime de emergência" – para que ele aprovasse as reformas necessárias ao Brasil, remetendo inclusive aos artigos que Lacerda escrevera em 1955 e 1956. O então já governador da Guanabara rechaçou completamente a ideia, alegando que a alternativa Jânio, com todo o apoio popular que tinha, já era a esperança de não precisar de nada disso para obter as transformações. Jânio deveria reforçar a conquista que havia sido levá-lo ao Planalto, jogando o jogo democrático e usando sua popularidade a seu favor, não aplicando um autogolpe.

Os bastidores da política já circulavam que Lacerda tinha chegado a uma decepção extrema e definitiva com o presidente, que ultrapassava a mera divergência na política externa, quando o governador decidiu denunciar as pretensões golpistas de Quadros, que trairiam toda a confiança que a população e a UDN haviam depositado nele. Em 24 de agosto de 1961, Carlos Lacerda falou do palácio Guanabara pela televisão e pelo rádio, assegurando que Quadros queria afrontar o Congresso. Ponderou que havia analisado a hipótese de renunciar ao governo, mas decidiu que o certo era enfrentar o presidente. Disse que Pedroso Horta havia insinuado que as esquerdas, simpáticas à política externa de Jânio, poderiam ser uma base social para a "reforma institucional" que o presidente queria fazer – ou seja, uma "ditadura" janista poderia ser construída à revelia do tipo de pensamento e discurso político que o ajudara a se eleger. Esbravejou que as dificuldades de negociar com o Congresso não justificavam pressioná-lo e ameaçá-lo, a ele e à UDN, com o risco das esquerdas radicais. A saída, disse Lacerda, era que todos se unissem para que o presidente pudesse governar democraticamente, sem recorrer a subterfúgios, e que o presidente também deveria ter o juízo de se adequar ao que seu cargo e sua posição demandavam. Dispunha-se, longe de pedir a queda de Jânio, a continuar em seu posto e apoiar o presidente, se ele retificasse seus rumos e não insistisse em procurar atalhos que não eram justos e oportunos naquele momento.

Enquanto o vice João Goulart estava em viagem na China, Jânio Quadros tomou uma decisão: em 25 de agosto, veio a renúncia. Descreveu Lacerda no *Depoimento*:

> O fato é que foi uma decepção grande quando se viu que o Congresso tinha aceitado imediatamente a renúncia e que as Forças Armadas ficaram inertes e não se mexeram. O povo tomado de perplexidade e tomado talvez de uma dúvida moral séria dentro de si; porque se criou em cada cidadão brasileiro uma crise de consciência. Todos se perguntavam: "o que terá havido? Como é que foi isso?!" Foi uma decepção universal (...), inclusive os maiores adversários, sujeitos que votaram contra o Jânio, tiveram a sensação de pena do país. (...) Houve assim uma despolitização rápida, toda gente se desinteressou, toda gente se desiludiu, houve uma sensação de ressaca, como se tivesse havido assim um porre nacional coletivo e no dia seguinte todo mundo estivesse com uma ressaca monumental[271].

Muitos compreendem, entre eles o próprio Carlos, um dos acontecimentos mais estranhos da história brasileira como tendo sido fruto de uma interpretação de Jânio de que, renunciando, tendo afastado Jango do país, ele poderia contar com o amparo da sociedade civil e dos militares para impedir que o petebista tomasse posse e, com isso, todos, para persuadi-lo a não renunciar à presidência, concederiam a ele os poderes especiais que tinha tramado obter. Se essa foi realmente a pretensão de Jânio, fato é que falhou miseravelmente. Sua atitude

---

[271] LACERDA, Carlos. *Depoimento. Op. cit.*, p. 273.

frustrou não apenas a esperança lacerdista da "revolução pelo voto" como deteriorou as expectativas populares com o mundo político. Jânio fora eleito para desafiar a corrupção, combater a inflação e moralizar administrativamente o Estado – em outras palavras, Lacerda poderia resumir: para ser o oposto do edifício varguista-estadonovista-petebista-pessedista-desenvolvimentista-nacionalista. Em vez disso, não entendeu as circunstâncias que o alçaram àquele posto e quis um atalho que não lhe estava ao alcance. A despeito das medidas adequadas na economia, falhou em praticamente tudo que se propôs a fazer – ou que se tinha entendido que ele faria e representaria.

Tudo andara em círculos. O ditador de 30 e 37, Getúlio Vargas, parira as forças das quais sairiam Juscelino e Jango. Este último era tudo que se queria evitar, o receio de todos aqueles que fossem mais liberais e conservadores, a ameaça de uma identificação mais categórica com o peronismo e de uma linguagem mais palatável aos extremistas de esquerda e aos comunistas, cunhado do radical Leonel Brizola, o ministro do Trabalho que quis aumentar exponencialmente o salário lixando-se para a inflação. Jânio, facilitado pela exaustão algo voluntária do próprio "sistema" pessedista, era uma aposta arriscada para tentar pôr um fim a esse ciclo sem a necessidade de intervenções armadas. Deu errado; e o país terminava no colo de quem? Logo dele, o mais temido, o último filhote de Vargas com quem Carlos Lacerda travaria a última grande batalha de sua fase áurea: o presidente João Goulart.

CAPÍTULO XV

....

A batalha contra João Goulart

XV.1 - O problema do pós-Jânio e o parlamentarismo

Não há como entender a posição de Carlos Lacerda a respeito do famigerado movimento civil-militar de 31 de março e 1º de abril de 1964 sem compreender as linhas-mestras de sua atuação política nos anos que o antecederam, durante o principal período de sua carreira política, e que o levaram a se opor aos presidentes anteriores. Somente dessa forma fica claro, já em um primeiro momento, o que João Goulart representava para ele.

No entanto, mais do que isso, é preciso percorrer a sequência de deterioração e radicalização do cenário político para "sentir" os fatos da maneira por que Lacerda e outros tantos seus contemporâneos os sentiram. A biografia escrita por John Dulles é uma excelente fonte para isso e dela extraímos a maior parte da sucessão de eventos que referenciamos a seguir. A precisa compreensão, não apenas do pensamento e das atitudes de Lacerda, mas também de tudo que diz respeito a 1964, é muito incompleta sem o acesso a essas informações.

Em sentido amplo, tudo começa, naturalmente, com Getúlio Vargas. O mergulho no caos e no abismo, entretanto, acenou mesmo do horizonte naquele dia 25 de agosto de 61, quando Jânio Quadros abandonou o país, órfão de suas mais acalentadas esperanças, ao optar pela renúncia.

A primeira atitude de Carlos Lacerda, ao contrário do que comumente se diz, foi apoiar a posse de João Goulart como presidente da República, seguindo-se os ditames da Constituição de 46. Ele assimilava perfeitamente o perigo representado pelo janguismo, pelo brizolismo e pelo comunismo, mas julgava que, depois da expectativa legalista e democrática que se criou em torno de Quadros, valia a pena correr o risco e se limitar a combatê-lo dentro dos rituais institucionais. Carecia de boa lógica a ideia de não deixar que Jango fosse empossado se ele havia sido tolerado até ali como vice-presidente tanto no governo JK quanto no governo Jânio, cargo em que se assumia a virtualidade de sua ascensão ao poder. No entanto, Lacerda recuou quando os ministros militares, que, no fim das contas, como já pontuamos, eram a base do tecido político-institucional, seus "moderadores extraoficiais", manifestaram ao presidente interino Ranieri Mazzilli (1910-1975), presidente da Câmara dos Deputados, seu receio de que Goulart ameaçaria a segurança nacional. O detalhe curioso é que o ministro da Guerra era Denys, que, como general, realizara o golpe de novembro de 55 contra Café Filho e Luz e a favor de Juscelino e era um dos que acreditavam que a posse de Jango representava uma ameaça ao país que fortaleceria o perigo comunista. Denys, portanto, era a última pessoa que poderia ser acusada de udenismo ou lacerdismo. Diante dos pronunciamentos temerosos dos ministros militares, Lacerda desistiu de apoiar a posse de Goulart, afirmando que as Forças Armadas é que deveriam avaliar a segurança nacional e que não era hora de políticos palpitarem.

Liberais como Afonso Arinos já diziam que, se Quadros não voltasse ao governo, haveria guerra civil. Dessa vez, Lott e Denys estavam de lados opostos, pois Lott apoiou Brizola e outros nacionalistas na chamada "luta pela Legalidade", isto é, pela posse de Jango, ainda em viagem pela China comunista, como presidente. As movimentações de militares durante esse quadro nebuloso sinalizavam novamente para a possibilidade real de uma guerra civil, exatamente como se acreditou que poderia ter havido em 1955. O Primeiro Exército solicitou que o governo da Guanabara colaborasse na contenção de perigosos focos de subversão durante a crise. O coronel Golbery do Couto e Silva (1911-1987), mais tarde eminência parda e teórico do regime militar, naquele momento Secretário Geral do Conselho de Segurança, pediu ao Secretário de Segurança da Guanabara, general Siseno Sarmento (1907-1983), que fosse imposta a censura no estado. Lacerda consentiu com o pedido dos militares, naquele que provavelmente foi o único senão de sua trajetória de defesa irrestrita da liberdade de imprensa, alegando temer pela ordem pública, mas a censura foi suspensa já no dia 30 de agosto de 1961.

Em carta ao presidente da Associação Brasileira de Imprensa, Herbert Moses (1884-1972), em 7 de setembro, Lacerda justificou que, após a renúncia de Jânio,

> Desencadeou-se imediatamente em todo o país uma onda de agitação de que se prevaleceram os comunistas para tentar escaramuças que pudessem levar à guerra civil. O isolamento do governo federal em Brasília e a acefalia dos principais órgãos desse governo criaram para as administrações estaduais a obrigação de suprir, na medida de suas forças, a ausência de uma autoridade federal. (...) Desatendendo a apelos que fizemos para conter o noticiário nos limites que a gravidade da situação aconselhava, alguns jornais transformaram-se em veículos de incitamento à subversão e à desordem. Insistiam em publicar manifestos de generais desordeiros, pregação da guerra civil, intrigas torpes e notícias sabidamente falsas. Alguns jornais acéfalos, pela ausência física ou espiritual de seus diretores, tornaram-se presa dos grupos comunistas que dominam o noticiário, torcendo fatos, deformando notícias e transformando, à revelia dos seus proprietários ou com a complacência destes, a informação em propaganda. Essa triste realidade, que em tempo de paz se observa e à qual só os próprios jornais podem dar remédio, não pode ser tolerada em tempo de guerra. Sabe o meu amigo que nesses dez dias o Brasil esteve tecnicamente em guerra civil. E, como o Congresso tomou partido dessa guerra contra o Executivo.

Isto é, os parlamentares defenderam Lott e Jango contra Denys e os ministros militares,

> (...) não se atreveu este último, isolado e desfeito, a pedir as medidas necessárias à ampliação da lei. Foi preciso, assim, agir não contra a lei, nem mesmo à margem da lei, mas aplicá-la sem as preliminares indispensáveis como o estado-de-sítio e a aplicação da lei de segurança nacional. Tivemos uma situação de fato a enfrentar. Uma situação na qual o presidente em exercício da Câmara dos Deputados disse preferir a guerra civil como remédio à crise política. O que aqui se fez foi o mesmo que se fez em vários estados da Federação: nem mais, nem menos. (...) Devo ainda informar, embora não tenha sido alegado, que dois jornalistas foram detidos durante a crise desses dias. Nenhum na sua qualidade de jornalista. O primeiro foi detido no escritório comercial e político do governo do Rio Grande do Sul nesta capital, quando, em companhia de um general, também detido, e de outros elementos, fazia ligações para desencadear a desordem na cidade. O segundo foi detido quando procurava, servindo-se da coluna militar que mantém num jornal desta cidade, ligar-se a sargentos do Exército para tentar convencê-los a que deixassem de cumprir ordens dos seus superiores. Trata-se, pois, de atividades bem diversas do jornalismo. Lembra o meu caro presidente da ABI que lutei em toda a minha vida pela liberdade de imprensa[272].

A possibilidade de uma divisão militar provocar esse tensionamento na vida social brasileira é prova inequívoca da fragilidade institucional e da "tutela militar" de fundo em todas as forças políticas. No entanto, mais uma vez, a "intervenção militar" foi branda, preservando a atividade e direção dos políticos. Uma comissão de deputados e senadores reunidos deliberou sobre a sugestão de veto a Goulart proposta pelos ministros militares e decidiu que, em vez disso, o ideal para pacificar o país seria aprovar uma emenda parlamentarista, desrespeitando inclusive os prazos regimentais da Câmara e do Senado para tanto, conforme sugestão do petebista Elói Dutra (1916-1990), que era o presidente interino da Câmara a quem Lacerda fazia referência em sua carta a Moses.

---

[272] LACERDA, Carlos. *Cartas (1973-1976)*. Rio de Janeiro: Bem-Te-Vi, 2014. p. 183.

Os ministros militares não estavam dispostos a aceitar aquele parlamentarismo feito sob encomenda apenas para mitigar aparentemente os poderes de Jango. Lacerda também não gostou da ideia. Se Jango era uma ameaça à segurança nacional, não seria o parlamentarismo postiço, que já se previa que terminaria mais cedo ou mais tarde, que o faria deixar de ser. Nesse período, sim, Lacerda chegou a discursar contra a posse de Goulart, rejeitando o que considerava uma solução farsesca dos parlamentares. Foi convencido, entretanto, de que estava feito e de que, mais uma vez, em nome da paz, era melhor seguir em frente. Estabeleceu-se o parlamentarismo em 2 de setembro e Goulart tomaria posse como presidente.

Era mais um enfeite, começando desde o primeiro dia de governo o movimento dos petebistas para devolver os plenos poderes presidenciais ao gaúcho. O primeiro a ocupar o cargo de primeiro-ministro foi Tancredo Neves (1910-1985), outro nome egresso do getulismo. O PSD e o PTB voltavam a dominar os ministérios e um pedido de *impeachment* começou a tramitar na Guanabara contra Lacerda, movido por Saldanha Coelho, acusando o governo de ser tirânico e promover prisões arbitrárias. Depois de enfrentar a tentativa do governo JK de tirá-lo de circulação, Lacerda teria nova batalha pela frente para preservar seu cargo, novamente vencida por ele.

Foi em dezembro de 1961 que aconteceu a famosa rebelião no presídio estadual da rua Frei Caneca, em que Lacerda foi pessoalmente ao meio dos presidiários estabelecer uma firme negociação, deixando claro que o governo não tomaria nenhuma providência sob ameaças, mas que também não admitiria violência dos guardas contra os detentos.

Já em novembro, Lacerda criticou o imediato reatamento de relações diplomáticas do governo Goulart com a União Soviética. Recusou-se a manter relações, em nome do estado da Guanabara, com a embaixada da potência comunista. Ao mesmo tempo, a Confederação Nacional dos Trabalhadores da Indústria fez sua eleição bienal, concedendo a diretoria aos comunistas, feito que Lacerda atribuiu à pressão favorável de Goulart, porque muitos dos diretores eleitos eram amigos do presidente. Era a vitória dos comunistas na maior organização sindical da América Latina, passando os representantes do comunismo internacional no Brasil a ter acesso a valorosas receitas do imposto sindical para patrocinar sua agenda subversiva. É difícil imaginar que Lacerda poderia não se impressionar com isso, assim como qualquer outro anticomunista, defensor da tomada de posição na guerra de civilizações que se processava no mundo.

Em janeiro de 1962, Goulart e Tancredo Neves tiveram ao seu lado, na cerimônia de posse da diretoria, o líder das Ligas Camponesas, Francisco Julião (1915-1999). O discurso de Goulart foi saudado, conforme registra John Dulles, sob gritos de loas à Cuba de Fidel Castro. Os líderes sindicais eleitos começaram a promover greves para pressionar o Legislativo a aprovar leis como a restrição da remessa de lucros empresariais para o exterior e o décimo terceiro salário – este último, conseguiram ver aprovado. A União Nacional dos Estudantes apoiava os líderes sindicais comunistas e torpedeava Lacerda na Guanabara, que não se fazia de rogado e devolvia os ataques, acusando a entidade de pregar abertamente a revolução, de ser capitaneada por vários "estudantes profissionais" e receber milhões anuais do ministério da Educação. A UNE reuniu deputados petebistas, Julião e a própria embaixada cubana em um grande ato esquerdista na Cinelândia.

Em maio de 1962, a inflação no Brasil já se aproximava de 40%. Lacerda defendia que o conselho de ministros então chefiado por Tancredo Neves deveria receber mais poderes, embora sempre fiscalizado pelo Legislativo, e que o parlamentarismo não havia sido suficientemente testado. No entanto, a pressão por um plebiscito para decidir a volta do presidencialismo se tornava cada vez mais forte. Começava a haver escassez de alimentos e a crise não parava de crescer. Líderes sindicais e petebistas ameaçavam provocar uma greve geral se o primeiro-ministro que sucedesse Neves não lhes fosse do agrado. Greves políticas aconteceram em todos os estados no dia 4 de julho, sendo um sucesso particular na Guanabara, onde prejudicaram-se drasticamente o acesso aos transportes e a oferta de serviços públicos.

As crises e agitações eram vistas por Lacerda como uma estratégia das extremas esquerdas para demonstrar que o parlamentarismo era um fracasso e que Goulart deveria retomar todos os seus poderes presidenciais. Ao mesmo tempo, Tancredo Neves era substituído pelo professor socialista Brochado da Rocha (1910-1962), secretário de Justiça de Brizola, que, com apoio do Comando Geral de Greve, depois rebatizado como Comando Geral dos Trabalhadores (CGT), querendo submeter o Brasil a uma constante chantagem, pressionou pelo plebiscito. Queriam ainda que o Poder Executivo reunisse poderes especiais para tomar medidas como o controle do câmbio e a reforma agrária. Brizola pregava pelo rádio que, se dependesse dele, o Congresso seria fechado e que o povo exigiria um plebiscito. Lacerda desafiou arduamente tudo isso, assegurando que se queria um novo Estado Novo, porém desta vez com uma retórica amplamente simpática aos comunistas.

Novamente sob chantagem de grevistas que paralisaram serviços, o Congresso, graças à maioria composta por PSD e PTB, com oposição da UDN, aprovou uma emenda de Benedito Valadares – sim, de novo ele, provavelmente atendendo aos interesses de Juscelino de, quem sabe, ter todos os poderes presidenciais caso retornasse em 1965 – com emenda subordinando a continuidade do parlamentarismo à sua aprovação via referendo popular em 6 de janeiro de 1963, o que era inconstitucional, por ser uma emenda apresentada a um projeto de lei ordinária, o de Gustavo Capanema, que simplesmente permitia ao governo nomear um primeiro-ministro provisório em casos de vazio administrativo. Goulart nomeou então outro socialista, o petebista Hermes Lima (1902-1978), o último primeiro-ministro do Brasil.

As eleições para o Senado em 1962 já foram marcadas por vultosas doações do governo federal e da Petrobras a candidaturas alinhadas à esquerda, com empresários e industriais se esforçando por financiar candidaturas anticomunistas. Novas greves continuaram a acontecer e chega a ser impressionante pensar em como Lacerda conseguiu obter as realizações de seu governo, mesmo lidando com tantas intempéries e agitações. Fato é que o plebiscito aconteceu; Lacerda se absteve de votar, entendendo que, se fora contra o uso de um parlamentarismo postiço e improvisado apenas como forma de garantir a posse de Goulart, mesmo com as recomendações dos ministros militares sobre seus riscos à segurança nacional, também não podia votar contra o parlamentarismo, nem legitimar o que julgava um capítulo da marcha inexorável do janguismo e do brizolismo às suas pretensões ditatoriais. Outros udenistas, no entanto, enfatizando que a emenda de Benedito Valadares era inconstitucional, votaram consistentemente contra. Lacerda acusou o governo de manipular os mais pobres com "terrorismo", ameaçando-os de não receber salários se não votassem. Tudo isso foi insuficiente; com 77% dos votos, o presidencialismo voltou. Lacerda tinha toda razão quando alertara que, por mais nobre que fosse o parlamentarismo, aquela era uma experiência falsa do regime, em que, na verdade, Goulart manteve muito mais poder do que deveria e tinha uma máquina poderosa a mobilizar a fim de que a emenda de 1961 fosse revertida – bem como contava com interesses alheios, como o de Kubitschek e também de alguns udenistas então mais adesistas como Magalhães Pinto, no retorno do presidencialismo pleno.

XV.2 - Perseguição a Lacerda e aliança do governo com a extrema esquerda

Devido aos ataques incensados de Lacerda contra Goulart, elementos ligados ao presidente, como os generais Albino Silva (1909-1976), chefe da Casa Militar, e Amaury Kruel (1901-1996), ministro da Guerra, conceberam uma estratégia para tentar afastar o governador da Guanabara. A ideia era incitar manifestantes contra o Palácio Guanabara para, diante de uma repressão, justificar uma intervenção no estado. Porém, uma divisão interna das hostes do governo federal, entre Kruel e o "general do povo" Osvino Ferreira Alves (1897-1981), comandante do Primeiro Exército e muito influente sobre o CGT e a UNE – o que já era uma perigosa indicação da penetração de ideologias subversivas e antidemocráticas nas Forças Armadas –, fez com que a reação do governo em março de 1963 se limitasse a réplicas verbais.

Em abril, Lacerda estava "comprando briga" com correligionários udenistas, especialmente ligados a Magalhães Pinto e à ala "Bossa Nova" (a mais esquerdista da UDN), que se sentiam inclinados a apoiar uma emenda constitucional para efetivação da reforma agrária, algo que, na concepção de Lacerda, era mais um risco de relativização da propriedade privada. Disse que esse caminho seria certamente apreciado pelos comunistas e populistas de esquerda e que o ideal seria distribuir terras em posse do governo, muitas na própria Guanabara controladas pelo governo federal, e preparar tecnicamente os agricultores para o cultivo da terra antes de meramente prodigalizar minifúndios.

A tentativa circunstancial de Goulart, com o Plano Trienal, de lidar com as consequências dos desvarios de Kubitschek e com os que ele mesmo e os radicais que cavalgava tentavam perpetrar, aplicando através do ministério de San Tiago Dantas na Fazenda medidas de maior austeridade, prejudicou sobremaneira seu relacionamento com sua base, mesmo seu cunhado Brizola, que por óbvio não queria saber de razoabilidade financeira. Desistindo daquele caminho moderado, Goulart se rendeu aos radicais e acabou com o Plano Trienal, acenando para o CGT e seu conjunto absurdo de bandeiras socialistas, tais como a reforma agrária radical, o rompimento com o Fundo Monetário Internacional, a expropriação de empresas estrangeiras e a promulgação da lei de limite da remessa de lucros para o exterior.

Apesar de suas antipatias para com Adhemar de Barros, então governador de São Paulo, Lacerda sentiu que a situação exigia uma aliança entre eles, posto que, por mais diferentes que fossem entre si, estavam adotando a mesma retórica anticomunista diante dos péssimos sinais que vinham do poder federal. Denunciava as sabotagens do governo Goulart, negando-lhe verbas acertadas e tentando criar uma Polícia Federal para anular a autonomia estadual. Vários dos principais órgãos de imprensa a essa altura já estavam concordando com Lacerda e Adhemar de Barros em que as constantes greves paralisando a economia e o serviço público estavam sendo provocadas "de cima", com a complacência e anuência das autoridades do governo Goulart, achacadas e submissas aos grandes sindicatos e seus líderes comunistas. O discurso inflamado de Lacerda estava, segundo diversas pesquisas de opinião pública, catapultando seu nome para a presidência da República nas eleições seguintes, deixando-o à frente de Juscelino em diferentes regiões do país, também porque sua participação nos grandes embates nacionais permitia que fosse dada alguma visibilidade às suas realizações como governador.

Em outubro de 1963, a casa de Lacerda no Rocio foi alvo de tiros. Encontrando-se com o amigo Júlio de Mesquita Filho, ouviu dele que sonhava com sua ascensão à presidência, mas *"estou convencido de que as Forças Armadas acabarão agindo"*. E continua o diagnóstico:

> O senhor tem todos os motivos para suspeitar que elas não o façam, senão tarde e mal. Mas eu creio que só com elas poderemos contar para agir. Considero a revolução indispensável. Receio que a sua situação de candidato à presidência com todas as possibilidades de vitória o esteja inclinando a contemporizar, a considerar que a crise comporta uma solução política. Não creia nisto. Não deixe que o seu êxito pessoal, que é da maior significação para o Brasil, passe à frente do seu dever para com o Brasil – que é o de ajudar a ação imediata, pois não se pode mais contemporizar[273].

Lacerda respondeu com uma pergunta, indagando se Mesquita tinha certeza de que os militares agiriam contra Goulart, e o dono do *O Estado de S. Paulo* respondeu afirmativamente.

Esse diálogo com Mesquita é importante porque mostra que tipo de relação havia entre Lacerda e o movimento de 1964. Ele era o grande líder popular anticomunista, o grande orador a combater o governo e a agitação e infiltração dos radicais de esquerda. Por isso mesmo, não atuava em combinações secretas e conspirações: estava em demasiada evidência para tanto. Lacerda travou, como sempre, o combate aberto, a polêmica desbragada, o enfrentamento que *"dá a cara a tapa"*.

---

[273] DULLES, John. *Carlos Lacerda: A Vida de um Lutador*. Op. cit., p. 174.

Tanto que Goulart se reunia com assessores, conselheiros, deputados e lideranças sindicais para descobrir uma forma de depor Lacerda. Já havia se transformado, a essa altura, em um duelo de vida ou morte. A ideia que prevaleceu foi depô-lo durante uma decretação de estado de sítio, proposta que caiu nas graças de Jango e Brizola. Na manhã de 4 de outubro, o governo enviou o pedido ao Congresso, com o líder do PTB, Luís Fernando Bocaiuva Cunha (1922-1993), assegurando que sua aprovação viria acompanhada da movimentação de tropas para remover Lacerda do governo, bem como Adhemar de Barros, se se solidarizasse com ele. O governo desejava, a sério, "sumir" com os principais governadores de oposição. Uma ordem chegou até a circular em meios militares para "sequestrar" Lacerda ou até matá-lo durante sua visita ao hospital Miguel Couto, mas o governador se retirou antes e depois foi devidamente informado dos riscos que correra.

O problema para Goulart era que, embora fosse um líder de esquerda, seu berço era varguista e não comunista. A imprensa prontamente começou a temer que o estado de sítio fosse o berço de um novo Estado Novo – e os comunistas e líderes sindicais, bem como alguns governadores de esquerda, também, porque temiam que seu "aliado" presidente se voltasse contra eles usando do novo poder tão facilmente cedido, assim como Vargas perseguiu os comunistas antes de se aliar a eles. Não; Goulart deveria emendar a Constituição e fazer as "reformas de base", combater os "privilégios burgueses" e a "democracia burguesa", não simplesmente decretar um estado de sítio que poderia se voltar contra eles. Outras medidas deveriam ser tomadas contra Lacerda e Adhemar.

O pedido de estado de sítio foi derrotado, muito mais porque as esquerdas quiseram dar a Goulart uma demonstração de força: elas mandariam nele, não o contrário. Desse período até o fim de 1963, o PTB conseguiu reatar relações com setores refratários do PSD, porque Juscelino contava conseguir o apoio de Goulart para ser seu sucessor, preservando a aliança dos partidos varguistas. Seria, para horror de Lacerda, mais uma chance de promoverem sua eterna ciranda, interrompida apenas por Jânio Quadros. Ao mesmo tempo, Magalhães

Pinto deteriorou suas relações com Goulart e Goulart voltava a ter estranhamentos com Brizola e os radicais que o apoiavam.

No fim do ano, deputados do PTB carioca tentaram, sem sucesso, reprovar as contas do governo Lacerda para instaurar um *impeachment*, com apoio de Jango e Juscelino para esse objetivo (sim, mais uma que o "bom moço" Kubitschek aprontou). Também teve que lidar com protestos dos estudantes antilacerdistas.

A vida era muito mais difícil, porém, para João Goulart. A base de forças que o sustentavam, trocando farpas entre si, o forçava a uma decisão. Ele tomou a única que lhe parecia possível, confirmada nos primeiros dias de 1964: esquecer o PSD, esquecer os mais moderados e se alinhar totalmente à extrema esquerda. Com apoio da Frente de Mobilização Popular, do CGT, do brizolismo, dos comunistas e, principalmente, dos militares nacionalistas e esquerdistas, especialmente entre sargentos e marinheiros, e alienando-se quase completamente de todas as forças moderadas, pessedistas, liberais ou conservadoras, Goulart estabeleceu o temor definitivo no país de que seu governo poderia evoluir não para um Estado Novo, mas para um tipo novo de ditadura socialista.

A eleição da diretoria da CNTI, principal componente do CGT, contou com a pressão do governo para favorecer a eleição dos comunistas. Goulart também assinou o decreto de rigorosa limitação das remessas de lucros para o exterior e começou a alardear, na cerimônia de assinatura, que seus críticos eram os mesmos que golpearam o "saudoso" Vargas. Goulart já dava muito mais ouvidos à esquerda de Brizola que à esquerda de San Tiago Dantas, deixando até governadores de esquerda como Miguel Arraes (1916-2005) convictos de que ele queria estender seu governo para além do tempo constitucionalmente estabelecido através de um golpe.

O líder comunista Prestes declarava estar muito satisfeito com o avanço dos comunistas no Brasil e os chefes militares, os mesmos que em 1961 temiam a ameaça que Goulart representaria à segurança nacional (e agora mais alguns), estavam tentados a concordar com ele.

Militares e membros do governo estavam fornecendo, e isso precisa ficar claro como nunca, todas as razões para que a sociedade temesse tal avanço do comunismo, enviando membros do PCB e da Ação Popular para organizarem sindicatos no campo, formando a Confederação dos Trabalhadores na Agricultura (CONTAG), registrada legalmente em janeiro de 1964. Os comunistas estavam no governo e ligados ao governo; trata-se de algo absolutamente inegável. Na *Rádio Mayrink Veiga*, Brizola instigava a formação de "Grupos de Onze Companheiros" para atuarem na "sublevação revolucionária" que assegurava estar em curso. Tudo, tudo denunciava a intenção de uma ruptura institucional que alinhasse o Brasil a regimes esquerdizantes e antiliberais, à moda de Cuba, embora talvez com o tempero menos totalitário do populismo latino-americano – mas quem sabe, na relação de forças, qual prevaleceria?

O Serviço Secreto do Exército alertava para uma trama para assassinar Lacerda durante um distúrbio a ser provocado por lavradores e camponeses na Paraíba, mas ele não se intimidou. Lacerda também foi informado da existência de um grupo de civis e militares que já se reuniam em São Paulo para conspirar, organizando o que poderia ser uma reação à "guerra revolucionária" que Lacerda e a UDN temiam estar sendo preparada por Jango, Brizola e a extrema esquerda. O governador da Guanabara, entretanto, esteve apenas em uma dessas reuniões, em que alguns militares disseram que estavam chegando à conclusão de que acabariam tendo que abdicar da estratégia meramente defensiva e agir. Lacerda foi descrente e não admitiu participar desses planejamentos e procedimentos; seu papel, como já frisamos, era a luta pública – e, para travá-la, ele foi lançado candidato da UDN à presidência da República – candidatura para uma eleição que nunca houve.

Em 13 de março, aconteceria o famoso espetáculo conhecido como Comício da Central do Brasil, no Rio de Janeiro. Dada a atmosfera criada, o Comício foi uma explícita "declaração de guerra". A Frente de Mobilização Popular, Brizola, agora o próprio Miguel Arraes, o CGT, a UNE, o Comitê Central do ilegal PCB, todos os radicais de esquerda estavam lá. Perante uma multidão de 150 mil pessoas, em boa parte militantes e trabalhadores de vários estados levados pelo CGT com recursos do contribuinte, Brizola conclamou o presidente ao fim da conciliação, garantindo que, se houvesse um plebiscito, o povo votaria a favor de dissolver o Congresso e formar uma assembleia constituinte popular para que o Congresso tenha *"trabalhadores, camponeses, sargentos, oficiais nacionalistas e autênticos homens públicos"*[274]. O próprio Jango, em seu discurso histórico, atacou a *"democracia dos privilégios, a democracia da intolerância e do ódio, a democracia para liquidar com a Petrobras – a democracia dos monopólios, nacionais e internacionais, a democracia que levou o presidente Getúlio Vargas ao extremo sacrifício"*[275], como se houvesse outra "democracia" a respeitar que não a democracia regida por uma ordem constitucional liberal-democrática. Declarou que todas as refinarias passariam a ser do povo e que, em poucas horas, decretaria a regulamentação de alugueis.

Segundo John Dulles, ele viajou de volta para Brasília com uma proposta de emendas incluindo a legalização do PCB, o voto e elegibilidade de sargentos e praças – ou seja, inserir os militares da ativa, decerto os mais esquerdistas, na política – e a desapropriação de terras usando títulos para indenização. Também pediria ao Congresso a convocação de plebiscitos para averiguar a opinião popular sobre as reformas de base – que, pelo teor das pregações do Comício, já se pode imaginar no que se transformariam.

Declarou Lacerda à *Tribuna* no dia 14 de março, identificando as intenções de Goulart de continuar presidente, mesmo com a lei recusando-lhe novo mandato:

> O comício foi um assalto à Constituição, ao bolso e à honra do povo. O discurso do sr. João Goulart é subversivo e provocador, além de estúpido. O candidato a candidato furou ontem a barreira da Constituição. O pavor de perder o controle sobre as negociatas e escândalos de toda a ordem, que abafa com sua autoridade presidencial,

---
[274] Idem. *Ibidem.*, p. 210.
[275] <https://www.pragmatismopolitico.com.br/2014/04/o-discurso-historico-de-jango-comicio-da-central.html?fbclid=IwAR2Y2MrE1Ud__CLLkVJrTwEysYiLND0gGyiPeMHfxBfZlaD0iso75uYIkc0>, acesso em 25 de maio de 2019.

fê-lo perder a cabeça. Esse homem já não sabe o que faz. A simulação da briga com o cunhado ficou ontem desmascarada. Um simula estar mais à esquerda para fingir que me situa na direita e assim, no centro, no falso centro, com o apoio dos comunistas e dos oportunistas não "radicalizados", ele conta ficar no poder. As máscaras ontem caíram. A guerra revolucionária está declarada. Seu chefe ostensivo é o sr. João Goulart, até que os comunistas lhe deem outro. Triste foi ver as forças de segurança nacional, a pretexto de que o sr. João Goulart é o seu comandante-em-chefe, ficarem de sentinela para o ato totalitário de ontem. Acho que o Congresso deve levantar-se e defender o que resta da liberdade e da paz neste país. Então as Forças Armadas compreenderão o que o povo já sentiu: que acima das ambições e leviandades de uma pessoa ocasional estão a Constituição e a paz do povo brasileiro.

Ele também convocou os demais candidatos à presidência em 1965 – incluindo JK, e até com mais razão, porque era, para Lacerda, o principal responsável por manter viva a aliança varguista PTB-PSD e, com isso, manter projetada a figura de Goulart, que agora fechava aquele ciclo de ruína – a se unirem em uma ampla mobilização em defesa da lei contra o presidente. Lacerda queria saber especialmente se Juscelino estaria de acordo com as provocações governistas, as medidas socialistas e as ameaças ao Congresso e à Constituição, bem como se concordava com a presença dos comunistas, considerados ilegais reiteradamente pela Justiça Eleitoral, no governo. Estava disposto a contar com o apoio pessedista contra Goulart, em quem identificava, naquele momento, um perigo muito maior.

Desdenhando do desafio lacerdista, no entanto, JK garantiu que dava total apoio às "reformas de base", não obstante não compactuasse com radicalismos de esquerda. Diante disso, Lacerda identificou que a estratégia de encampar o objetivo autoritário travestindo-o da bandeira das "reformas" estava obtendo resultados e apelou então para uma união de governadores. Nesse momento, já começavam a circular informes internos de que o comandante dos Fuzileiros Navais, o almirante Cândido Aragão (1907-1998), estava participando de uma trama golpista que, em vinte dias, assassinaria Lacerda e estabeleceria o sistema desejado por Goulart.

XV.3 - A Marcha da Família, o rompimento da hierarquia militar e o golpe de 1964

Em 19 de março, Lacerda foi a São Paulo, embora descrente, a convite de Adhemar de Barros, para uma manifestação organizada em resposta ao Comício da Central. Para sua surpresa, a Marcha da Família com Deus pela Liberdade, pedindo respeito à civilização cristã e à Constituição e rechaçando o comunismo, foi um sucesso. Foi o começo de uma reação ampla da sociedade civil, inclusive com a adesão tardia de Magalhães Pinto, que reuniu adversários e inimigos em torno da rejeição à retórica de Brizola e Goulart. Já no dia 25, Lacerda dissertava à *Manchete*, em texto reproduzido na *Tribuna*, uma abordagem minuciosa acerca de sua leitura do quadro:

> Ninguém mais pode ter dúvida de que o sr. João Goulart não quer eleições. O comício do dia 13, na Central do Brasil, prestou este serviço à nação: desvendou por inteiro as intenções e as ambições dos que desejam perpetuar-se no poder. O que se está procurando instaurar no Brasil é um fascismo sem a ordem. Aquela ordem dos trens nos horários, das ruas limpas etc. O que o governo fez outro dia foi montar um "*show*" totalitário, um espetáculo demagógico, com o anúncio das medidas que não resistem a uma análise. O sr. João Goulart está pensando que pode utilizar os comunistas, pondo-os a serviço de seu plano de perpetuação no poder. Mas os comunistas é que o estão usando. Eles têm uma ideologia e uma técnica de ação muito superiores às habilidades e às manhas do sr. Goulart (...). No fundo, estão pensando que podem repetir 37. O sr. Goulart só pensa nisso. Aceita a aliança dos comunistas, que, por sua vez, obedecem à linha do PC traçada em Moscou para a América Latina. Os comunistas agora não combatem o caudilhismo como antigamente; associam-se a ele para, com o seu apoio, instalar-se no poder. Também não combatem a corrupção, que é, como o caudilhismo, outra doença social da América Latina. Preferem hoje usar a corrupção, botá-la a serviço de suas ambições totalitárias. E encontram, a seu dispor, um presidente da República que se deixa colonizar por eles. No momento em que tanto se fala em autodeterminação, independência e descolonização,

temos um presidente colonizado pelos comunistas. Seria bom que ele começasse as reformas que apregoa pela sua própria libertação. Ao que tudo indica, porém, o sr. Goulart aceita docilmente e submisso a orientação, a colonização mental do Partido Comunista, na expectativa, talvez, de mais tarde libertar-se dela, quando espera aliar-se à primeira meia dúzia de burgueses apavorados que se disponham a atender a um seu aceno de acordo e aliança para salvar a pátria. (...) Então, teremos o caudilhismo sem máscara, apenas demagógico, a pretexto de reformular, como eles dizem, as estruturas da nação. O que está se passando no Brasil é evidente e monótono. Ninguém tem o direito de se enganar. É como se os comunistas, na Argentina, tivessem se entendido com Perón ainda no poder. Lá, peronistas e comunistas aliaram-se para voltar ao poder, depois que o ditador foi escorraçado. Aqui, o sr. Goulart se alia aos comunistas para permanecer no governo, para usurpá-lo. O Partido Comunista ainda está fora da lei, mas já está no poder. Serve-se, para isto, de toda sorte de carreiristas e oportunistas. Um carreirista leva, por exemplo, os comunistas para o ministério da Educação. Depois, acontece que o carreirista sai do ministério, mas os comunistas ficam. Veja o caso do livro único. A pretexto de baratear o livro escolar, o que é certo e necessário, o que se pretende é uma medida totalitária. Já estão reescrevendo a história do Brasil. Daqui a pouco, a nossa história não terá datas nem nomes, nem batalhas, nem episódios. Só terá ideologia – a rígida ideologia totalitária que os comunistas querem impor à juventude. Tudo está sendo feito às claras – e a pequena resistência que se opõe a esse plano em marcha é um grave sinal da intoxicação que já se inoculou no país. Com o comício da Central, o sr. João Goulart abriu o jogo. Passou à ofensiva, como estão dizendo. Até o sr. Juscelino Kubitschek perdeu praticamente o último grão de confiança que ainda poderia ter no sr. Goulart. De público, oficialmente, o sr. Juscelino ainda não ousa confessar que já não tem ilusões. Mas, particularmente, na intimidade, não faz segredo disso. Quem é que está convencido de que o governo quer presidir eleições livres? As Forças Armadas não acreditam, os candidatos não acreditam, os partidos e o Congresso não acreditam, o Judiciário não acredita, o sr. Goulart e o cunhado também não. Ninguém acredita. O sr. Goulart está agindo como um jogador. Se não mudar de rumo, ou consegue ser o ditador que pretende, ou cai. Se conseguir chegar à ditadura, também cairá, e quem sabe pelas mãos dos comunistas, seus aliados de agora, mas à espera de uma oportunidade para se livrarem dele.

Havia ainda, entretanto, esforços em curso por resolver a crise de forma institucional, com um processo de *impeachment* ou a cassação do mandato de Brizola. Esses esforços foram por água abaixo quando o componente militar entrou em cena com vigor mais explícito. Primeiro, a Escola Superior de Guerra enquadrou Brizola por sua incitação à formação dos Grupos dos Onze, com base no Código de Justiça Militar. No dia 24 de março, João Goulart havia pedido ao ministro da Marinha, Sílvio Mota (1902-1969), que revogasse a prisão de dez dias imposta aos diretores da Associação dos Marinheiros e Fuzileiros Navais por terem desrespeitado as ordens do próprio ministro e feito pronunciamentos no Sindicato dos Bancários e na *Rádio Mayrink Veiga* demandando melhores condições de trabalho e chamando até o ministro de "infantil". O ministro se recusou a atender ao pedido de Goulart.

Alguns diretores da Associação, recusando-se a aceitar a prisão, reuniram-se com representantes de Brizola e do CGT na sede do Sindicato dos Metalúrgicos da Guanabara no final do dia 25, exigindo a anistia aos sargentos que se revoltaram em 1963, a revisão das instituições do país e do regulamento disciplinar da Marinha – leia-se: a quebra da hierarquia militar e sabe-se lá mais o quê – e a demissão do ministro Mota. No dia 26, o ministro enviou 40 fuzileiros navais para prender os militares rebelados, mas os enviados, sob o comando do almirante Aragão, aderiram à revolta. Algumas semanas antes, os estudantes comunistas da UNE exibiram uma sessão especial para marinheiros e fuzileiros do filme *O Couraçado Potemkin*, obra de Serguei Eisenstein (1898-1948) que falava justamente de uma revolta de marinheiros na Rússia em 1905; essa provocação "cinematográfica" também havia sido criticada pelo ministro Mota, ignorado pelo Planalto.

Em reunião com o presidente Goulart no dia 27, os marinheiros conseguiram: o ministro seria demitido e um novo seria nomeado com aprovação dos revoltosos e da CGT. O novo ministro, Paulo Mário da Cunha Rodrigues (1895-1985), revogou a ordem de prisão de Silvio Mota e Cândido Aragão voltou ao comando dos fuzileiros. Todos os rebelados foram libertados e festejaram em plena Guanabara com o ministro e o almirante. Como se não fosse o bastante para uma reação assombrada de todos os principais jornais do país, o CGT fez circular uma declaração dando conta de que marinheiros associados ao grupo imobilizaram a maior parte da Armada e haviam controlado o cruzador *Barroso*.

A atitude de João Goulart era muito grave. Tão grave que Lacerda decidiu se "internar" no Palácio Guanabara, temeroso de que ocorresse uma guerra civil e de que os fuzileiros esquerdistas rebelados, aliados aos líderes sindicais e comunistas e sob comando do almirante Aragão, com apoio do presidente da República, atacassem a sede do governo do estado. No dia 29, o general Castelo Branco alertou a Lacerda que deveria sair do palácio, pois sua segurança não estava garantida. Lacerda não aceitou; queria dar, como o brigadeiro Eduardo Gomes, seu exemplo de coragem (mais um, é forçoso reconhecer) e dedicação ao cargo que ocupava e ao país a que jurava amor. No dia 30, incendiando ainda mais os ânimos, Jango se reuniu com Aragão e os sargentos e cabos rebelados anistiados no Automóvel Clube, sendo cercado e tendo seu nome gritado por eles, em imagens que circularam pelo país. Circulou o boato de que eles sairiam do encontro direto para o Palácio Guanabara, e um grupo de defesa se armou, incluindo os filhos de Lacerda e o próprio governador, de arma em punho. Reinava a expectativa pelo pior.

Já vimos que o governo havia se cercado de radicais de esquerda e comunistas, declarado guerra ao Legislativo, permitido todo tipo de espetáculo ao lado do PCB ilegal como o Comício da Central; desbragadamente apoiava os comunistas em todas as ocupações de espaços de que necessitavam e pregava favoravelmente à politização de militares para apoiar projetos socialistas e nacionalistas, entre todos os fatos que acabamos de relacionar. Naquele momento, porém, uma linha muito mais delicada era atravessada; Jango aparecia dando chancela, no mínimo exibindo extrema tolerância, a militares rebelados de baixas patentes, mancomunados com os núcleos ativistas e sindicais ligados ao seu cunhado, contra as hierarquias superiores das Forças Armadas – e mais do que isso: para atestar sua simpatia por eles, submetia-se às suas pressões e demitia o próprio ministro da Marinha para substitui-lo por outro que agisse conforme o seu figurino. A gravidade disso atiçou todos os núcleos militares, mesmo aqueles que resistiam à ideia de uma ação armada contra o governo.

A *Tribuna* de 30 de março estampou em artigo de capa que os fatos atestavam de maneira inequívoca que Goulart havia cedido o governo aos radicais de esquerda, agora explicitamente sob a forma de sua representação no seio das Forças Armadas – isso tudo, registre-se novamente, em um país de instituições frágeis e aprovações de emendas inconstitucionais, em que todos os principais contextos políticos foram assegurados por algum gênero de ação militar. As Forças Armadas estavam decididas a não tolerar a complacência e o cultivo da sublevação e da subversão em seu seio, o que comprometeria dramaticamente os destinos do país.

O resultado disso tudo, a maioria dos brasileiros conhece. O general Olímpio Mourão Filho (1900-1972) decidiu marchar na manhã de 31 de março de 1964 com 2.500 homens para derrubar o governo. Foi uma ação precipitada, para a qual os demais núcleos militares não estavam preparados; porém, diante da atitude de Mourão, decidiram que ou o apoiavam ou deixavam que fosse esmagado. Diante do quadro, preferiram oferecer sua chancela. Diante de um presidente que prestigiava os rebelados e não a elas próprias, concluíram que João Goulart já não era legitimamente o seu comandante-em-chefe e que a ordem constitucional já estava destroçada.

Kubitschek fez um último apelo a Goulart, pedindo que repudiasse publicamente o comunismo e punisse os marinheiros amotinados. Goulart o ignorou e disse que seu discurso no Automóvel Clube era tudo que tinha a dizer sobre o assunto. Traçou, com isso, o seu destino.

Na tarde de 31, ainda, o alto comando do CGT se reunia na sede da Federação dos Estivadores para deflagrar uma greve geral.

Policiais atiraram bombas de gás lacrimogêneo no edifício e prenderam vários líderes sindicais. O Almirante Aragão, no entanto, enviou tropas ao local que deram a vitória aos sublevados contra a Polícia Militar. Os serviços públicos foram afetados pela greve novamente e dessa vez a circulação de informações era particularmente difícil e caótica. A Guanabara era apenas parte decisiva de uma nação em suspenso.

A possibilidade de ataque ao palácio continuava deixando Lacerda em alerta, mas Aragão e seus companheiros aguardaram uma ordem presidencial que nunca veio. Um regimento enviado para deter a rebelião de Mourão aderiu ao seu levante. Com isso, Goulart percebeu que havia um forte sentimento nas Forças Armadas contra ele e tomou a decisão de não resistir. No dia seguinte, Auro de Moura Andrade (1915-1982), presidente do Congresso, declarou vaga a presidência da República, alegando que Goulart deixara o país acéfalo, sem emitir nenhum comunicado, o que, segundo a Constituição de 46, autorizava o gesto.

Não era verdade; Goulart estava no Sul, mas ainda no Brasil. Tecnicamente, portanto, o que Moura Andrade fez foi aplicar um golpe parlamentar. Evidentemente, no entanto, era apenas um verniz institucional para uma rebelião contra o presidente que já estava materializada nas lideranças da sociedade civil e das Forças Armadas diante do quadro de deterioração verificado. João Goulart estava já deposto. Caíra o último grande inimigo enfrentado por Lacerda em sua fase áurea. Seu discurso agora era o de preparar um governo emergencial para promover reformas, mas mantendo as eleições marcadas para 1965. Antes disso, porém, Lacerda entendia que a vitória não poderia ser jogada fora mais uma vez. Era preciso cassar os direitos políticos de todos aqueles ligados ao CGT e ao núcleo do governo que haviam provocado aquela situação de degradação nacional, bem como reformar os militares que haviam dado cobertura à sublevação e à subversão. Era isso, em outras palavras, que Lacerda chamava positivamente de "Revolução". Infelizmente para ele, os militares iriam muito além disso e a fase de maior sucesso da carreira de Lacerda já estava praticamente encerrada.

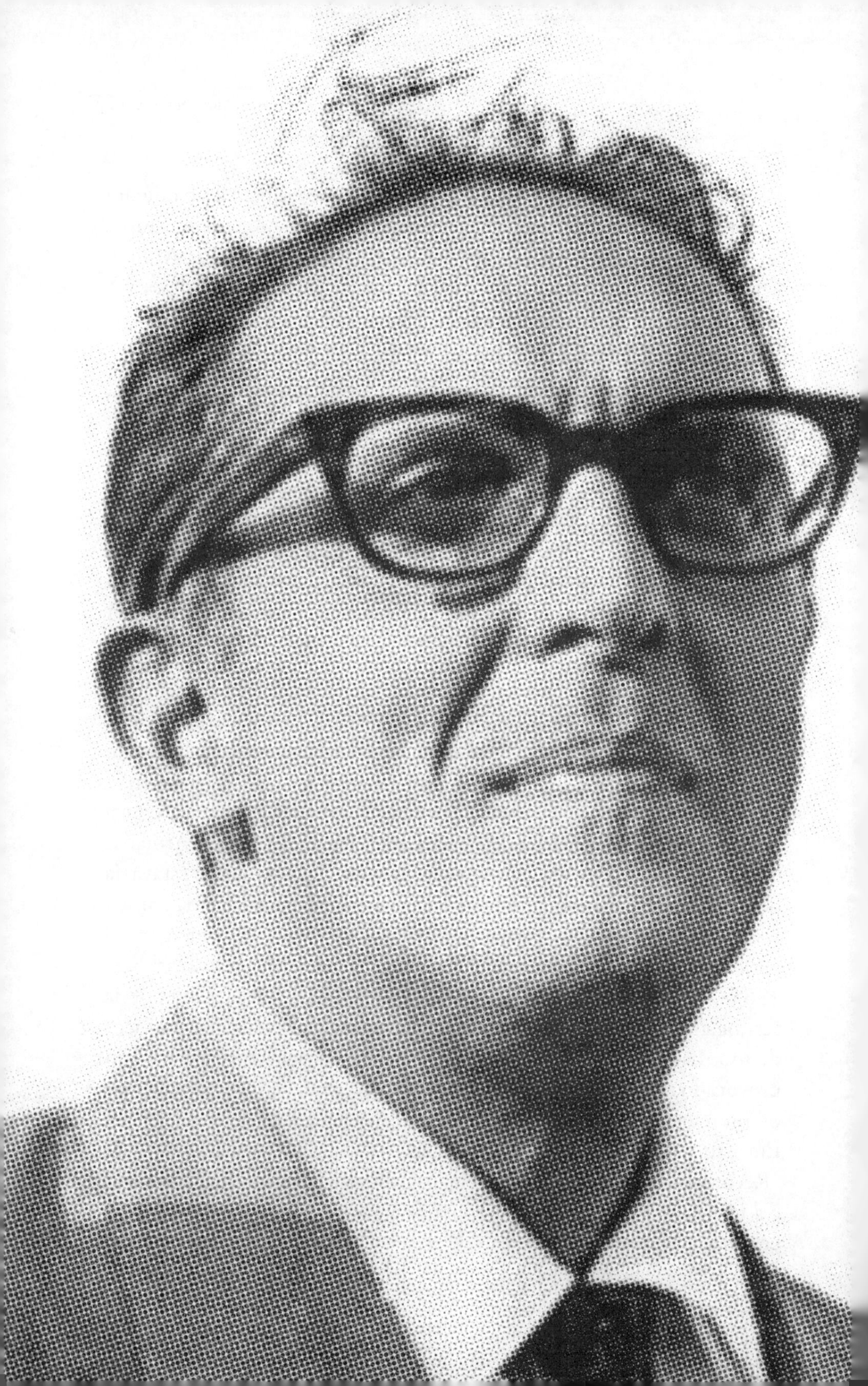

CAPÍTULO XVI

O regime militar e a Frente Ampla

XVI.1 - O apoio inicial, a defesa da "Revolução" e as primeiras tensões

Uma das críticas que mais comumente se fazem a Lacerda é a de que ele ajudou a preparar o regime que aniquilaria a sua carreira política. Não há como negar que, objetivamente, a oposição acerba e as denúncias que ele mobilizou contra Goulart colaboraram na preparação da atmosfera que levou à concretização do governo de Castelo Branco e do futuro sistema de gestões militares que se sucederiam, e cujo fim Lacerda não veria vivo. Outra questão, muito diferente, é se, a despeito disso, poderia ou deveria ele ter agido de outra forma, questão a que o leitor está livre para responder a si mesmo a partir das informações do capítulo anterior.

Também se afirma que o regime militar seria a inevitável consequência do "regime de emergência" que Lacerda, acertada ou erroneamente, pregava na metade dos anos 50. Sobre isso, cabe pontuar que há uma tendência nos campos politicamente conservadores, particularmente na moderna intelectualidade conservadora brasileira, mais sintonizada com as obras clássicas do conservadorismo britânico, a rechaçar caminhos "revolucionários" ou de ruptura institucional, tidos como arriscados, especialmente se fundamentados em uma ampla pretensão totalizante de revolver a sociedade em todas as suas estruturas, substituir todos os seus símbolos, toda a sua base cultural, aniquilar todas as suas instituições e costumes. Sem a menor pretensão de repugnar essa tendência, que, aliás, compartilhamos, cumpre notar que ela não elimina a existência do conceito de "revoluções conservadoras", tais como a Revolução Gloriosa, a Revolução Americana ou mesmo a independência do Brasil, que consistem em rupturas institucionais sem as pretensões totalizantes apontadas. Não se poderia, pois, dentro dessa perspectiva, execrar, em qualquer tempo, iniciativas de ruptura institucional, como se tal fosse um dogma inquestionável e universal. O pensamento de Lacerda, no sentido de distinguir o formalismo jurídico de um "país real", podia ser similar ao de autores autoritários, como Alberto Torres (1865-1917), mas também lembrava muito as ideias de José Bonifácio, que receava uma Constituinte liberal demagógica em um país de fazendeiros de escravos – portanto, em circunstância muito diferente, o fundador do Brasil, aliás também citado elogiosamente várias vezes por Lacerda, igualmente distinguia uma construção formal de uma nação concreta.

Já avaliamos as razões pelas quais Lacerda defendeu suas "revoluções", seus "golpes", bem como o que era o país quando essas teses foram defendidas. Também observamos que sua analogia para o "regime de emergência" não era com a ditadura fascista ou a revolução socialista, que a ambas execrava, mas com a intervenção estrangeira na Alemanha para purgar o país das elites do nacional-socialismo – intervenção, quer nos parecer, cuja relevância nenhum conservador, por mais pruridos que tenha quanto ao assunto em abstrato, haverá de negar, o que permite, ao menos, compreender a coerência interna da linha de raciocínio lacerdista. Cumpre ressaltar agora que, como se depreende de correspondência enviada a Júlio de Mesquita em 5 de outubro de 1967, Lacerda se considerava parte integrante de *"vários* *episódios da Revolução Brasileira"*²⁷⁶, o que indica que, como diversos autores nacionais, ele tratava por essa expressão a sequência de esforços de superação do poderio oligárquico e do estamento burocrático no Brasil por uma participação mais autêntica da sociedade civil no processo democrático, sem fazer alusão a um momento específico na História.

Ao mesmo tempo, embora qualquer ruptura institucional – esquecendo-se aqui de que, na narrativa lacerdista, a "ruptura institucional" já era a regra no Brasil e não o contrário – desperte riscos de autoritarismo, a proposta de Lacerda nos anos 50 tinha muito pouco a ver com o regime que, principalmente, desperta a partir do AI-5. Sua meta, conforme esclareceu em 1956, era que houvesse um Conselho de Estado em que um militar fosse Chefe de Estado, mas um civil fosse Chefe de Governo. Queria que esse regime de emergência se concentrasse em reformar os dispositivos da lei eleitoral herdados do Estado Novo e iniciasse a instauração do federalismo, tarefas que executaria por delegação em prazo estabelecido previamente. Não havia nada que passasse por dar-lhes autoridade para fechar o Congresso e as assembleias legislativas dos estados, intervir em estados e municípios, censurar a imprensa ou desprezar o direito ao *habeas corpus*, como permitiria, em seu conjunto, o AI-5. Também cumpre observar que Carlos Lacerda se voltou contra a evolução do regime militar bem antes de consagrados liberais, como os próprios Eugênio Gudin e Helio Beltrão, o primeiro seu admirador, o outro seu secretário no governo da Guanabara.

No começo, no entanto, depois de toda a luta que empreendeu contra Goulart, Lacerda celebrou o movimento de 64 e se tornou um dos fiadores da nova situação. Os líderes sindicais do CNTI que não estavam foragidos e que chegaram a brigar com a polícia foram presos. Sobre cassações de direitos políticos, Lacerda defendeu que elas deveriam ser feitas quando confirmado o perigo dos indivíduos para a segurança nacional e não pela defesa de ideias ou como mera vingança. Respondendo a repórteres, disse:

---

²⁷⁶ LACERDA, Carlos. *Cartas (1973-1976)*. *Op. cit.*, p. 332.

Não sou favorável à prisão de comunistas pelo simples fato de serem comunistas. Não tenho medo de ideias. As nossas são melhores que as deles. Sou favorável, sim, à prisão daqueles que exercem atividades subversivas, que desrespeitam a lei e a Constituição, afetando a segurança nacional[277].

O vice-governador da Guanabara, Elói Dutra, por exemplo, que tantos problemas lhe causara, Lacerda disse considerar inofensivo e não dever ser preso. Também defendeu que o jornalista Luís Alberto Bahia (1923-2005), outro inimigo implacável de seu governo e ex-assessor de San Tiago Dantas, não fosse enquadrado.

Quando Ranieri Mazzilli foi empossado presidente interino em substituição a Goulart, já se iniciou a busca por protagonismo de um dos principais desafetos de Lacerda nessa reta final: o general Artur da Costa e Silva (1899-1969). O militar organizou em seu entorno o que chamou de "Comando Revolucionário". A partir daí, o regime se transformou no que seria até o AI-5: um regime híbrido entre o funcionamento da Constituição e um poder supraconstitucional, oriundo do reconhecimento de que houve uma "revolução" e de que isso não poderia passar sem consequências, considerando-se que a tranquilidade nacional e a harmonia das Forças Armadas poderiam ser comprometidas. Ocorre que uma tal convivência é, evidentemente, insustentável, trazendo inconvenientes e, em algum momento, necessariamente se definiria, quer pela restauração democrática, quer pela total conversão em um poder autoritário e concentrado – e, infelizmente, os militares optariam pelo segundo caminho.

Naquele primeiro momento, entretanto, o Comando Revolucionário tolerava a manutenção das eleições constitucionais do sucessor de Goulart pelo Congresso, marcadas para 30 dias depois da vacância do cargo, tempo durante o qual se faria uma "Operação Limpeza", investigando todos os focos subversivos dentro do extinto governo e das instituições a ele ligadas. A sugestão de Castelo Branco,

---

[277] DULLES, John. *Carlos Lacerda: A Vida de um Lutador. Op. cit.*, p. 240.

representante da linha mais moderada e de desejos legalistas entre os militares de 64, de que os líderes políticos chegassem a um consenso sobre o sucessor, foi seguida. Alguns queriam a volta do marechal Dutra, mas Lacerda percebeu que os velhos políticos do PSD estavam em torno dele e que não poderia apoiar uma revolução anti-Goulart e anticomunista para dar o poder de volta à elite do Estado Novo. Confiando em suas tendências de mais rápida normalização democrática e seus posicionamentos pró-Ocidente, Lacerda apoiou a eleição do próprio Castelo Branco como o próximo presidente do Brasil. Os principais governadores concordaram em que o presidente deveria ser um militar, porque Jango havia deixado uma confusão tão perigosa nas Forças Armadas que um presidente civil poderia ser manipulado pelo Comando Revolucionário de Costa e Silva, algo que Lacerda já temia que pudesse ocorrer com Mazzilli, que estava muito suscetível à influência do general.

Costa e Silva fazia questão de ser tratado pelos civis como "comandante-em-chefe da Revolução" – ou seja, desde aqueles primeiros dias, Lacerda sabia que a crise provocada por Jango colocou em cena militares de tendências autoritárias, que precisariam de alguma forma ser contrabalançados e contidos. Não apenas desafiou Costa e Silva, como lembrou que em 1955 ele estava ao lado do general Lott e o acusou de querer ser ditador. Desde cedo, Lacerda estava lembrando aos militares que os civis não combateram Goulart para substitui-lo por um regime militar e que tal coisa seria uma intolerável traição ao Brasil. Juarez Távora apoiou Lacerda, da mesma forma temendo o discurso de Costa e Silva que já ali aparecia: o de que ele precisaria de mais tempo para purgar a subversão e a corrupção no Brasil, de que era melhor manter Mazzilli e de que não era uma boa ideia eleger Castelo Branco.

O Ato Institucional Número 1 foi então baixado, permitindo suspender por dez anos os direitos políticos daqueles que fossem considerados responsáveis pelos fatos que provocaram o caos de 1964. Lacerda ainda temia o poder de Costa e Silva, mas decidiu apoiar o AI-1, enfatizando que deveria haver eleições em 1965 e que os sindicatos precisavam o quanto antes ter eleições livres. Enfatizou também que, depois do prazo de sessenta dias estipulado pelo AI-1 para que se decidissem os nomes de todos os cassados, tratando-se a cassação como uma decisão emergencial e urgente do processo "revolucionário", eles deveriam ter direito a um inquérito e um julgamento prolongados e justos. No entanto, contrariando a opinião do próprio Lacerda anteriormente, além de Brizola e Goulart, juntamente com Jânio Quadros e Luiz Carlos Prestes, também Elói Dutra e outros, em uma lista que totalizava cem nomes, entre eles quarenta parlamentares e militares como o almirante Aragão, perderam seus direitos políticos por força do ato. Tempos depois, diga-se de passagem, aconteceu um episódio que merece ser ressaltado: Elói Dutra foi preso pelo DOPS na Guanabara e, sabendo disso, Lacerda foi pessoalmente libertá-lo e levá-lo para a casa de seus pais, apesar de terem sido, como vimos, inimigos políticos, demonstrando um dos melhores lados de sua personalidade.

A essa altura, Lacerda se transformara no propagandista internacional do regime, enviado para deixar claro que os militares não pretendiam instalar uma ditadura. Por conta de uma entrevista considerada desaforada na França, mencionada quando abordamos a concepção lacerdista acerca das relações internacionais, o governo Castelo Branco negou a ele credenciais diplomáticas que seriam entregues em Milão para utilização em outros países. Ali iniciou-se, depois dos entreveros com Costa e Silva, a gradual e progressiva deterioração de suas relações com Castelo e, em consequência, a implosão de todas as pontes de que Lacerda dispunha com o sistema militar estabelecido.

Entrementes, seu adversário Juscelino Kubitschek já estava com problemas, acossado por militares do Comando Revolucionário para apurar a origem de seus bens e os acordos eleitorais com o Partido Comunista para sua eleição presidencial. Com voto quase unânime do Comando, ele também entrou para a lista final de cassados. Lacerda evitou dar apoio oficial ou oferecer muitas declarações sobre o assunto e, ao contrário do que alardeiam seus críticos, não estava no Brasil para participar da decisão, embora ela teoricamente o beneficiasse em uma eventual perspectiva eleitoral. Contudo, em política é inadequado buscar encontrar santos e absolutos abnegados: não se poderia exigir com tanta firmeza de Lacerda que, naquelas circunstâncias em que tentava atravessar um processo de dubiedades institucionais ainda com chances de atingir seu objetivo de chegar à presidência, ele ainda desafiasse o Comando Revolucionário para defender os direitos de alguém que tanto combateu, que o censurou desbragadamente durante boa parte de seu governo e que ainda tentou mais de uma vez acabar com seus mandatos, tanto como parlamentar quanto como governador.

XVI.2 - A ruptura com o regime militar e o Manifesto da Frente Ampla

A ideia de prorrogar o mandato de Castelo Branco, nascida das tensões internas do processo "revolucionário" e do esforço do próprio Castelo por "institucionalizá-lo", tentando oferecer um anteparo conciliador aos seus rivais da "linha dura" – que queriam que a "Revolução" durasse o máximo tempo possível –, preocupou Lacerda, afetando-o profundamente, tanto em suas convicções quanto em suas ambições. Houve um esforço de compreensão mútua e contemporização no princípio, mas Lacerda logo descobriu que, ainda que não fosse por desejo de Castelo, a prorrogação de seu mandato resultava em boa medida de uma manobra dos congressistas, conforme confessou seu próprio outrora aliado udenista Afonso Arinos, para pôr freio à candidatura lacerdista à presidência, que temiam ser, ela sim, o caminho para uma ditadura, porque, conforme Arinos admitiu, Lacerda era competente e extraordinário orador e, portanto, se assumisse a presidência em um período "revolucionário", não sairia de lá – do que se deduz, em outras palavras, que Lacerda não podia ser candidato porque era muito bom, logo ele que tanto havia combatido os herdeiros da ditadura do Estado Novo e os comunistas...

Profético, Lacerda disse que o Brasil caminharia para uma ditadura e que a UDN desapareceria. Ele estava certo. Naquele momento, porém, é seguro que suas afirmações, mesmo acertadas e antevidentes, estavam embebidas em irritação, frustração e agonia. Lacerda estava convencido de que queriam acabar com ele e de que, em parte com esse pretexto, o regime militar se transformaria em ditadura e não se podia prever o seu fim. Não havia sido para isso que ele tinha lutado.

Nessa atmosfera, fez críticas agressivas e injustas a Roberto Campos e Castelo, de par com as que eram cabíveis, conforme apreciamos no capítulo sobre suas ideias econômicas; sua reação às circunstâncias serviu de encorajamento a muitos militares críticos do "castelismo", mas, ao mesmo tempo, para a ruína de Lacerda, esses mesmos setores queriam tudo, menos um civil na presidência. O temperamento de Lacerda, que em seu auge havia conformado parte de seu charme e de sua ascensão, naquela fase final não lhe estava sendo favorável.

Mais adiante, outra polêmica envolveria Lacerda: a intenção de lideranças do quadro político de também prorrogar os mandatos dos governadores ou estabelecer mandatos-tampões eleitos pelas assembleias legislativas estaduais para que as eleições diretas nos estados coincidissem com a eleição nacional, agendada para 1966. Embora governador em último ano de mandato, Lacerda foi contra, sustentando que mais aquela providência indisporia a população contra o regime. Porém, na prática, tudo resultou em malogro para ele: diante de vitórias de candidatos do PSD em estados-chave como a própria Guanabara, onde Negrão de Lima foi apoiado por forças ligadas ao governo federal e políticos antilacerdistas – ele que, tal como Israel Pinheiro (1896-1973), eleito em Minas Gerais, havia sido membro do Estado Novo –, a "linha dura" concluiu que não poderia haver eleições diretas para a presidência da República. Tudo isso, aliás, sendo Negrão apoiado pelo jornal O Globo, pelos comunistas, por Quadros, Kubitschek e demais cassados pelo AI-1 e acusando Lacerda de ser um golpista aspirante a ditador, mesmo tendo sido ele próprio, Negrão, o verdadeiro agente de uma ditadura.

Alguns setores militares queriam impedir a posse de Negrão, algo que os setores lacerdistas não tinham muita coerência em reivindicar, diante do fato de que Lacerda havia pedido aquela eleição. Lacerda se sentia prejudicado por Castelo e Golbery do Couto e Silva, sendo o primeiro amigo pessoal de Negrão e o segundo do procurador regional eleitoral, que vetou candidaturas, especialmente de Alziro Zarur (1914-1979), que poderiam dividir os votos da oposição e favorecer o candidato udenista, Flexa Ribeiro (1914-1991). A lacerdista Sandra Cavalcanti, que havia sugerido ao governo militar que dividisse a oposição para que o candidato da UDN vencesse, também se sentiu abandonada e iludida pelos setores castelistas.

Aliás, Lacerda sempre foi bastante crítico a Golbery, considerado referência intelectual do regime militar, especialmente nos períodos em que os setores mais moderados prevaleciam, sobretudo nos governos Castelo e Geisel (1907-1996). Segundo ele:

> [Golbery era] um homem fundamentalmente oposto à UDN; tinha horror à UDN; achava a UDN um partido meramente moralista e desprezava esse moralismo udenista que considerava inconsequente, insuficiente e muito incompleto. E o seu ideal pessoal – digamos com uma vocação, assim, de Lourival Fontes do sistema – era o de ser um criador de mitos; de ser um homem por trás das cortinas, manobrando com generais. Ele queria, realmente, um "getulismo" sem Getúlio; um trabalhismo sem comunismo. Achava que o meio de se evitar o comunismo no Brasil era fazer um governo trabalhista[278].

Esses qualificativos foram deduzidos quando os dois tiveram encontros na residência de um amigo em comum, ainda nos anos 50, mas já denotavam a formação sumamente antiliberal do general que futuramente arquitetaria a distensão "lenta, gradual e segura".

Naquele momento, Lacerda, julgando-se traído e acossado pelo "castelismo", chegou, infelizmente, a ser cortejado por setores menos graduados da "linha dura", conquanto os coronéis do grupo preferissem

---
[278] LACERDA, *Depoimento. Op. cit.*, p. 155.

a liderança de Costa e Silva – aquele que, logo após a queda de Goulart, Lacerda já temia que daria vazão a ambições ditatoriais. Não tardou, porém, a decepcionar-se com eles, diante das consequências que se sucederam ao seu fortalecimento. Apesar de ter genialmente previsto o que ocorreria, a lamentável divisão entre ele e Castelo Branco ajudou Costa e Silva e seus adeptos a prepararem o pior cenário possível.

É forçoso reconhecer que Lacerda havia cometido outros atos questionáveis durante aquela fase de inquietação institucional, sendo talvez o principal exemplo, tempos antes, ao final de 1964, os ataques que fez ao Supremo Tribunal Federal por não permitir que aplicasse no âmbito da Guanabara o dispositivo do Ato Institucional Número 1 que permitia a aprovação automática de projetos de lei que o Legislativo não apreciasse por trinta dias. Lacerda alegou que os ministros do STF tinham sido indicados por presidentes cassados, estando entre eles inclusive, como relator do processo sobre a pretensão de Lacerda quanto ao AI-1, o ministro Gonçalves de Oliveira (1910-1992), que havia, como procurador, proibido seu acesso à televisão no governo JK. Apesar de o assunto ter provocado divisões, Lacerda estava tecnicamente errado; o texto do AI-1 de fato se referia exclusivamente a projetos de lei propostos pelo presidente da República. Ainda assim, o erro fundamental de Lacerda foi mesmo, embora seus motivos iniciais de indignação fossem justos, não ter tido sabedoria ou habilidade para impedir que a destruição naquele contexto de todas as pontes entre lacerdismo e castelismo aniquilasse a ambos e projetasse as forças mais autoritárias.

Veio o Ato Institucional Número 2, prevendo as eleições indiretas para a presidência, embora considerando Castelo inelegível, para que não parecesse ser fruto de sua intenção pessoal de permanecer no poder. O AI-2 também extinguia os partidos políticos, estabelecendo o bipartidarismo artificial entre ARENA e MDB, permitia a reforma do Judiciário e criava novo período para cassações. Era, como declarou Lacerda a Costa e Silva em encontro privado, um fato grave: depois de tutelar intervenções periódicas e "compor" situações com elites políticas e oligarquias, as Forças Armadas detinham agora todo o poder sobre o que seria feito do Brasil, algo que era diferente da proclamação da República, quando eles dividiam relevância com Rui Barbosa e estadistas egressos da monarquia. Em seguida, viriam o AI-3, que determinava também a eleição indireta para governadores, e o AI-4, que convocava uma nova Constituinte para transformar em Constituição, em 1967, o regime "revolucionário" – embora, na prática, o poder supraconstitucional criado pelo Comando Revolucionário permanecesse praticamente acima dela. Se a quisesse suplantar, nada poderia impedi-lo, e foi precisamente o que aconteceu.

Antes, porém, Carlos Lacerda, já fora dos partidos estabelecidos, tendo visto a sua UDN morrer, convenceu-se de que o Brasil se transformaria em uma ditadura militar e de que o regime havia adotado uma filosofia totalmente equivocada para a condução dos rumos do país. A principal crítica lacerdista, outrora contra a oligarquia estadonovista e contra o comunismo, era agora contra a tecnocracia. Para Lacerda, os militares estavam transformando a administração pública em um comando de técnicos em que todas as lideranças civis e populares seriam, por mais uma vez na história brasileira, dilaceradas. Desta vez, porém, eles haviam substituído a institucionalidade frágil que marcara o país por uma tutela tecnocrática inteiramente dirigida por eles e por quem com eles – ou, antes, com aqueles entre eles que dominavam o Executivo – estivesse.

Para combater esse resultado, Lacerda estava disposto a tudo, até ao sacrifício de se aliar a antigos inimigos, desde que, estabelecendo-se um acordo de que não haveria retorno ao estado de coisas anterior e de que determinados avanços seriam preservados, eles se apresentassem como representantes de correntes civis que ainda existiam na sociedade brasileira para desafiar a tecnocracia e o fisiologismo do regime. O problema é que a maior parte dos seus apoiadores não poderia admitir que Lacerda estivesse ladeado daqueles que tão ardorosamente e crucialmente havia combatido por toda a sua vida. Ele se entendeu, primeiramente, não sem dificuldades, com Juscelino Kubitschek, e depois com ninguém menos que João Goulart, para formar um movimento de reivindicações por um resgate da normalidade democrática, batizado de Frente Ampla.

Por um lado, a Frente Ampla foi mais um ato de coragem de Lacerda. Ele era o único integrante que tinha tudo a perder. Arriscava seus direitos políticos, não estando cassado, bem como a sua popularidade. Por outro lado, essa fase finalíssima de sua vida pública é marcada por retrocessos discursivos, porque, no afã de conseguir uma conciliação político-prática com seus oponentes mais radicais para fortalecer sua bandeira, Lacerda admitiu integrar à substância do *Manifesto da Frente Ampla*, vindo à luz em 28 de outubro de 1966, uma visão algo mais simpática a um colorido desenvolvimentista que sempre combatera, por exemplo, em Juscelino.

Cumpre ressaltar que, em 3 de outubro, Costa e Silva havia sido eleito presidente da República como candidato único da ARENA, em um Congresso em que o MDB convivia com uma dócil maioria, formada pelas circunstâncias, que não permitiria outro resultado. Tendo isso em vista, Lacerda deixou registrada a sensação de que o combate ao iminente perigo da ditadura militar justificaria, por exemplo, passar a sustentar que se ampliassem os créditos aos empresários, ou que era preciso reduzir a influência de grupos internacionais no país, bem como a política econômica deveria ser a do *"desenvolvimento econômico"*[279], visando *"a defesa intransigente dos preços dos produtos que exportamos"*[280]; ou que a política *"imposta pelo FMI"*[281] não resolvia os problemas dos países pobres, entre outras afirmações mais próprias dos seus adversários e inimigos.

Mantinha, por outro lado, do elemento originalmente lacerdista da Frente Ampla, a defesa da descentralização, da *"autonomia de iniciativa, mantendo-se a ação federal num número estrito, mas indispensável de atividades decisivas"*[282]. Não deixava de exibir um apelo por realismo e recusa de fórmulas miraculosas:

> Queremos soluções práticas, ajustadas às tradições e às aspirações nacionais. Damos especial ênfase à reforma administrativa, na qual

---

[279] LACERDA, Carlos. *Cartas (1973-1976). Op. cit.*, p. 321.
[280] Idem. *Ibidem.*, p. 321.
[281] Idem. *Ibidem.*, p. 321.
[282] Idem. *Ibidem.*, p. 322.

se impõe uma política de preparação de quadros capazes de garantir a execução harmônica e coerente das grandes etapas do crescimento nacional.

Reivindicamos o debate, a proposição e aplicação de uma política de educação e ensino que atenda, também, a esses critérios; consagre a síntese entre a tradição cristã e a humanista e dê prioridade à revolução tecnológica, a fim de que o Brasil possa acelerar o passo. O atraso tecnológico de uma nação como o Brasil aumenta os riscos do desaparecimento da soberania nacional e põe a perigo, por isto mesmo, a paz mundial; pois uma nação não se submete sem luta; e a luta, nesse caso inevitável, seria o começo de uma conflagração continental. Não pode o Brasil conformar-se com o papel tecnológico. É parte essencial da luta pelo desenvolvimento o esforço pela atualização da ciência no Brasil.

Queremos que a nação reúna a experiência de conservadores, a prudência dos moderados, a esperança dos inconformados, a audácia dos reformadores. Tudo isso unido pela aspiração comum de 'democratização' e 'afirmação nacional' do Brasil. Só assim se poderá recuperar o tempo perdido e dar agora, em poucos anos de esforço, paciência e fé, o grande salto sobre o atraso que atormenta os brasileiros.

Depois de tantas lutas malogradas, de tantos sacrifícios e tantos êxitos desperdiçados, só um gesto de grandeza, capaz de superar nossas fraquezas e deficiências, será capaz de guiar o povo para encontrar o seu caminho fora do labirinto de silêncios, intrigas e pretextos em que a nação se perdeu.

Se para a recomendação e adoção de tais diretrizes o simples amor ao Brasil é capaz de inspirar este entendimento entre adversários, de prodígios bem maiores será capaz o povo mobilizado e organizado, uma vez recuperada a esperança que perdeu.

Com esse entendimento procuramos dar exemplos de grandeza. Possa o sentimento de dever com a pátria inspirar todos os brasileiros para que juntos consigamos o que separados não poderíamos fazer[283].

O argumento para justificar a legitimidade da Frente Ampla era o de que, unidos, os nomes que a compunham representavam *"correntes*

---
[283] Idem. *Ibidem.*, p. 324.

de opinião que, juntas, reúnem a maioria do povo" e *"instituições que, perante a história"*, encarnaram *"pela mão do povo"*[284]. Com base nisso, defendiam *"o voto e a lei, em função da ânsia de liberdade e do progresso social, cultural e econômico que caracteriza o Brasil moderno no mundo em mudança"*[285].

Sobre o passado, disseram os assinantes do Manifesto não fazer sua apologia, *"nem crítica, nem autocrítica. Apenas ressaltamos que havia um esforço constante de aperfeiçoamento do sistema democrático, ao qual o povo penosamente ascendia no correr do tempo. Esse esforço recebeu a contribuição menor ou maior, no governo ou na oposição, dos signatários e de milhões de brasileiros. Hoje, essa conquista, renegada por alguns, é negada a todos"*[286]. Suprimir a eleição autêntica *"é um crime contra a eficácia do processo democrático em que erram os ditadores, os seus erros inevitáveis, mas os corrige pelo próprio uso dos instrumentos da democracia. Os ditadores raramente acertam onde o povo erra. E, quando erram os ditadores, o seu erro quem paga é o povo"*.

> (...) A crise de confiança em nome da qual se derrubou um governo, suspeito de pôr em perigo as eleições, tornou-se trágica realidade sob o atual governo, que acabou com as eleições. Como pode o povo confiar em quem nele não confia e, para não lhe dar vez, tomou-lhe o lugar? Revolução autêntica há de ser aquela que dê ao seu povo maior participação e não menor nas decisões que marcam o seu destino. (...) As desculpas para um regime antidemocrático estão esgotadas. O Brasil repele tutelas e curatelas. (...) O regime vigente que só se define pela negativa, dizendo-se "antissubversivo" e "anticorrupto", é antidemocrático e antinacional. Pelo arbítrio, subverte e, pela corrupção, corrompe[287].

O trecho, porém, que mais explicitamente expressa o pensamento próprio de Lacerda, em vez da marcante composição com os adversários, é este:

---

[284] Idem. *Ibidem.*, p. 315.
[285] Idem. *Ibidem.*, p. 315.
[286] Idem. *Ibidem.*, p. 316.
[287] Idem. *Ibidem.*, p. 317.

Não é possível que a Força Armada seja o único instrumento de constituição e funcionamento do governo. Não se pode aceitar que oitenta milhões de criaturas sejam dirigidas pela coação e pela intimidação. Se o 'vácuo político' é que deu ensejo à ocupação do poder pelas armas, é tempo de unir o povo – todo o povo, civil e militar – para acabar com essa anomalia e colocar o Brasil no caminho da democracia. (...) Reclamamos para o Brasil a instalação de um regime democrático que considere as transformações do mundo atual e seja fiel às peculiaridades nacionais, de forma a permitir a real participação política de todos os setores do governo. É necessário convocar, a curto prazo, eleições livres pelo voto secreto e direto.

Exigimos respeito às garantias jurídicas e aos direitos individuais. Sobretudo, proteção à pessoa humana, livre de toda a coação senão a da lei livremente elaborada e sancionada por representantes livremente eleitos pelo povo.

Consideramos indispensável uma reforma dos partidos e das instituições, para que representem, de fato e de direito, os interesses do povo e não sejam mecanismos frios, vazios de conteúdo, impostos por tutores e não propostos por líderes democráticos. Será o único meio de contar a nação com instituições e partidos autênticos, capazes de não serem empolgados por minorias sociais, grupos financeiros e forças internacionais[288].

XVI.3 - O AI-5 e o fim de Carlos Lacerda

Mesmo se concordarmos em que a intenção de Lacerda era louvável e necessária, a forma empregada para atingi-la foi intolerável para muitos de seus antigos seguidores. As acusações e enfrentamentos que fizera a Kubitschek e Goulart, dois dos seus maiores inimigos, haviam sido sempre duras e significativas demais, até em termos do espírito do que ele significava como liderança política, para que aquela articulação, por

---
[288] Idem. *Ibidem.*, p. 319.

mais que ele alegasse que era preciso unir-se com os oponentes para travar batalhas contra inimigos maiores e circunstancialmente mais poderosos, funcionasse. A Frente Ampla naufragou e foi proibida pelo regime bipartidário.

Em 1968, a luta armada comunista contra o regime militar ganhava força e terroristas da Vanguarda Popular Revolucionária lançaram um carro-bomba contra o quartel-general do Segundo Exército, em São Paulo, matando o soldado Mário Kozel Filho (1949-1968) em 26 de junho. No mesmo ano, o estudante secundarista Edson Luís (1950-1968) morreu em confronto com a polícia na famosa Passeata dos Cem Mil.

Em agosto, o deputado oposicionista Márcio Moreira Alves (1936-2009), que apoiara a queda de Goulart, mas enfrentava o regime desde o AI-1, fez declarações pitorescas que soaram como indecorosas para o governo Costa e Silva. Ele recomendou da tribuna que as moças se recusassem a dançar com jovens militares em protesto contra o regime. O governo julgou ofensivas as declarações de Márcio e, apenas com base nelas, pediu ao Congresso para processá-lo, com vistas a cassar seu mandato, uma vez que, naquele período, a vigência das cassações permitidas pelos atos institucionais anteriores já havia terminado. Em gesto de fugaz vitalidade institucional, o Congresso negou o pedido.

Costa e Silva então convocou o Conselho de Segurança Nacional e, no fatídico dia 13 de dezembro de 1968, decretou o Ato Institucional Número 5, que estabelecia no país um regime com todas as características de uma ditadura – além de permitir ao presidente suspender todo o Poder Legislativo e intervir em estados e municípios, como já apontamos, institucionalizou a prerrogativa governamental da censura e, acrescente-se, a ilegalidade de reuniões políticas não autorizadas.

Lacerda foi preso sob a vigência do AI-5. Na cadeia, chegou a fazer greve de fome e escreveu uma carta à família:

Como vocês sabem, desde que fui preso, há seis dias, não tomo nenhum alimento; apenas água, para aumentar a resistência à inanição. Bem sabem vocês quanto me custa submeter-me, e a vocês, a esta tortura. Mas também sabem que é, neste país de farsas e imposturas, uma decisão séria – que será levada até o fim. Hoje vocês viram o último exame, já acusando acidose, albumina e os primeiros sinais de nefrite.

Por isto, vocês que sabem quanto quero bem à vida, à vida que vocês me dão, ainda mais grato me deixam pela compreensão e pela resignação com que suportam esta decisão.

Ela é tomada por vocês e por todos; até mesmo pelos que sabem de nada e pelos que, sabendo, fingem que não sabem.

Sempre disse aos militares: no dia em que vocês cometerem contra o povo brasileiro o crime de levar mais uma vez este Brasil ao domínio de um grupo de ambiciosos, antidemocrático e, como vocês sabem muito bem, ainda por cima inepto e tão corrupto quanto os que mais o sejam, terão de me ouvir ou me matar.

Não pude lutar pelas armas. O comportamento imaturo, de casta, menos do que patriotas, de donzelas ofendidas, com que os espertos levaram os oficiais a reagirem a uma provocação dos políticos, não os deixou sequer raciocinar. Agiram por instinto, desprezaram a razão. E permitiram, entre outros erros e crimes, a suprema covardia, injustiça e mesquinharia que são estas prisões, esta orgia da arrogância e de estupidez. Pois bem: se eles juraram defender o Brasil, também eu tenho esse juramento. E, se já não posso defender este povo, mães e filhos como vocês, pela palavra, que é a minha arma, pela ação, que é a minha vocação, defendo-o como posso, com a única coisa que me resta: a minha vida.

Espero ainda que um acesso de bom senso, numa reserva de patriotismo, desperte nessa muralha de incompreensão e inconsciência. Essa esperança, não o desespero, move-me ao protesto que é o jejum voluntário no qual me arrisco a perder tudo o que me interessa na vida, a começar por vocês, meus queridos.

Mas, fora dela, nada, absolutamente nada me fará voltar atrás da decisão tomada.

Os heróis de fancaria vão ver como luta e morre, sozinho e desarmado, um brasileiro que ama a pátria, mas a pátria livre. Se isto acontecer, malditos sejam, para sempre, os ladrões do voto do povo, os assassinos da liberdade. E os que se calaram. E os que consentiram. E os que participaram. Em seu lugar se levante a certeza de que no Brasil há também quem saiba dar a vida para dar o exemplo[289].

Em uma semana, Lacerda foi liberado da prisão antes que morresse de fome. Nunca mais recuperou seus direitos políticos. Morreu em 21 de maio de 1977 de infarto do miocárdio. O AI-5 terminaria em 13 de outubro do ano seguinte, no governo Geisel, bem como seriam revogados todos os atos institucionais contrários à Constituição de 1967.

Os militares governaram o Brasil até 1985. Depois de tantas interferências, em que tiveram tanto papel de sustentáculo e de fundo, mas sempre optavam por preservar o protagonismo dos civis, acabaram decidindo ficar eles mesmos com o poder principal, de onde não saíram por vinte e um anos. Esgotaram-se nos sucessivos governos, diante das crises econômicas, e eles mesmos realizaram o processo de abertura, saindo do poder para, até agora, nunca mais voltarem – ao menos não como golpistas ou revolucionários. Iniciou-se a Nova República, cristalizada com a Constituição de 1988, eivada de uma atmosfera político-ideológico-cultural que fez com que as lutas de Lacerda fossem, primeiro, demonizadas, depois esquecidas.

Até agora.

---

[289] Idem. *Ibidem.*, p. 340.

Capítulo XVII

O legado de Ícaro

Em sua obra *A Casa do meu Avô* – livro elogiado por ninguém menos que Carlos Drummond de Andrade (1902-1987) e Gilberto Freyre (1900-1987) –, Carlos Lacerda enxergou em sua família, particularmente em seu pai, a aura de Ícaro, o personagem mitológico grego que alçou um voo tão alto que suas asas chamuscaram, quedando-se à ruína. Essa analogia é muito oportuna para analisar o papel de Lacerda na história brasileira, bem como o papel que pode desempenhar para os liberais conservadores contemporâneos, dispostos a olhar para a tradição nacional. Pertenciam, ele e seu pai, à *"raça de Ícaro"*, aquela que exibe *"um destino fulgurante que acabou cortado em pleno voo"*[290]. Dessa raça, complementou,

> (...) dificilmente sobra alguém. Sempre chega a hora em que as asas que pretensiosamente nos damos derretem-se ao Sol. E caímos, de qualquer altura. (...) O céu não dá mostras de cólera nem de indulgência – o céu a que Ícaro pretendeu alçar-se não conhece o perdão. Nada, nada se altera. A intolerável pretensão, o desafio à mediocridade e ao conformismo, que mereceram castigo tamanho, recebem o merecido. A vingança das potestades que ele desafiou está consumada. A queda de

---

[290] LACERDA, Carlos. *A casa do meu avô*. Rio de Janeiro: Nova Fronteira, 1976. p. 182.

Ícaro é a seca advertência a toda rebeldia, a imposição do conformismo. A consagração da mediocridade como a regra de bem viver. Tudo em redor vai bem. Ícaro já desapareceu nas águas[291].

Não nos resta dúvida de que, se ambos foram da raça de Ícaro, Carlos Lacerda terminou sendo muito maior do que seu pai. Defendeu o patriotismo e declarou por diversas vezes amor ao Brasil, até os últimos instantes, mas era um amante que lutava o tempo todo contra – e, por paradoxal que pareça, ao mesmo tempo com – seu amado. Enfrentou todas as tendências prevalecentes, as forças mais vigorosas do poder, os regimes e governos vencedores. Sequer quando venceu conseguiu cessar de estar em guerra. Era um espírito de vicejante e incontida insubmissão, uma fortaleza natural de combate e resistência. Queria sempre mais, para si e para os outros; não tinha a vocação do conformismo e da aceitação. Buscou demais o brilho.

Porém, ao mesmo tempo de temperamento muito forte, emocional e fascinantemente, demasiadamente humano, cometeu diversos erros e, político, jogou com as "regras do jogo" existentes em um país "real" de ficções jurídicas e intervenções militares. Em parte por esses erros, em parte pelo tamanho dos poderes que enfrentou em uma luta que terminou por dilui-lo, o Ícaro caiu, sem jamais alcançar o Sol – isto é, a presidência da República, a chance de estabelecer uma continuidade mais duradoura e um enraizamento mais longevo de suas ideias e sua plataforma, contra a herança varguista, a tecnocracia militar e o esquerdismo galopante. Terá, porém, desaparecido nas águas? Em outras palavras: não terá deixado nada, não terá realizado nada, não terá qualquer significado para os que hoje tentam retificar os rumos de uma nação conturbada?

Em sua faceta propositiva e administradora, os fatos o desmentiriam facilmente. Como parlamentar, conquistou a Lei de Diretrizes e Bases da Educação, quando precisou exercer a

---
[291] Idem. *Ibidem.*, p. 184.

negociação a que não estava tão acostumado. Como governador, o Rio de Janeiro pode não ser mais o mesmo que ele deixou em 1965, mas as marcas funcionais não permitem mentir. As dificuldades de deslocamento seriam outras e muito piores, não fossem as suas obras de sofisticado engenho urbanístico. O Plano Doxiádis exerce sua influência até hoje na administração da cidade e na organização de suas avenidas. Tudo isso, contudo, é claramente muito pouco perto do que ele terá sonhado fazer como administrador do país, a tão sonhada culminância de sua carreira política.

Não é por aí tão-somente, sequer principalmente, entretanto, que se deve julgá-lo. Não foi no governo que esteve na maior parte de sua trajetória. Foi jornalista antes de ser político e, como político, foi sempre oposição – mesmo quando governador, pois refulgia como opositor ao governo federal. A oposição define seu sucesso não por aquilo que faz, mas por aquilo que não deixa fazer. É aí que está a chave do sucesso lacerdista. Imbuída de convicções e princípios que justificam sua ação, a oposição deve conter o poder em seus devidos limites, deve desafiar a opressão, impedir a extensão plena das prerrogativas dos mandatários, o esmagamento das liberdades individuais; deve, enfim, promover a dignificação do trato com a coisa pública. A oposição aguerrida deve fiscalizar, apurar, confrontar, não aceitar a rendição e jamais se curvar.

O lacerdismo foi uma luta inglória e ansiosa contra o colorido prático e ideológico que deformava as esperanças brasileiras por uma democracia liberal autêntica, ancorada nos valores que poderiam sustentá-la. Era um protesto contra instituições imaturas e demagogias mal disfarçadas. Nesse sentido, Carlos Lacerda, inegavelmente corajoso – inegavelmente, é claro, para qualquer analista honesto –, disposto a encarar criminosos em uma rebelião prisional, a defender pessoalmente o palácio de seu governo, a desafiar grupos capazes de atentar contra a sua vida e que por mais de uma vez poderiam tê-lo matado, como o Ícaro que não temia a morte ao devassar as alturas desconhecidas, foi um líder decisivo.

Combateu o comunismo como poucos neste país, ao compreender a ameaça à civilização que representava, o perigo totalitário que encarnava, pugnando pelo alinhamento nacional às forças internacionais que manifestavam o mesmo urgente e necessário entendimento, em uma época em que o mundo não tinha nenhum debate mais importante a travar do que esse: queríamos viver como cidadãos livres ou como células amorfas de uma utopia sanguinária? Isso Carlos Lacerda entendeu muito cedo, vivendo a natureza desse mal em sua própria pele por se ter integrado a ele na juventude, quando muitos insistiram em julgar tal combate um exagero histriônico.

Colaborou desde o começo com a queda da ditadura de Vargas, como jornalista, e também fiscalizou as artimanhas autoritárias dos remanescentes do estadonovismo e os insanos da extrema esquerda na Constituinte de 46. Combateu implacavelmente o ditador, então como presidente eleito de um regime viciado pela atmosfera que ele mesmo criara, possivelmente impedindo, sofrendo um atentado por causa disso, a virtual possibilidade de mais um triunfo do "justicialismo", do populismo latino-americano no país, a desfigurar a vida democrática. Como parlamentar, confrontou a censura da oposição no rádio; representou um clamor nada silencioso, não obstante vencido, contra os desvarios e grandiloquências de Kubitschek, e sacramentou a nobreza do papel dos deputados ao defender brilhantemente seu mandato das sórdidas tentativas de destrui-lo. Muito provavelmente impediu o que poderia ser mais uma ditadura, imposta traiçoeiramente por um pitoresco Jânio Quadros. Expôs-se persistentemente à luta contra a ameaça populista-sindicalista e de extrema esquerda crescente no governo Jango, contra figuras como Brizola e o almirante Aragão – e foi reconhecido até por Castelo Branco, lamentavelmente depois seu desafeto, como protagonista nessa batalha. Depois, a despeito dos tropeços em que mergulhou, é imperativo reconhecer que teve a bravura de admitir a própria destruição e a aniquilação de seu maior sonho para enfrentar o estado de coisas que se implantou e que jamais fora seu desejo.

Não é uma lista nada limitada de realizações. É invejável para qualquer figura histórica que se procure na República brasileira, à caça de quem nos possa servir de exemplo na defesa dos melhores princípios que esposamos. Antes ainda, porém, de ser governador, político e jornalista de oposição, Lacerda tem sua produção como pensador, mesmo que principalmente pensador de sua própria luta política. Como tal, representou na República pós-Estado Novo o papel do líder que, de maneira mais completa e popular, sustentou simultaneamente princípios como a descentralização do poder e da administração, a valorização da herança cultural ocidental e cristã em nossa sociedade, o respeito pela propriedade privada e pelas contribuições da livre iniciativa, o receio do Estado agigantado e opressor, o apreço pela sensibilidade patriótica e pelas virtudes cívicas, a importância do cuidado com a moral e a ética na vida pública, a urgência no desmantelamento da máquina dos sindicatos e a promoção da efetiva liberdade de organização do trabalhador, o risco do aparelhamento da imprensa e da doutrinação ideológica nas escolas, o entrave representado pelas organizações estudantis sequestradas por militantes adestrados e "estudantes profissionais", a relevância de ultrapassar a dimensão do mero economicismo na batalha política e rechaçar o materialismo histórico-dialético de Marx.

Carlos Lacerda, em suma, serve de inspiração por seus erros, cometidos em geral em defesa das mesmas causas que hoje defendemos, para que não os repitamos; e também por seus acertos, os resultados positivos de sua batalha e sua disposição pela grandeza. Sem jamais aceitar o medíocre, ele conseguiu mobilizar e amealhar adeptos com seu discurso. Construiu uma legião de admiradores e entusiastas. Hoje, quando temos condições ainda melhores para que as suas melhores ideias conquistem terreno, precisamos aprender a levar esse trabalho adiante, a partir de onde foi interrompido, fazendo o máximo para nos aproximarmos do revestimento estético e simbólico que ele sabia emprestar às suas palavras, entendendo que a luta política não é uma batalha meramente para alterar os indicadores e estatísticas, mas sim uma batalha de valores e inspirações; caso contrário ela já está, de antemão, perdida.

Tudo isso sem esquecer, e eis o que justifica nosso esforço com este livro, de que para seguir adiante é preciso olhar para o que os grandes já fizeram e, diante deles, galgar novos degraus. A luta de Lacerda deve ser resgatada para que, finalmente, ao contrário dele, os Ícaros dos dias de hoje consigam tocar o Sol.

Livros para saber mais sobre Carlos Lacerda

Todas as citações referentes a artigos da *Tribuna da Imprensa* e do *Correio da Manhã* constam das edições indicadas no corpo do texto do livro, disponíveis integralmente no *site* da *Hemeroteca digital*, disponível em:

<https://bndigital.bn.gov.br/hemeroteca-digital/>

O autor mantém o *site* da *Sentinela Lacerdista*, com diversos ensaios, não apenas sobre Carlos Lacerda, mas, também, abordando diversos outros temas de política, economia e cultura. Ver:

<http://www.sentinelalacerdista.com.br/>

A - Obras de Carlos Lacerda ou Coletâneas de Textos Publicadas Postumamente

O quilombo de Manoel Congo. Rio de Janeiro: Editora Revista Acadêmica, 1935.

O rio. São Paulo: Editora Gaveta, 1934.

O rato Fiúza. Rio de Janeiro: Moderna, 1946.

Como foi perdida a paz. São Paulo: Instituto Progresso Editorial, 1947.

O Brasil e o mundo árabe. Rio de Janeiro: Irmãos Pongetti, 1948.

Uma luz pequenina. Rio de Janeiro: Editora Revista Acadêmica, 1948.

A Missão da Imprensa. Rio de Janeiro: Agir, 1950.

Duas cartas em torno de uma idéia. Rio de Janeiro: [s.n.], 1951.

Visão da seca no Nordeste. Rio de Janeiro: Tribuna da Imprensa, 1951.

O Caminho da Liberdade. Rio de Janeiro: Empresa Gráfica Ouvidor S.A., 1957.

A linha de Yenan e as forças armadas. Rio de Janeiro: Tribuna da Imprensa, 1957.

Xanam e outras histórias. São Paulo: Francisco Alves, 1959.

Retrato da cidade devastada e sua reconstrução. Rio de Janeiro: Editora Rio-São Paulo, 1960.

O Poder das Ideias. Rio de Janeiro: Record, 1963.

Desafio e promessa: O Rio São Francisco. Rio de Janeiro: Record, 1964.

Brasil entre a verdade e a mentira. Rio de Janeiro: Bloch Editores, 1965.

Uma rosa é uma rosa é uma rosa. Rio de Janeiro: Record, 1965.

Paixão e Crime. Rio de Janeiro: Nova Fronteira, 1965.

Crítica e autocrítica. Rio de Janeiro: Nova Fronteira, 1966.

O Cão Negro. Rio de Janeiro: Nova Fronteira, 1971.

Em Vez. Rio de Janeiro: Nova Fronteira, 1975.

A Casa do meu Avô. Rio de Janeiro: Nova Fronteira, 1976.

Depoimento. Rio de Janeiro: Nova Fronteira, 1977.

Discursos Parlamentares. Rio de Janeiro: Nova Fronteira, 1982.

Rosas e pedras de meu caminho. Rio de Janeiro: Fundamar, 2001.

21 contos inéditos de Carlos Lacerda. Brasília / São Paulo: Editora UnB / Imprensa Oficial, 2003.

3 peças inéditas de Carlos Lacerda. Brasília / São Paulo: Editora UnB / Imprensa Oficial, 2003.

Minhas cartas e as dos outros. Brasília / Belo Horizonte: Editora UnB / Fundação 18 de Março, 2005. 2v.

B - Livros sobre Carlos Lacerda

BACIU, Stefan. *Lavradio 98 – Histórias de um jornal de oposição:* A Tribuna da Imprensa *ao tempo de Carlos Lacerda*. Rio de Janeiro: Nova Fronteira 1982.

BRAGA, Sérgio. *Na Tribuna da Imprensa: Crônicas sobre a Constituinte de 1946*. Rio de Janeiro: Nova Fronteira, 2000.

DULLES, John W. *Carlos Lacerda: A Vida de um Lutador*. Rio de Janeiro: Nova Fronteira, 1992.

LACERDA, Claudio. *Carlos Lacerda: 10 anos depois*. Rio de Janeiro: Nova Fronteira, 2000.

LACERDA, Gabriel. *Meu tio Carlos Lacerda*. Rio de Janeiro: Edições de Janeiro, 2017.

LACERDA, Rodrigo. *Carlos Lacerda: A República das Abelhas*. São Paulo: Companhia das Letras, 2013.

LAURENZA, Ana Maria de Abreu. *Lacerda x Wainer: O Corvo e o Bessarabiano*. São Paulo: Senac, 1998.

MAGALHÃES, Mauro. *Carlos Lacerda: O Sonhador Pragmático*. Rio de Janeiro: Civilização Brasileira, 1993.

MELLO E SOUZA Cláudio & COELHO, Eduardo (Org.). *Carlos Lacerda: Cartas 1933-1977*. Rio de Janeiro: Editora Bem-Te-Vi, 2014.

PEREZ, Maurício Dominguez. *Lacerda na Guanabara: a reconstrução do Rio de Janeiro nos anos 1960*. Rio de Janeiro: Odisseia Editorial, 2007.

PINHEIRO NETO, João. *Carlos Lacerda: Um raio sobre o Brasil*. Rio de Janeiro: Gryphus, 1998.

Lucas Berlanza

Nasceu no Rio de Janeiro, em 21 de agosto de 1992. Formado em Comunicação Social, com habilitação em Jornalismo, pela Universidade Federal do Rio de Janeiro (UFRJ), é autor do livro *Guia Bibliográfico da Nova Direita: 39 Livros para Compreender o Fenômeno Brasileiro*.

É colunista do Instituto Liberal (IL), do qual foi assessor de imprensa em 2015, tendo assumido para o período 2018-2020 a direção desta instituição. É editor dos sites "Boletim da Liberdade" e "Sentinela Lacerdista", além de ter escrito, também, artigos e matérias para diferentes sites e veículos, como, por exemplo a *Gazeta do Povo*, o mais antigo jornal paranaense.

Colaborou com ensaios e capítulos para coletâneas, sempre abordando o pensamento liberal, com ênfase no liberalismo brasileiro, além de gravar palestras utilizadas na série de documentários "Brasil: A Última Cruzada" e no filme "1964: O Brasil entre Armas e Livros", ambos da produtora *Brasil Paralelo*.

Índice Remissivo e Onomástico

A

Abolição (da escravatura), 161

Abruzzini, Letícia (1919-1990), 33

Ação Integralista Brasileira, 25

Ação Popular, 160, 258, 269

Acordos de Roboré, 98

Adenauer, Konrad (1876-1967), 21, 54, 63, 163, 174

Aeroporto Santos Dumont, 207

África, 117, 127, 139

Agência Interamericana, 135

Agência Nacional, 187

Alkmin, José Maria (1901-1974), 237, 245

Alasca, 140

Albânia, 130

Albuquerque, Júlio Prestes de (1882-1946), 30, 179

Alemanha, 20, 47, 54, 63, 174, 189, 218, 222, 268, 280

Alemanha Ocidental, 129, 163

Alemanha Oriental, 129

Aliados (na Segunda Guerra Mundial), 32

Aliança Liberal de 1930, 47

Aliança Nacional Libertadora (ANL), 26

Aliança Para o Progresso, 118, 126, 158, 273

Aliança Popular contra o Roubo e o Golpe, 200-02

Aliança Renovadora Nacional (ARENA), 11

Aliança varguista PTB-PSD, 211-12, 260, 271

Almeida, José Américo de (1887-1980), 31, 66, 212

Alves, Márcio Moreira (1936-2009), 281, 294

Alves, Osvino Ferreira (1897-1981), 264

Amaral Netto, Fidélis dos Santos (1921-1995), 205-06

América Latina, 20, 78-79, 82, 89, 90, 115, 117-22, 124-25, 127-28, 133, 251, 261-62, 272

America Latina, continente en ebulición, de Eudocio Ravines, 78

Andrada e Silva, José Bonifácio de (1763-1868), 39, 268

Andrade, Auro de Moura (1915-1982), 266

Andrade, Carlos Drummond de (1902-1987), 285

Aragão, Cândido da Costa (1907-1998), 260, 263-64, 266, 288

Aranha, Oswaldo Euclides de Souza (1894-1960), 136

Argentina, 76, 262, 273

Arraes de Alencar, Miguel (1916-2005), 268-69

Ásia, 117, 127

Assis Chateaubriand Bandeira de Melo, Francisco (1892-1968), 105, 245

Associação Brasileira de Assistentes Sociais, 145

Associação Brasileira de Imprensa, 66

Associação dos Marinheiros e Fuzileiros Navais, 274

Atentado na rua Toneleros, 39, 142, 205-08

Ato Institucional Número 1 (AI-1), 12, 283, 286, 288, 294

Ato Institucional Número 2 (AI-2), 53, 229, 288

Ato Institucional Número 3 (AI-3), 288

Ato Institucional Número 4 (AI-4), 288

Ato Institucional Número 5 (AI-5), 41, 294

Azevedo, Fernando de (1894-1974), 152

Automóvel Clube do Rio de Janeiro, 275-76

B

Babbitt, Irving (1865-1933), 49

Bahia, 236, 247

Bahia, Luís Alberto (1923-2005), 282

Banco Central, 100, 198

Banco do Brasil, 94, 187, 194, 196-97, 200-01, 209, 232, 237, 244

Banco Interamericano de Desenvolvimento (BID), 126

Banco Nacional do Desenvolvimento Econômico (BNDE), 98, 100

Barbosa, Rui (1849-1923), 21, 36, 43, 47-51, 61-63, 68, 70, 78, 96, 105, 118, 161, 224, 289

Barra da Tijuca, 142

Barricada, A, de vários autores, 25,

Barros, Adhemar Pereira de (1901-1969), 40, 185, 253, 265, 267, 272

Batalha contra a construção de Brasília, 243, 249

Batalha do Rio, A, série de artigos de Carlos Lacerda, 167-68

Batista y Zaldívar, Fulgencio (1901-1973), 120, 128, 135

BBC de Londres, 47

Beltrão, Helio Marcos Pena (1916-1997), 89, 159, 281

Berlim, 129

Bernardes, Arthur da Silva (1875-1955), 30

Bilac Pinto, Olavo (1908-1985), 46

Bipartidarismo MDB-ARENA, 11, 53, 231, 288

Bolívia, 98

Borghi, Hugo (1910-2002), 173, 177, 185

Brás, Wenceslau (1868-1966), 25, 30

Brasil entre a verdade e a mentira, carta de Carlos Lacerda, 100, 304

Brasília, 40, 87-88, 110, 136, 142, 157, 166, 243, 249, 259, 270

Brizola, Leonel de Moura (1922-2004), 152, 245, 256, 258, 263, 265, 267, 268-70, 272, 274, 284, 300

Brochado da Rocha, Francisco de Paula (1910-1962), 263

Bulgária, 130

Bulhões, Otávio Gouveia de (1906-1990), 99-100

C

Cabral, Pedro Álvares (1467-1520), 26

Café Filho, João Fernandes Campos (1899-1970), 202, 208-10, 218-19, 222, 237, 258

Câmara, Dom Helder (1909-1999), 221-22

Caminhão do Povo, 244

Caminho da Liberdade, O, de Carlos Lacerda, 78

Campanha Popular Pela Liberdade do Rádio e da Televisão, 245

Campo de Santana, 246

Campo de São Cristóvão, 116

Campo Grande, 142

Campo Santo da FEB, em Pistoia, 63

Campos, Francisco José da Silva (1891-1968), 173

Campos, Milton (1900-1972), 218

Campos, Roberto de Oliveira (1917-2001), 21, 36, 85, 98-02, 104-06, 160, 164, 286

Campos Salles, Manuel Ferraz de (1841-1913), 27-29, 50, 102

Caravana da Liberdade, 243-45

Carlos Lacerda: A Vida de um Lutador, de John Dulles, 104

Carta del Lavoro, 97

Carta Testamento, 228

Carteira de Exportação e Importação (CEXIM), 200

Carvalho, Olavo de (1947-), 35

Casa do Estudante do Brasil, 25

Casa do meu Avô, A, de Carlos Lacerda, 297

Casa Militar, 264

Castelo Branco, Humberto de Alencar (1900-1967), 21, 40, 99-04, 138, 140, 159, 217, 221, 238, 275, 279-85, 288, 300

Castilhismo, 30, 32, 50-51

Castilhos, Júlio Prates de (1860-1903), 50

Castro Ruz, Fidel Alejandro (1926-2016), 55, 118, 120, 130-31, 135, 262

Cavalcanti, Sandra (1925-), 89, 287

Chagas, Paulo Pinheiro (1906-1983), 24

Chile, 146

China, 124, 255, 259

Churchill, Winston (1874-1965), 221, 36, 47-48, 55

Cidade Devastada e sua Reconstrução, A, discurso de Carlos Lacerda, 160, 166, 304

Cinelândia, 262

Clemenceau, Georges Eugène Benjamin (1841-1929), 232

Clínica São Vicente, 41

Clube da Aeronáutica, 214

Código do Trabalho, 96, 143

Coelho, José Saldanha da Gama (1926-), 261

Coluna Prestes, 30

Comando Geral de Greve, depois rebatizado como Comando Geral dos Trabalhadores (CGT), 263

Comando de Transportes Aéreos, 205

Comício da Central do Brasil, 269-70, 272-73, 275

Comissão Econômica para a América Latina (CEPAL), 90

Comitê Jan-Jan, 233, 252

Companhia Central de Abastecimento, 160

Companhia de Habitação Popular, 160

Companhia de Limpeza Urbana, 160

Companhia Estadual de Águas, 160

Companhia Estadual de Telefones, 160

Companhia Estadual de Transportes Coletivos, 160

Companhia Progresso do Estado da Guanabara, 160

Comte, Auguste (1798-1857), 51

Confederação dos Trabalhadores na Agricultura (CONTAG), 269

Confederação Nacional dos Trabalhadores da Indústria, 261

Conferência de Paz de Paris, 136

Congo, Manuel (?-1839), 26

Conselho de Segurança Nacional, 294

Conselho Nacional de Desportos, 145

Conservatório de Belo Horizonte, 66

Consolidação das Leis do Trabalho (CLT), 96

Constituição de 1934, 31, 183

Constituição de 1937, 32, 183

Constituição de 1946, 45, 151, 184, 191, 231-32, 258, 277

Constituição de 1967, 296

Constituição de 1988, 98, 296

Constituição imperial de 1824, 122

Constituinte de 1934, 173

Constituinte de 1946, 51, 74, 174, 176, 212, 300

Constituinte de 1988, 239

Convenção de Taubaté, 29

Corção, Gustavo (1896-1978), 20, 34, 59

Correio Aéreo Nacional, 206

Correio da Manhã, 36, 40, 66, 108-09, 111, 167, 174, 176, 212, 303

Costa, Canrobert Pereira da (1895-1955), 214, 218

Costa e Silva, Artur da (1899-1969), 41, 282-83, 288, 290, 294

Cortina de Ferro, 116, 130

Couraçado Potemkin, O, de Serguei Eisenstein, 274

Couto e Silva, Golbery do (1911-1987), 259, 287

Couto, Miguel de Oliveira (1865-1934), 165, 267

Crise de Agosto, 205, 227, 241

Crise do Encilhamento, 28

Cruzador *Barroso*, 275

Cuba, 20, 118, 128-34, 219, 254, 262, 269

Cunha, Luís Fernando Bocaiuva (1922-1993), 267

D

Dalai Lama, 130

DaMatta, Roberto (1936-), 52

Dantas, San Tiago (1911-1964), 152, 265, 268, 282

Debate, O, 25

De Gasperi, Alcide (1881-1954), 54, 174

De Gaulle, Charles (1890-1970), 138-39

Democracia cristã alemã, 21, 36, 54

Democracia e Liderança, de Irving Babbitt, 49

Demolidor de Presidentes, 24, 141

Denys, Odílio (1892-1985), 218, 241, 258, 60

Departamento de Imprensa e Propaganda (DIP), 32

Departamento Nacional de Serviço Social, 145

Depoimento, de Carlos Lacerda, 20, 45, 137, 156, 174, 190, 194, 210, 211, 213, 235, 250, 255, 304

Dewey, John (1859-1952), 36

Diário de Notícias, 25

Di Cavalcanti, Emiliano (1897-1976), 105

Diretrizes, 33

Discursos Parlamentares, de Carlos Lacerda, 38, 51, 143

Doxiádis, Constantínos Apóstolos (1913-1975), 157

Dulles, John W. F. (1913-2008), 24-25, 104, 141, 193-94, 224, 257, 262, 270

Dutra, Elói Angelo Coutinho (1916-1990), 260, 282, 284

Dutra, Eurico Gaspar (1883-1974), 37, 44, 77, 142, 144, 173, 175-78, 180, 183, 190-91, 214, 228, 240, 2260, 282-84

E

Ehrard, Ludwig (1897-1977), 86

Eisenstein, Serguei Mikhailovich (1898-1948), 274

Eixo, 32

Engels, Friedrich (1820-1895), 25

Escola Anne Frank, 138

Escola Austríaca, 52

Escola Superior de Guerra, 218, 274

Estação de tratamento do rio Guandu, 40, 157

Estado de S. Paulo, O, 217, 229, 266

Estadonovismo, 300

Estado Novo, 11, 20, 31-33, 36-37, 39, 66, 74, 77, 151, 173-74, 177, 180, 185, 190, 193, 202, 207, 212, 216, 222, 234, 236, 263, 267-68, 281, 283, 285-86, 301

Estados Unidos, 28, 32, 62, 94, 115-18, 120-25, 127, 131-33, 136-37, 140, 226, 236-37

Estatuto da Terra, 100

Estônia, 130

F

Faculdade de Direito de São Paulo, 66

Família Guilherme da Silveira, 105

Fechamento do Congresso, 31

Federação dos Estivadores, 276

Fernandes, Florestan (1920-1995), 153

Fernandes, Raul (1877-1968), 217

Fiúza, Iedo (1894-1975), 37

Flexa Ribeiro, Carlos Otávio (1914-1991), 287

Flores da Cunha, José Antonio (1880-1959), 219

Fonseca, Deodoro da (1827-1892), 26

Fonseca, Hermes Rodrigues da (1855-1923), 21, 30, 47, 49

Fontes, Lourival (1899-1967), 175, 287

Força Aérea Brasileira (FAB), 196

Força Expedicionária Brasileira (FEB), 32, 45, 172

Forças Armadas, 27, 45, 50, 74, 76, 119, 174, 181, 200, 215, 223-24, 228, 240-41, 253, 255, 258, 265-66, 271, 273, 275-77, 282-83, 288

Formosa, 136

Foro de São Paulo, 82

Fortunato, Gregório (1900-1962), 206-07

França, 86, 138, 147, 232, 284

Francis, Franz Paul Trannin da Matta Heilborn (1930-1997), conhecido como Paulo, 35

Franco, Virgílio de Melo (1897-1948), 74

Frank, Anne Marie (1929-1945), 138

Freire, Vitorino de Brito (1908-1977), 185

Frente Ampla, 36, 252, 279, 285, 289-91, 294

Frente de Mobilização Popular, 268-69

Frenéticas, 11

Freyre, Gilberto (1900-1987), 297

Fundo de Garantia por Tempo de Serviço (FGTS), 100

Fundo Monetário Internacional, 265

Fundo Sindical, 97, 144

G

Geisel, Ernesto Beckmann (1907-1996), 287, 296

Germani, Gino (1911-1979), 76, 79

Globo, O, 286

Góis Monteiro, Pedro Aurélio (1889-1956), 190

Gomes, Eduardo (1896-1981), 45, 161, 177, 184, 209, 219, 275

Gonçalves de Oliveira, Antonio (1910-1992), 288

Goulart, João Belchior Marques (1918-1976), 12, 39-40, 78, 82, 99-00, 138, 142, 153, 172, 199-00, 213-15, 217, 219-20, 224, 231, 233-34, 236, 238, 243, 249, 252-53, 256-58, 260-68, 270-77, 279, 284-84, 288-89, 293-94

Governo Provisório, 31

Grã-Bretanha, 140

Greve Geral de 1917, 30

Grupos dos Onze, 274

Guanabara, 19-20, 24, 40, 68, 89, 93, 96-98, 116, 126, 139, 155-56, 158, 160, 162-65, 253-54, 259, 261-62, 264-65, 269, 274-75, 277, 281-82, 284, 286, 288

Guaratiba, 142

Guaratinguetá, SP, 245

Gudin, Eugênio (1886-1986), 59, 80, 85, 89-90, 103, 281

Guerra de Canudos, 30

Guerra do Contestado, 30

Guerra Fria, 56, 60, 108, 115, 133

Guevara, Ernesto Guevara de la Serna (1928-1969), conhecido como Che, 121, 254

Guia Bibliográfico da Nova Direita: 39 livros para compreender o fenômeno brasileiro, de Lucas Berlanza, 18

Guimarães, Ulysses Silveira (1916-1992), 239

H

Havaí, 140

Havana, 129

Hayek, F. A. [Friedrich August von] (1899-1992), 98, 102, 109

Helena de Tróia, 162

Hitler, Adolf (1889-1945), 20, 32, 120, 135, 138, 173-74, 182

História do Liberalismo Brasileiro, de Antonio Paim, 49

Horta Barbosa, Júlio Caetano (1881-1965), 105

Hospital Miguel Couto, 267

Hungria, 130

Intentona Comunista, 26, 31, 75

Ipiranga, 161

Isabel, Dona (1846-1921), princesa imperial do Brasil, 161

Israel, 136-37

Itália, 54, 136, 173-74

Itamaraty, 137, 226

Iugoslávia, 136

I

Ícaro, personagem mitológico grego, 297-99, 302

Igreja Católica, 54, 108, 111, 152

Ilíada, 161

Illinois, 107

Império Brasileiro, 27-28, 49, 62, 82, 130, 229, 235

Imposto de Vendas e Consignação, 158

Independência do Brasil, 126-27, 139, 280

Inglaterra, 47, 105

Inquietação Política e Social na América Latina, A, palestra de Carlos Lacerda, 117

Instituto Brasileiro do Café, 103

J

Jacarepaguá, 142

Jafet, Ricardo Nami (1907-1958), 232

Janguismo, 251, 258

Janismo, 251

Japão, 136

Jornal do Povo, 26

Julião Arruda de Paula, Francisco (1915-1999), 262

K

Kai-shek, Chiang (1887-1975), 136

Kautsky, Karl Johann (1854-1938), 63

Kennedy, John Fitzgerald (1917-1963), 118, 156

Komintern, 123

Kozel Filho, Mário (1949-1968), 294

Kruel, Amaury (1901-1996), 264

Kubitschek de Oliveira, Juscelino (1902-1976), 39, 87, 95, 172, 212-16, 218-20, 227, 233, 238-39, 243-44, 249, 252-53, 258, 266-68, 271, 273, 284, 289-90

L

Lacerda na Guanabara – A reconstrução do Rio de Janeiro nos anos 1960, de Maurício Dominguez Perez, 156

Lacerda, Fernando Paiva de (1891-1957), 25

Lacerda, Maurício Paiva de (1888-1959), 24, 31

Lacerda, Paulo de, 25

Lacerda, Sebastião Eurico Gonçalves de (1864-1925), 24

Lacerdismo, 11, 17, 19, 21, 35, 43, 45, 47-49, 79, 108, 128, 172, 205, 244, 258, 288, 299

Lan, Lanfranco Aldo Ricardo Vaselli Cortellini Rossi Rossini (1925-), conhecido como, 24

Lanterna na Popa, A, de Roberto Campos, 98, 104

Laski, Harold (1893-1950), 36

Legião Brasileira de Assistência, 195

Lei Agamenon, 74, 235

Lei Carlos Lacerda, 142

Lei de Diretrizes e Bases da Educação, 145, 148-49, 153, 243, 298

Lei de Sociedades por Ações, 144

Lei de Segurança Nacional, 193

Lei do Imposto de Renda, 144

Lei Magna, 147

Lei Orgânica para o Distrito Federal, 142, 156

Letônia, 130

Liberalismo moderno dos EUA, 35

Ligas Camponesas, 262

Light, 99, 164

Lima, Alceu Amoroso (1893-1983), 21, 34

Lima, Hermes (1902-1978), 263

Linha Amarela, 157

Linha Vermelha, 157

Lituânia, 130

Lott, Henrique Teixeira (1894-1984), 216, 218-19, 222-23, 226-28, 241, 247, 249, 253, 258, 260, 283

Luís, Edson (1950-1968), 294

Lutas da Maioridade, 161

Lutas da Regência, 161

Luz, Carlos Coimbra da (1894-1961), 144, 218-19, 222

M

Magalhães, Agamenon (1893-1952), 173, 235

Magalhães, Dario de Almeida (1908-2007), 24

Magalhães Montenegro, Juraci (1905-2001), 249, 252-53

Magalhães Pinto, José de (1909-1996), 40, 264-65, 272

Magalhães, Raphael de Almeida (1930-2011), 169

Machado, Cristiano (1893-1953), 184, 186

Mamede, Jurandir de Bizarria (1906-1998), 218-19

Manchete, 272

Mangabeira, Octavio (1886-1960), 36, 74

Manhã, A, 26, 192

Manifesto da Frente Ampla, 285, 290

Manifesto dos Educadores em Defesa do Ensino Público, 152

Manifesto dos Mineiros de 1943, 45, 172

Manifesto pela Reforma Democrática, de Carlos Lacerda, 52

Maracanã, 142

Maranhão, 161

Marcha da Família com Deus pela Liberdade, 12, 272

Marcos, pseudônimo de Carlos Lacerda, 26

Mariani, Clemente (1900-1981), 144, 150-51, 253

Marighella, Carlos (1911-1969), 74

Maritain, Jacques (1882-1973), 83

Marx, Karl (1818-1883), 25, 54, 111-12, 301

Materialismo, Economicismo, Nacionalismo, discurso de Carlos Lacerda, 55

Meireles, Cecília Benevides de Carvalho (1901-1964), 153

Melo Franco, Afonso Arinos de (1905-1990), 129, 208, 238, 258, 285

Mendes de Moraes, Luis (1894-1990), 142, 167

Menina sem estrelas, A, de Nelson Rodrigues, 39

Merquior, José Guilherme (1941-1991), 36, 92

Mesquita Filho, Júlio de (1892-1969), 99, 266, 280

Milão, 138

Minas Gerais, 30, 161, 212, 236, 286

Minha Mocidade, de Winston Churchill, 48

Ministério do Planejamento, 100

Mises, Ludwig Heinrich Edler von (1881-1973), 52, 102, 109

Missão da Imprensa, A, de Carlos Lacerda, 65, 69, 304

Montini, cardeal Giovanni Battista Enrico Antonio Maria (1897-1978), futuro Papa Paulo VI, 54

Morais e Barros, Prudente José de (1841-1902), 27

Moses, Herbert (1884-1972), 259

Mota, Sílvio Borges de Sousa (1902-1969), 274

Mourão Filho, Olímpio (1900-1972), 276

Movimento Democrático Brasileiro (MDB), 11

Movimento Nacional Popular Trabalhista (MNPT), 214

Murtinho, Joaquim Duarte (1848-1911), 28, 102

Mussolini, Benito Amilcare Andrea (1883-1945), 76, 97, 173-74, 180, 182

N

Nabuco de Araújo, Joaquim Aurélio Barreto (1849-1910), 161

Na Tribuna da Imprensa, Na, coluna publicada no jornal *Correio da Manhã*, 40, 108, 179

Negrão de Lima, Francisco (1902-1981), 169, 193, 245, 286-87

Neves, Tancredo de Almeida (1910-1985), 261-63

New Deal, 102

Nigéria, 140

Nogueira, Hamilton (1897-1981), 89

Nova Direita, CONTINUA NÃO LOCALIZADO

Nova Fronteira, 40-41

Nova República, 17, 44, 152, 239, 296

Nova York, 129

O

Observador Econômico e Financeiro, 33

Oliveira, Armando de Salles (1887-1945), 31, 36, 251

Ocaso do Império, O, de Oliveira Viana, 27

Ojukwu, Odumegwu (1933-2011), 140

Oliveira Vianna, Francisco José (1883-1951), 27, 173

Operação Limpeza, 282

Ordem Política e Social, 187

Ordoliberalismo, 36, 86, 92

Organização das Nações Unidas (ONU), 136

Organização dos Estados Americanos (OEA), 131

P

Paim, Antonio (1927-), 12, 35, 49, 51

Palácio do Catete, 39, 184, 195

Palácio Guanabara, 254, 264, 275

Palestina, 136

Panair, 143

Paquetá-RJ, 205

Pará, 161

Paraíba, 31

Paraíba do Sul, 26

Paraná, 236, 251

Parque do Aterro do Flamengo, 40

Partido Comunista Brasileiro (PCB), 25-26, 33, 135, 191, 214, 217, 269-70, 275

Partido Conservador, 47

Partido Democrata (EUA), 237

Partido Democrata Cristão, 54, 164, 250

Partido Libertador gaúcho, 44, 164, 200

Partido Republicano (EUA), 237

Partido Republicano no Rio de Janeiro, 200, 235

Partido Republicano em São Paulo, 235

Partido Social Democrático (PSD), 11, 34, 46

Partido Socialista Brasileiro, 250

Partido Trabalhista Brasileiro (PTB), 11

Passeata dos Cem Mil, 294

Patriotismo e Nacionalismo, de Gustavo Corção, 59

Patrocínio, José Carlos do (1853-1905), 161

Paty do Alferes, 26

Peçanha, Nilo Procópio (1867-1924), 29-30

Pedro II, Dom (1825-1891), imperador do Brasil, 27-28, 229

Pedroso Horta, Oscar (191975), 254

Peixoto, Ernani Amaral (1905-1989), 46

Peixoto, Floriano (1839-1895), 26-27

Penna, Affonso Augusto Moreira (1847-1909), 29

Pequim, 130

Perez, Maurício Dominguez (1968-), 156-59, 167, 169

Pernambuco, 161

Perón, Juan Domingo (1895-1974), 76, 78, 83, 120, 142, 175, 189, 191, 200, 208, 211, 217

Peronismo, 81-82, 187, 189, 201, 216, 243, 252, 256

Pessoa da Silva, Epitácio (1865-1942), 30

Petrobrás, 53, 93-96, 105, 244, 263, 270

Petrópolis-RJ, 195

Pinheiro da Silva, Israel (1896-1973), 286

Pinheiro Machado, José Gomes (1851-1915), 30, 50

Pinochet Ugarte, Augusto José Ramón (1915-2006), 146

Plano Cohen, 31, 172

Plano de Ação Econômica do Governo (PAEG), 99

Plano Doxiádis, 157, 299

Plano Trienal, 265

Poder das Ideias, O, de Carlos Lacerda, 20, 51, 110

Poder Moderador, 28, 45, 62, 229

Polícia Especial, 187

Política do Café-com-Leite, 21, 26, 30

Polônia, 130

Portugal, 139-40

Positivismo, 32, 51, 230

Prado Junior, Caio (1907-1990), 152

Prado Kelly, José Eduardo (1904-1986), 237

Prestes, Luiz Carlos (1898-1990), 30, 37, 214, 268, 284

Primeira Guerra Mundial, 30

Primeiro Exército, 259, 264

Propago, 185

Q

Quadros, Jânio da Silva (1917-1992), 39, 121, 129, 162, 172, 233-34, 236, 243, 250-59, 267

Queremismo, 37, 173, 177, 234

Questão Militar, 27

R

Rádio Liberdade, 245

Rádio Mauá, 187, 192

Rádio Mayrink Veiga, 142, 167, 187, 194, 269, 274

Rádio Ministério da Educação, 187, 192

Rádio Nacional, 192

Rádio Roquete Pinto, 142

Ramos, Nereu de Oliveira (1888-1958), 74, 173, 176

Ranieri Mazzilli, Pascoal (1910-1975), 258, 282-83

Ravines, Eudocio (1897-1979), 78, 81-82, 118

Rebelião no presídio estadual da rua Frei Caneca, 261

Recife-PE, 56

Regime de emergência, 20, 211, 213, 219-23, 227, 229, 232, 234, 238-39, 244, 252, 254, 279-81

Rego Batista, Pedro Ernesto (1884-1942), 161

República da Espada, 26-27

República do Galeão, 205, 207, 228, 241

República Oligárquica, 27-28

República Velha, 27, 30-31, 47, 49, 73, 77, 102, 235

Revista Acadêmica, 25-26

Revista Proletária, 33

Revolta da Armada, 30

Revolta da Chibata, 30

Revolta da Vacina, 30

Revolta de 1922, 229

Revolta dos 18 do Forte, 30

Revoltas Tenentistas, 30

Revolução de 1930, 26, 31, 38, 43, 66, 74, 77, 82, 180

Revolução de 1964, 100, 138

Revoluções Federalistas do Rio Grande do Sul, 30

Revolução Americana, 124, 280

Revolução Constitucionalista de São Paulo, 62

Revolução Francesa, 27, 113

Revolução Gloriosa, 280

Ribeiro, Darci (1922-1997), 153

Rio de Janeiro, 24, 26, 35, 40, 66, 87, 141, 155-57, 166-67, 201, 207, 235-36, 260, 269, 299

Rio Grande do Sul, 30-31, 50, 161, 236, 245, 260

Rios, José Arthur (1921-2017), 168

Rodrigues Alves, Francisco de Paula (1848-1919), 29

Rodrigues, José Honório (1913-1987), 24

Rodrigues, Nelson (1912-1980), 39

Rodrigues, Paulo Mário da Cunha (1895-1985), 274

Romênia, 130

Roosevelt, Franklin Delano (1882-1945), 102

Röpke, Wilhelm (1899-1966), 21

Rosas e pedras de meu caminho, de Carlos Lacerda, 74, 209, 217, 251

Rueff, Jacques (1896-1978), 86-87

Rumo, 25

Rússia, 20, 97, 119-21, 124, 131, 274

S

Salazar, Antônio de Oliveira (1889-1970), 139

Salgado, Plínio (1895-1975), 25, 31

Salles Oliveira, Armando de (1887-1945), 31, 36, 251

Santa Cruz, 142

Santos-SP, 219

São Bernardo, de Graciliano Ramos (1892-1953), 26

São Borja-RS, 31, 39, 46, 73, 172-73

São Paulo, 12, 30, 62, 66, 82, 135, 161, 185, 202, 235-36, 239, 250-51, 265, 269, 272, 294

Sarmento, Siseno Ramos (1907-1983), 259

Sarney de Araújo Costa, José (1930-), 44

Segunda Guerra Mundial, 47, 116, 172

Segundo Exército, 294

Segundo Império, 27

Senado Federal, 142

Serviço Secreto do Exército, 269

Sheen, monsenhor Fulton John (1895-1979), 21, 107-14

Silva, Albino (1909-1976), 264

Silva Jardim, Antônio da (1860-1891), 161

Simonsen, Roberto Cochrane (1889-1948), 90

Sindicato dos Metalúrgicos da Guanabara, 274

Smith, Adam (1723-1790), 54, 109

Soares, Lota de Macedo (1910-1967), 157

Sobral Pinto, Heráclito Fontoura (1893-1991), 193

Socialismo Científico, 25

Socialismo trabalhista ao estilo britânico, 35

Sodré, Nelson Werneck (1911-1999), 152

Sucupira, Luis Cavalcanti (1901-1997), 173

Suíça, 133

Supremo Tribunal Federal, 24, 193-94, 288

T

Tardini, monsenhor Domenico (1888-1961), 54

Távora, Juarez do Nascimento Fernandes (1898-1975), 46, 203, 213, 218, 283

Tchecoslováquia, 130

Teixeira, Anísio (1900-1971), 152

Teixeira, Antônio Perilo (1913-1977), 151

Tenentismo, 31, 46, 228-29

Tesouro Federal, 222

Tibete, 130

Tito, Josip Broz (1892-1980), 136

Torelli, Aparício (1895-1971), 26

Torres, Alberto de Seixas Martins (1865-1917), 280

Tribuna da Imprensa, 40, 65, 69, 108, 114, 179, 193, 303

Tribunal de Nuremberg, 174

Tribunal de Segurança, 187

Trieste, 136

Troia, 162

Trujillo Molina, Rafael Leonidas (1891-1961), 135

Túnel Rebouças, 40, 157

TV Tupi, 107

U

Última Hora, A, 33, 39, 136, 192-95, 208, 250

União Democrática Nacional (UDN), 11, 35-36, 245

União Nacional dos Estudantes, 151, 262

União Soviética, 116, 121, 127, 132, 140, 261

Universidade de Georgetown, 117

Universidade de São Paulo, 152

Universidade do Estado, 150

V

Vacina Salk, 144

Valadares, Benedito (1892-1973),173, 212, 263-64

Vanguarda Popular Revolucionária (VPR), 294

Vargas, Benjamin (1897-1934), 206

Vargas, Darcy Lima Sarmanho (1895-1968), 195-96

Vargas, Getúlio Dorneles (1882-1954), 20, 26, 30-32, 36-37, 39, 46, 52, 66, 73-75, 77, 81, 95, 141, 172-75, 178-84, 187, 189-91, 195, 199, 206-09, 211-13, 230, 235-36, 256, 258, 270, 287

Vargas, Lutero (1912-1989), 46, 200, 205-08, 244

Varguismo, 32, 35-36, 45, 50, 62, 77, 79, 82, 169, 205, 209, 211, 216, 240, 243

Vassouras, RJ, 24, 33

Vaz, Rubens Florentino (1922-1954), 39, 205-07

Vieira de Melo, Tarcilio (1913-1970), 246-48

Voltaire, François-Marie Arouet (1694-1778), conhecido como, 71

W

Wainer, Samuel (1910-1980), 33, 39, 136, 193-95, 200

Washington, 30

Washington Luís, Washington Luís Pereira de Souza (1869-1957), mais conhecido como, 221

Weber, Max (1864-1920), 68

Werneck, Olga Caminhoá (1892-1979), 24

Z

Zarur, Alziro Abraão Elias David (1914-1979), 287

Zenóbio da Costa, Euclydes (1893-1962), 200, 208

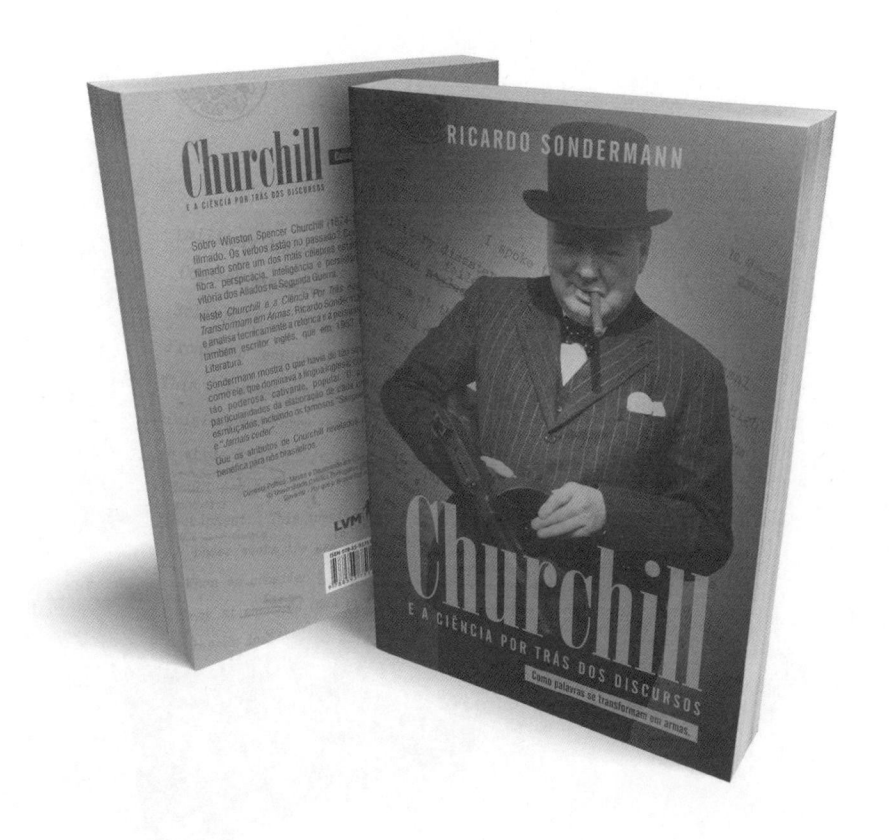

O livro *Churchill e a Ciência por Trás dos Discursos: Como Palavras se Transformam em Armas* explica o modo como a oratória do primeiro ministro britânico se tornou uma das mais poderosas armas na luta que paralisou Adolf Hitler (1889-1945) e a máquina de guerra do nazismo. Ao descrever o contexto da Segunda Guerra Mundial e analisar doze memoráveis discursos de Winston Churchill (1874-1965), a presente obra de Ricardo Sondermann explica as técnicas de persuasão utilizadas pelo maior estadista do século XX. Estes doze discursos analisados estão transcritos no presente volume, que contém inúmeras tabelas que sistematizam os pontos essenciais da oratória de Churchill, identificando o modo como o líder dirigiu com precisão suas palavras de modo a convencer diferentes audiências. O prefácio deste trabalho foi escrito por Lucas Berlanza.

A trajetória pessoal e o vasto conhecimento teórico que acumulou sobre as diferentes vertentes do liberalismo e de outras correntes políticas, bem como os estudos que realizou sobre o pensamento brasileiro e sobre a história pátria, colocam Antonio Paim na posição de ser o estudioso mais qualificado para escrever a presente obra. O livro *História do Liberalismo Brasileiro* é um relato completo do desenvolvimento desta corrente política e econômica em nosso país, desde o século XVIII até o presente. Nesta edição foram publicados, também, um prefácio de Alex Catharino, sobre a biografia intelectual de Antonio Paim, e um posfácio de Marcel van Hattem, no qual se discute a influência do pensamento liberal nos mais recentes acontecimentos políticos do Brasil.

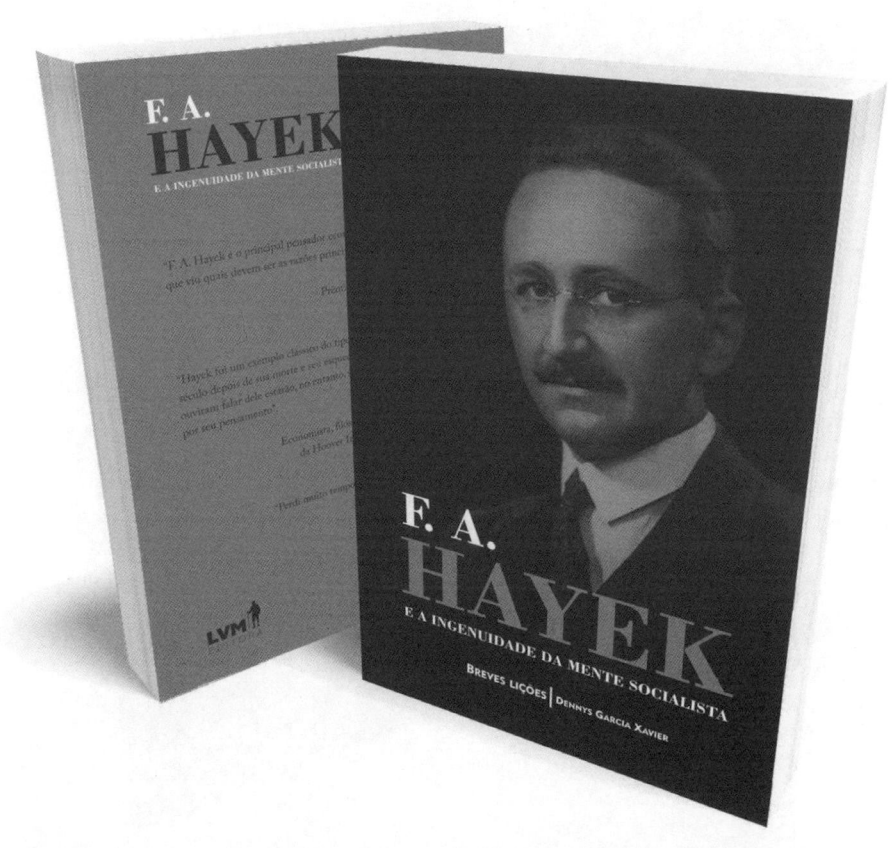

O filósofo, jurista e economista F. A. Hayek, laureado em 1974 com o Prêmio Nobel de Economia, é o objeto do primeiro volume da *Coleção Breves Lições*, cujo proposito é apresentar com linguagem acessível e cientificamente correta, a um público leitor mais amplo e variado, as linhas gerais do pensamento dos mais importantes autores liberais ou conservadores em um enfoque interdisciplinar. Ao reunir uma seleção de textos de diferentes especialistas brasileiros, F. A. Hayek e a Ingenuidade da Mente Socialista é a melhor introdução ao pensamento hayekiano disponível em língua portuguesa. Organizado pelo filósofo Dennys Garcia Xavier, o livro reúne ensaios do próprio organizador, bem como do historiador Alex Catharino, do jornalista Lucas Berlanza, e dos economistas Fabio Barbieri e Ubiratan Jorge Iorio, dentre outros.

Nascido em 1917 e tendo falecido em 2001, o diplomata, economista e parlamentar Roberto Campos foi um dos mais importantes pensadores liberais brasileiros do século XX, sendo uma figura central no projeto de modernização de nosso país. No contexto após a abertura democrática, tanto como senador e deputado federal quanto como colunista de grandes jornais, foi um crítico do intervencionismo da Constituição Brasileira de 1988 e das nefastas consequências dela para a sociedade. Na coletânea *A Constituição Contra o Brasil*, organizada pelo embaixador Paulo Roberto de Almeida, estão reunidos 65 ensaios de Roberto Campos sobre a temática, escritos entre 1985 e 1996, que ainda guardam uma impressionante atualidade, além de incluir três importantes estudos do organizador.

Liberdade, Valores e Mercado são os princípios que orientam a LVM Editora na missão de publicar obras de renomados autores brasileiros e estrangeiros nas áreas de Filosofia, História, Ciências Sociais e Economia. Merecem destaque no catálogo da LVM Editora os títulos da Coleção von Mises, que será composta pelas obras completas, em língua portuguesa, do economista austríaco Ludwig von Mises (1881-1973) em edições críticas, acrescidas de apresentações, prefácios e posfácios escritos por renomados especialistas de nosso país e internacionais, bem como de notas do editor. Além dos volumes avulsos em formato brochura, serão lançadas edições especiais em capa dura, comercializadas em conjuntos exclusivos com tiragem limitada.

A obra é a mais ampla e sistemática apresentação da teoria misesiana do intervencionismo, entendido como um sistema econômico intermediário entre o capitalismo e o socialismo, que caracteriza a maioria das economias contemporâneas. Em *Intervencionismo: Uma Análise Econômica*, dentre outros temas, Ludwig von Mises discute a interferência estatal via restrições no mercado ou controles de preços, a inflação e a expansão de crédito, os confiscos e os subsídios, ressaltando as desastrosas consequências de tais políticas econômicas. Nesta edição, além dos prefácios originais de Bettina Bien Greaves e de Donald Stewart Jr., foram inclusos uma apresentação de Murray N. Rothbard, um prefácio de Alexandre Borges, e um posfácio de Fabio Barbieri.

O Marxismo Desmascarado reúne a transcrição das nove palestras ministradas, em 1952, por Ludwig von Mises na Biblioteca Pública de São Francisco. Em seu característico estilo didático e agradável, o autor refuta as ideias marxistas em seus aspectos históricos, econômicos, políticos e culturais. A crítica misesiana ressalta não apenas os problemas econômicos do marxismo, mas também discute outras questões correlatas a esta doutrina, como: a negação do individualismo, o nacionalismo, o conflito de classes, a revolução violenta e a manipulação humana. Nesta edição, além da introdução original de Richard M. Ebeling, foram inclusos uma apresentação de Erik von Kuehnelt-Leddihn, um prefácio de Antonio Paim e um posfácio de Murray N. Rothbard.

Acompanhe a LVM Editora nas Redes Sociais

[f] https://www.facebook.com/LVMeditora/

[◉] https://www.instagram.com/lvmeditora/

Esta obra foi composta por Ricardo Bogéa | Artífices
em títulos e corpo do texto Garamond Pro
e impressa em Pólen 80 g. pela Plena Print para a LVM em julho de 2019